JN101481

13歳を生きる

―連帯する知・共通文化・生活知の探求―

教育実践記録「交流学級」の日々 １９８５

長岡穂積

22世紀アート

編著者（特殊学級担任・一年五組副担任　長岡穂積）

協力者（一年五組担任・学級の生徒たち）

『「生活」とは何か』

徳永　俊明　著

〈生活〉とは、
〈ヒト〉として、
〈人間〉への道を
歩くことだ。
それは、
いまある
ものではなく、
日ごと
勝ち取って
いくものだ。

（本著書「帯」の言葉）

懐かしい人々への手紙

――送り状に代えて――（コロナ禍で再会を断念し、「本」を贈ります）

一九八五年といえば、今から三十五年も前のことになります。

それは、昔々のこと。だけど忘れられない懐かしい年です。

三つの小学校をそれぞれに卒業してきた子どもたちが、中学一年生として、東長崎中学校に入学して来たのです。そして、一年五組というクラスに編成されることになっていった子どもたち。そこに、「特殊学級」に在籍している子どもが一人、編入して来ました。

そして、みんなは、その一人の子どもを同じ仲間として、よく支え合ってくれながら、学校生活を送ってくれました。一九八五年度の東中の一年五組のみなさん！　と口遊めば今、懐しく過ぎ去った一年の月日が想い浮かんできます。

あの一年間で学級のみんなが十三歳になっていく中で、一人十五歳を迎えた子がいました。しかし、成長の遅れた十五歳の子どもを、「邊さん」と、「さん」付けで呼んで、敬意を表わし、休息時間や給食の時間も学級活動の時間も隔てなく付き合ってくれていきました。

「誕生日の子の紹介」という短学活の学級活動の中で、誕生日の子が前に出て、みんなに、今日の日の「感想」を述べる。それに応えて、他の者が、お祝いの「ことば」を紙に書いて「ポスト」に入れて、「感想」と「お祝いのことば」を「文集」にして全員に届ける活動をしました。

このような活動の中で、「誕生日の感想」として、次のようなことがあった。

「中学校を卒業してから、このメンバーで、いつか再会してみたいなあ」と思います、というのです。

このメンバーで再会を願う心とは何だろうか。心に懸る言葉でした。それは、人が人と出合ったことの嬉しさや喜びを懐しむ気持ちを表わしたものに違いない、と。そしてそれが叶えられることを願っていたのだった。

だけど、年月、月日のたつのは早いもので、まだ、どうして「再会」の機会をつくるか、その方法すら考えていないうちに三十年が経っていた。

それが五年程前に、この一年間の学校生活の実践を「交流教育」の記録としてまとめて、一冊の「本」にして、それで、再会の機会にしようと思い立ったのでした。

今、みんなは、四十八歳を生き、四十八歳へと生きていっているわけですから、人生百年時代と言われるその半ばに限りなく近付きつゝあるといえます。

中学一年生の一年間は、「十三歳」を生きていく時間でした。

自分は、十三歳をどう生きようとしていたのか、今振り返ってみることで、これからの後半の人生をどう生きていったものかと、考える一つの手掛りにでもなれば、それに勝るものはないと思うのです。

自分が子どもであったことを想い返すことは決して無駄なことではないでしょうから。僕はあの頃ちょうど五十三才でした。

みんなもこの『十三歳を生きる』を読んだら、いろいろと批評し合うことが、十分にできることでしょう。

どうか「本」の感想をお寄せください。それを楽しみにしています。

最後になりましたが、「本」にするに当って、担任の田崎先生から、推薦のおことばをいただきました。また、「本」をご覧になられて、当時のみんなの面影が色濃く想い出されたというお葉書もいただきました。

どうかみなさんの人生に幸多からんことを祈って贈ることばといたします。

二〇二〇年十二月二日　一の五副担任　長岡穂積

懐かしい、みなさんへ

長岡先生との出会い

一年五組　学級担任　田﨑　英昭

先生と初めて出会ったのは、今から三十年前で、私が東長崎の一年五組（四十四名）担任で、先生が特殊学級（A君中学三年）の担任をされていた時でした。

その時、交流学習の話がありましたが、自分のクラスの学級経営さえ十分にやれるかどうかという不安の中で、障害のある子どもを編入させての交流学習ができるかどうか迷いました。

もう一つの問題は、担任と副担任の関係で学級指導に当たる場合、その分担や協力体制をいかにとって経営していくかということでした。障害のある子どもの受け入れについては、養護学校での経験を活かすことができると思いましたが、自分のクラスの子どもたちがA君をどこまで理解し、ともに行動してくれるかは、未知のことでした。また、教師の連携については、学級活動の内容をよく把握したなかで、主と縦になるところをうまく相談し、子どもたちが二人の先生のどちらかに偏らないで信じて行動できるかにありました。

しかし、このような不安は、お互いを認め合い、温かい心を持って一つ一つの課題に取り組む中で解決されていきました。そして教育者としてしっかりした信念を持っておられた先生との出会いは、一年五組の子どもたちにとってもすばらしいことでした。また、A君を通じての人間関係の中で、いろいろな学級活動がより一層深まっていきました。学習面、あらゆる分野からの問いかけにより、子どもたちは物事を深く考えて行動する基本を学びました。そして、私も子どもたちとのかかわりの中で、多くのことを学ぶことができました。

出会いから三十年になりますが、先生との交流は今でも続いています。そして、お会いした時にいただく思慮深いお言葉にいつも励まされています。『交流学級「一年五組」の日々―一九八五』は、今でも子どもたちの心の中に生き続けていると信じています。

はじめに　―人間性の回復と相互信頼の醸成―

（1）交流への引導

新年度を迎えるに当たって、「特殊学級」に入級して来る子どもが、一昨年、昨年、といなかった。三年生が卒業し、去ってしまった後には、在籍中の新三年生になる男の子が一人だけということになってしまいました。四月になっても転入者の気配も感じられない。そこで、新学期準備段階です。「職員会議」の議題に掛けることにした。「この一人の生徒の学校での『仲間』をどう保障していったらよいか」という呼びかけを行った。

彼は「脳性麻痺」という重い病気の後遺症があって、「ことば」の発達が遅れ、肢体にも軽い麻痺がみられた。また、学習能力としての「読み書き計算」の技能は、それ以前の状態であった。

中学校に入学してから、次第に「仲間遊び」ができていくようになり学級生活の規律にも馴染んでいき、自分の意思を「一語文」ながら表出し、お互いの意思の交換が通じ合うようになっていった。いろんなゲームの中でも「ピンポン」に興味を示し、休み時間を楽しむようになっていった。それは、面倒見のいい一級上の学年の一人の男の子がいたからだった。級友の手解きが得られた彼の幸運は後々、彼を救うことになっていった。そのことについては本文に譲ることにしたい。

彼は、仲間と共にからだを動かすことによって、よく「声」がでるようになっていった。と、同時に相互理解を深めていくことになった。日常の中の生活言語表現を重視し、いろんな「絵本」の読み語りと併せて、「何をどうしたか」の「したこと」表現（動詞）を繰り返していくよう励ましていったのだった。

この子どもたちにとって、こうした生活を経験として学んでいくことは、教科学習の前提的条件を豊にするものとして大切な教育課題ではないかと考えられる。

人が人間として成長し発達していくということは、その当初からして、日常の生活における適応行動がスムーズにできるようになって行くに従い、読み書き計算といった抽象的思考活動が、それに伴って出来ていくことを考えても、教科（学問）と生活（経験）との関係は無視できないことに違いない。この関連の意識こそ子供の成長を考えるとき、生活（経験）を豊かにすること、即ち、仲間と共同し、協力し、つまり「遊戯」することの体験は避けられないのではないか。ここに「一人の生徒にその仲間を保障してやらなければならない」「道」が必要、かつ緊急であるということである。

「結論」として、彼は、生活年令「三年生相当」ではあったけれど、その能力に応じて仲間を選んでいくとしたら「一年生」のクラスに編入し、様子をみることが妥当ではないか、と判断され、隣の教室の一年五組が選ばれることになる。そして、「五教科」（国数理社英）を除く教科学習の時間を共有し、朝と帰りの「学級活動」、それに「学校給食」の時間も一緒に行動することを目指すことになっていったのである。

（2）中学一年の生活課題とは？

子どもは学習するために学校に来る。教科を学ぶことは勿論のことであるが、学年、学級、全校という集団生活の「場」における「生活」者として「規律」に親しみ、行為・行動し、集団生活を送るための役割分担を果たしていかなければならない。また、学級や学年、全校的な行事に進んで参加し、企画や運営の任に当たることで、「人間関係のあり方」を学んだり、「文化活動」の数々を体験するという「学び」を経験することになる。

このように、子どもは学習者であると同時に生活者である。中学一年生としての学校生活における生活学習者としての課題とは何かという「問い」を、だから、立てて考えてみなければならない。その上で交流学級として普通学級の子どもと特殊学級の子どもが交流し合う場としての学級生活を準備し実践しなければならないわけであるが、中学一年生としての一般的生活課題と言えば何があると考えられるだろうか。

まず、大まかに言って、中・高生時代といえば「幼少期」と「青年期」を結ぶ「思春期」という端境期にあるということであろう。まさに中学一年生は、その「入口」にあるといえる。生活活動の範囲が拡大すると共に、学習する内容もより深化し、学習領域も多様化していく。新しい友だちとの出合いがあり、心身共に成長進化の激しい変化期を迎えることになる。

学校では「生徒会活動」を準備し、自主的自律的生活を促すための方策をとって、子どもたちの成長を支えていく取り組みを推進するよう励ましているところである。それぞれの学級に、五つの「専門部」(学習部、生活部、整備部、保健体育部、図書部)がおかれ、全校生徒を組織し、学校における「生活問題」を生徒自らの「手」によって改善し、問題解決に努めるよう示唆しているわけである。

勿論、学級の生活を楽しく有意義なものにしていくために、それらの組織を十分活用していくことは大いにありうるわけである。そういう課程の中で、新しい人間の発見や、これまでの自分とは違った自分への目覚めが惹き起こされていくのである。そのときの心身の葛藤は嵐に喩えられ、多くの児童文学作品がそれを物語って余りある。

人呼んで「思春期統合」の課題といい、または「自分くずし、自分つくり」の時代と言われる所以である。

子どもたちに対して、この課題に向かって自分の生活への「問い」を発し、その「問い」に向かって自らを励まし、仲間と共に、中学一年生の生活課題の解決に立ち向かうことが求められているといえる。

「問題解決」に向かって取り組むことによって共同し、協力し信頼と友情を分かち合っていくことが、「学習共同的集団」として、学び合う共同体の基礎的基本的集団形成としての意義をもつことになると考えられるのである。「思春期統合」の意味もまたここに存するのではないかと思われるのである。

（3）交流学級心得として

現代社会の特徴の一つとして、「能力主義」的傾向の強度化があげられるであろう。「特殊学級」が大々的に創設されていったのは、戦後の高度経済成長期の歩みと軌を一つにしている。「能力主義教育」の徹底である。と同時に、障害のある子どもたちへの教育保障として推進されていったわけである。憲法の教育条項「その能力において等しく教育を受ける権利を有する」の具現化として、である。それに伴い普通学級の中の遅れた子どもたちや障害のある子どもたちは、そこから排除されることになる。遺された子どもたちの教育は「五段階相対評価」のための「テスト体制」に組み込まれ、よい点数への競争と、個別化・分断化に晒されていくことを余儀なくされていく。「学習能力」を「テストの点数」で測り、子どもたちを「五段階に分類」していくシステムとしての学校に「単純化」されていくのだろう。これでは、子どもたちは、「点とり虫」に薫製されていくのではないかと色々な疑問が湧き上がってくる。

戦後、新制の学校教育のあり方として導入されていった「民主教育」。その方法としての「生活単元学習」。そこから、社会の要請としての「科学・技術教育」へ転換。この転換の意味するところは、言うまでもなく「子どもの成長・発達」のための教育から「社会の成長・発達」のための教育へと逆転していったことであろう。または、「目的から手段化へ」、と子どもたちは「物化」されることになっていったといえるであろう。

子どもたちは「知識」優先の生活を強いられていくことになる。

子どもたちは、思春期の子ども社会を生きていくための様々な「実用的能力」、つまり将来、社会生活を営んでいくためにふさわしい知識・技能の習熟としての知恵を必要としているわけであるが、その機会は失われていっているといえる。

人は一人では生きていけないというこの明白な事実が、その「実用的知能」の育成を必要としているにもかかわらず、それが失われていることは、子どもの成長・発達に致命的影響をもたらすであろうことが危惧されてくる所以である。

子どもたちが子どものいまを学ぶことなしに子どもに社会力（生きていくための倫理性人間性）の獲得はあり得ないのである。

仲間と共同し、協力し、自他の再発見と再統合、新しい物事への挑戦と持続という勇気と努力、意思の継続、仲間への信頼と友情。これらは、生活の中に問いを立て、仲間と共に問題解決へと努めることで報いられるのである。そこに喜びを感じて、共感し響鳴し合う関係の構築こそが、「交流」の人間的資質というものではないか、と思う。

今、子どもたちは『学力競争』によって、個々に分断され「学級」という「絆」が影薄く、自分中心的思考や判断、行動に走り勝の中にあって、障害のある子どもとは無縁であるかのような排除の論理（感覚）が払拭されない状況の中にあって、まずは、個々の子どもたちの間における「交流」の実現が、遅れた子どもとの「交流」の何よりの前提条件になるに違いない。問題はいかにして、擬制の下に眠る子どもたちの心を目覚めさせるか、その人間性を回復させていくことが出来るか。それが「問い」である。

◇◇◇

本書を出版するに当たって、共に学び、共に協力し合って、有意な「時」を共有し合った、一九八五年度、東長崎中学校第一学年として入学した「一年五組」のすばらしい全仲間に捧げます。

目次

懐かしい人々への手紙……5
長岡先生との出会い……7
はじめに　―人間性の回復と相互信頼の醸成―……9
〈第一学期〉……17
第一部・導入……17
第1章　新しい出会い……17
第2章　ある日の出来事から……47
第二部・展開……50
第3章　学級の人間模様（1）……51
第4章　「誕生日の子の紹介」……85
第5章　学級平和壁新聞（8・9校内平和学習・平和新聞コンクールに向けて）……123
〈第二学期〉……137
第三部・展開……137

第6章　学級の人間模様（2）…… 137
第7章　学校文化祭への取り組み…… 172
第8章　誕生日の子の紹介…… 189
第9章　転入生・山浦寛和（ひろかず）くんをむかえて…… 214

〈第三学期〉…… 221

第四部・まとめ…… 221
第10章　学級の人間模様（3）…… 221
第　11章、事件です、事件です…… 247
第12章　誕生日の子の紹介…… 253
第13章　三月の学年集会における「学級紹介」…… 271
第14章　「一人っ子」の行方　「邊さんがいた」！…… 286
第15章　別れの言葉にかえて―もう一つの思い出として―…… 289

あとがき―「交流学級」を体験して―…… 293

〈参考文献一覧〉…… 296

編著者プロフィール…… 300

〈第一学期〉

第一部・導入

第1章　新しい出会い

一、一番初めの発言集「自己紹介」の言葉…（学級文集1-5）＝第一号＝

これは、入学して間もない四月十二日に、文章として書き改めたものです。「学級文集」第一請うとして、それを書きとどめ、入学のときの、また一つの記念にでもなればと思ってまとめてみました。

◎ぼくは、赤瀬敏之です。ぼくの好きなことは遊ぶことです。それに、サッカーや野球も好きです。教科で一番好きなのは体育です。そのつぎは理科がすきです。一番嫌いなのは数学です。だけどぼくは、べんきょうがきらいです。あそぶこととかは好きです。

◎しゅみは魚約（釣）りです。べんきょうはできないけど魚釣りはだれにもまけません。（ぼくは、泉賢児です）

◎ぼくは、パソコンや、ハム（アマチュア無線）の免許を持っていて、けっこう機械には強いほうです。パズルもよくやります。そして、漫画も少し書けます。（ぼくは、井手尾剛です。）

◎浦山周一です。すきな科目は、国語と体育です。国語の中では漢字を書くのがすきです。体育の中では、跳びばこ、サッカー、短きょり走、リレー、バスケット、などが好きです。部活（動）は、野球部に入ります。

◎ぼくの名前は、小畑康生です。しゅみ、とくぎは、とくになく、矢上小からきました。（とくにありません。矢上小からきました。）

◎ごくは勉強も嫌いじゃないけど、スポーツの方が好きです。音楽、音楽はあまりすきではありません。（ぼくは、上戸哲也です。）

◎僕は上戸頼忠です。勉強はきらいではないけど、、遊びの方が好きです。好きな教か（科）は社会、理科です。よろしくおねがいします。

◎学校、古賀小学校。生年月日Ｓ４７・１１・１です。星座、さそり座。好きな食べ物、肉、すし、おかし、魚。嫌いな食べもの、ない。魚つり、プラモデル作り、歌などをきくこと。好きな花、ゆり。好きな歌手、男、アルフィー、サザンオールスターズ、吉川晃司。女、菊池桃子、岡田有希子（ぼくは、久保田昭文です）

◎ぼくは、勉強はあまり好きじゃないけど、あそびやスポーツは何でも好きです。（ぼくは、坂元城夫です。）

◎しゅみはつりです。夏休みや日よう日などは、よくつりに行きます。（ぼくは、長龍寺満司です。）

◎ぼくは古賀小学校からきた鶴谷賢治です。頭はあまりよくないけど、がんばります。

◎ぼくは鳥越隆幸です。ぼくは小学校のときバスケット部の部長をしていましたが、あまり上手じゃありません。そしてぼくの特長はありません。

◎ぼくは、原正徳です。ぼくは、勉強はにがてだけど、体育はとくいです。

◎ぼくは、矢上小から来た福田です。勉強はきらいだけど、スポーツや遊びは好きです。(特にゲームやサッカー)

◎ぼくは、あまり勉強ができませんが、あそぶことならなんでもできます。野球も好きです。(ぼくは、本田淳です)

◎ぼくは古賀小からきた本田誠です。ぼくの好きなことは、バスケットとあそびです。バスケットは、にいちゃん(兄)におしえてもらって、すきになりました。スポーツは大好きですけど、勉強は、あまり好きじゃありません。では、ぼくをよろしく!

◎ぼくは矢上小からきた松永太です。しゅみはつりと本よみです。よろしくお願いします。

◎ぼくは古賀小からきた山佐博之です。勉強より遊ぶ方が好きです。よろしくおねがいします。

◎ぼくは矢上小から来た山崎です。しゅみはテレビゲームとかをすることです。そして、コレクションはカットテープをあつめることです。

◎ぼくは、山下敏郎です。勉強はとくいじゃないけど、社会だけは好きです。みんなぼくの顔をみてわらいます。自分でおもしろいと思っています。

◎ぼくは山下浩です。ぼくは勉強はとくいじゃないけど、スポーツとかは大好きです。みなさんどうぞよろしくおねがいします。

◎ぼくは、矢上小からきた山下裕介です。よろしくおねがいします

◎ぼくは、勉強は余り好きじゃないけど、スポーツが好きです。特に、サッカーが大好きです。（ぼくは、若杉豊です。）

◎私は、井手京子です。勉強はあまり好きではありませんが、体を動かしたり、音楽を聞いたりするのが好きです。

◎岩崎文です。科目の中では、勉強は好きではありませんが、音楽がすきです。

◎岡本美紀です。部活動はバスケットと水泳に入ろうかなと思っています。部活動では、せんぱいにかわいがられるようなこうはいになりたいと思っています。

◎私は矢上小からきました尾上智可子です。教科の中では体育と音楽がすきです。それでスポーツもすきだけど、一番できて、一番好

きなのはバトミントンです。クラブではバトミントンをがんばっていきたいです。どうぞよろしくお願いします。

◎私は戸石小から来ました坂田千代美です。性格は、はずかしがりやと泣き虫です。好きな科目は社会の歴史です。小学校では明るい人だといわれてきたけど、中学校では、暗くなったようにみえます。でも友だちがいるからだいじょうぶです。これからいっしょうけんめいがんばりますのでよろしくおねがいします。

◎作本美奈です。私は科目では体育がすきで、体を動かしたりすることが好きです。私は矢上小から来ました。矢上小は明るく活発な学校で、わりと大きな学校です。私は勉強は特い（得意）ではないけれど、いっしょうけんめいがんばりたいと思っています。私の性格は、短気で、活発。自分では、少しは、おとなしいと思っていますが、六年のころの友達とかは明るいとか、ひょうきんなどと言われていました。どうぞよろしくお願いします。

◎私は国語が、意外と好きで、運動がきらいです。その他の教科で得意なものとかは、別にありません。ほとんどとりえがないと言うぐらいみんなどの教科もふつう（体育音楽ぬかす）（私は、塩塚奈美恵です。）

◎私は田中康代です。とくいな学科は、体育だけで、頭を使う勉強はぜんぜんできません。ひまなときは、近所の友だちとバレーなんかをしてあそびます。性格はおっちょこちょいで、あきやすい方です。だから、さいほうは不きようです。本は推理小説がすきです。

◎田中良子です。私は算数がとくいです。同じ算数でも単位の方はにがてだけど、図形問題ならとくいです。図形問題でもわからないところもありますが・・・。

◎私は、土井三絵です。好きな科目は、音楽と、数学と理科です。きらいな科目は、体育と国語と社会です。性格は少し強情っぱりで、けっこう明るい方です。さみしがりやなところもあるし、おこりっぽいこともありあます。よろしくおねがいします。

◎戸石小から来ました、中島裕子です。まだ中学校になれず、友達と話をするのが少ないです。早く、気楽に、話せるようになりたいと思います。私の性格は、あきっぽくて、忘れっぽくて、あんまり部屋はかたずけません。道にゴミを絶対、すてません。げきをするのが好きです。特に、おもしろいげきがいいです。

◎私の名前は西川博子です。矢上小学校から来ました。性格はすぐおこるので、注意してください。五組になれてよかったと思えるように努力していきたいと思います。それからきらいな科目は理科と美術と体育。あとは全部大好き?です。担任の先生は美術の先生なので、美術を好きになりたいです。

◎私は、矢上小から来ました、馬場圭美です。性格はおっちょこちょいで、すこし動作がのろくて、はやとちりなどはよくします。小学校のころのあだなは、女子から「ばーちゃん」とか「ばばちゃん」とよばれて、男子からは「たまみ」、と呼びすてでよばれたりしました。バスケットが好きで小学校でもクラブに入っていました。中学校でもぜひ入りたいと思います。好きな教科は、国語、社会、体育で、これからもがんばります。

◎私の名前は松島加奈です。もと古賀小から来ました。好きな科目は特に英語で、きらいな科目は、音楽です。体育は、運動神経がにぶく、走るのがおそいので、あんまり好きではありません。性格はすぐおこることと、ちょっといじわるなことです。

◎私の名前は森本美和です。性格は明るそうでくらいです。勉強はあまりすきじゃないけど体育はすきです。その中でもバスケットはとくにすきです。すきな食べ物はチーズケーキで、きらいな食べ物はさしみをぬいた魚類です。すきな科目は体育です。

◎私は山内亜紀です。性格は、短気で、ぶきっちょで、おっちょこちょいの明るい方だと思います。でも話し相手がいなくなると暗くなります。しゅみは、音楽を自分の部屋で、ひとりだけで開いたり、おかしを作ることです。好きな教科はありませんが、バスケットは大好きです。

◎わたしの名前は山田国子といいます。そして、とくいな科目は体育です。けど音楽とか美術もまあまあ好きな方です。そして私のにがては本読みです。あとは、数学、国語、社会、理科は私のにがてな科目です。

◎山中敏恵です。得意な科目は国語です。たいくつなときは、いつも雑誌をよむのが好きです。それによくおこりっぽい性格です。どうぞよろしくおねがいします。

◎横田カオルです。私は、勉強はあまりできなくて、中でも数学がきらいです。それでほんとうは小学校のときは社会がきらいだったけど、中学校の社会は、先生が佐藤先生で、ユニークだから社会は好きになると思います。好きな科目は体育が好きで、中でも陸上が好きです。どうぞよろしくおねがいします。

―ｔｈｅ　ｅｎｄ―

編集・発行　一九八五（六〇）・四・一五（月）

二、宛名のない手紙（自己紹介の「ことば」を読んで）

〈はじめに〉

―（題名のこと）―　この「宛名のない手紙」というのは、みんなが書いてくれた「自己紹介のことば」を読んだ僕の、それへの「応答」として編んだものです。「宛名のない手紙」なんて言ったら、ちょっとぼやけた感じがしないでもありません。本当なら、みんなに書いてもらったのですから一人ひとりに返事をすべきかもしれません。それができそうになかったら、一括した表現として、「みんなに宛てた手紙」としたらよかったのかもしれません。

みんなの文章をよく読んで調べてみると、全体をいくつかの傾向に分類できるのではないかということに気づいたのです。そうしたら、ある程度まとまったグループ別の「自己紹介」のように思われてくるのでした。分類する言葉によって、表現されている文が移動させられるので、同じ人の言っていることが散らばっていくのです。そうなったら、どうしても個人的な宛名という考えが流れていってしまうのです。その代わりといってはなんですが、みんながどんなことに強い関心を抱いているかということがわかるようになります。

したがって、そうしたことばの雰囲気をどう考えるか、あるいは感じたかを伝えようと思ったわけです。その雰囲気というのはいわば「空気」のようなものですから「宛名のない手紙」というのは、その「空気」のようなものに向かって書いていくようなものかもしれません。なに色の風が流れ、どんな雰囲気が感じられることでしょうか。

―（最初の学活の日―　四月七日に入学して来た一年生は、次の日からオリエンテーリングに入る。先に「学校紹介」という「施設案内」を受ける。それから「教科書」の配給を受けたり、生徒手帳が渡されて、記名したり、いつもなんとなくあわただしい。やっと、オリエンテーションの三日目に、「学級活動」（以下「学活」）の時間が設けられていた。

「やっと」といったのは、将人にとって、その仲間のいない日がもう三日も続いているということで、なんとかして一日も早く友だちに合えることを願うからです。でも、待たなければなりません。その日にむけての準備があるからでした。

いよいよ将人をつれて、初めてみんなの学級に入ったときのこと。なかなか落ち付いたいい雰囲気で、みんなもうちとけ合っている感じでした。まるで、われわれ二人が「新入生」になったような錯覚を覚えるのでした。あらかじめ「指定」されていた、身長に見合った席に将人は坐った。廊下に近い二列目の前から三番目だった。

みんな揃ったところで、担任の先生が今日の「学活」の主旨についての簡単な「導入」をされました。そして窓際の列の一番前の人から「縦に」始めるよう指示されました。

みんなは次々に澱むことなく、言葉と声のリズムも心地よく、淡々としていた。このテンポのよさがこの子どもたちの身上なのだと感じながら、酔い痴れていくようでした。しかし、みんなの「発言」の、それを発する心のそこには並々ならない苦汁がにじむのを抑えながらの、プライドを賭けての発言ではないかと。

将人の番がきて、「ぼくは〇〇将人です。友だちになってください。」といって坐りかけた。そして再び立ち直して「お願いします」と、ぺこんと頭を下げた。緊張したのか、発表したあとの安堵感が顔を赤く染めていた。

―（ある疑問）― 実は、将人とはこの日を迎えるために、「どんなあいさつをしたらいいか」ということについて、これまでの生活を振り返って、準備していたのでした。

「休み時間にピンポンしに教室に遊びに来てもらいたい」とか。「教室の掃除を一人でするのは大変だから、応援に来てもらいたい」とか。「給食もみんなといっしょがいい」とか。

しかし、みんなの自己紹介の「勉強と遊びとはどっちがどうだ」という自分本位にとれることばの波に翻弄されていったように思われるのでした。将人は果たして誰のどのような「発言」に心を止めることが出来ただろうか。それを思うと、動揺が走るのでした。

もし、心に止める「ことば」がないとしたら、誰か将人に心を開いてきてくれる者が出てくるだろうか。そうした仲間がもしいたとして、将人の生活場面が、あれこれと思い浮かんでは消えていくのでした。

今日の日はこれからの学級生活を始めていくに当たっての、お互いの「気持ちの顔見せ」だったのだし、将人も「一言」ではあったけど、自分の思いを声にして伝えたし、それでよかったのではなかったかと、思い直すのでした。

「発表」の後は、明日の生活予定や諸連絡。それから将人も、朝夕の「学活」をはじめ、給食も一緒にとること。「道徳、学活、体育、音楽、美術、技術家庭」に「学校行事」への参加も一緒にすることがみんなに明らかにされました。

みんなが帰ってしまった後、将人の教室に戻り、みんなの「自己紹介」のあいさつを思い返しながら、「あの子どもたちは、多くが自分のいま現在の気持ちと希望を語ったように思うけど、誰かに何かを支えられているという思いを言った子はいなかったのかなあ?」「そんなことを体験した子は沢山いるだろう」「自分は、そのことを聞き漏らしたに違いない」と思うのでした。

第一信──「きびだんご」をもらった話とその答礼

1-1・「きびだんご」の話

五組のみなさん、もう、すっかり「標準服」が身に馴染んだようですね。

さっそくですが、あの日の君たちの「自己紹介」はとてもすてきでした。久しぶりに「普通学級」の子どもたちの話しっぷりに接して、「さすがだなあ」という感じを受けました。

いま、中学生に成り立ったばかりのニューフェイスの考えていることって何だろう?そんな期待もあって君たちの話を聞くのを楽しみにしてあの日に臨んだのだった。実際にみんなの声を耳にして、案に違わず、話の流れがスムーズで、しかもそれぞれに特徴のある話しぶりで、ますます感心させられるのでした。そして、あの日の放課後のことです。十一組の教室で、もう一度、君たちの声とことばとそのリズムのよさに耽りながら考えたのです。あのときのみんなの声のことばを確かめたい。と、その衝動に駆り立てられていったのです。ひょっとして、あの君たちの「声のことば」の数々がこれから始まる長いつきあいのスタート地点を示す「記念の礎石」になっていくだろうという気がしてならなかったのです。

そこで、わざわざお願いするのも憚りながら、したのでした。ところが全員その願いをきき入れてくれ、書いてくれました。もう一度改めて自分を見直すことになったというか、させられてしまったわけだけど、どんな気持ちだったのだろうか。さきに一度話したことだったので想い出しながらまとめるというのは、ちょうど鏡に映った自分の顔をなぞる感じでできるのではないかという思いもあって受け入れて貰い易いことじゃないかと、勝手に思ったり、そうじゃなくて二番煎じの感はまぬがれられないから嫌なことに感じられる人もいるかもしれないと、案じたものでした。しかしこの機を逃せば「声」は二度と戻ってこないから、あのときのみんなの「ことば」も失われてしまうことになる。そんなことにかまってなんかいられない。そういう思いが実行にふみきらせたのでした。

「文字」にされた「ことば」はいつでも自由に目にし、声にし、考え、感じとることができる。つまり「ことば」の意味を「味わえる」ということだ。これでこそ、一等はじめに貰った「きびだんご」と言うものだ。これを貰った上は、もう、五組のみんなについていくしかないことになる。それでも、これからみんなはどこへ向かってどう進んでいくのか、僕にはまだ知らされてはいない。だけど、もはや、いっしょに行くしかない。いくつかの不安や気懸りなことがないわけではない。これからそれらのいくつかについて話してみたい。その前に、まずは僕自身の「自己紹介」を急いでしなくてはいけません。

1-2・僕の自己紹介

十一組の「一人っ子」になった学級の担任です。名前は四月九日の朝申し上げた通りですから省略します。「特殊学級」を担任するようになって、今年は二十三年目です。教員歴三十三年目ということになります。そして今年は五組の「副担任」ということにもなっています。そのわけも申し上げた通りですからこれも省略します。そして次へ急ぎましょう。

さて、担任の先生を野球チームで言えば「監督」さんでしょう。そうすれば「副担任」の僕はさしずめ「助監督」ということになるのかな。「ナンバー2」って言うわけだね。だから、何をするにも監督さんに、「伺い」「相談」し、「了解」を得てからでないと仕事ができません。また、監督さんが「こうしたい」とおっしゃれば、出来ることをどんどん進めていかなければならないのも「ナンバー2」の役目だと、そう心得ているところです。

とは言っても、それは学校でのこと。家へ帰ると、二人の子の父親であり、夫でもあるのです。家族は男が三人と女一人の四人家族です。でもいまは子どもたちは家にいません。上の子は今年の三月に大学を卒業して、ある会社の東京本社に就職がきまり、そっちに行ってしまいました。下の子は、三年も前に家を出て県外で大学生活をしています。今年四年生です。兄は文系、弟は理系です。兄は社会科学を弟は自然科学をそれぞれ専攻しましたけど、同じ子どもなのに不思議な気もします。

ところで学校で子どもを相手に仕事をするといえばその人は教員ということです。が、その人は文系なのか理系なのか、それとも何系なんでしょう。人間のことも自然のことも社会のことも、そしてそれぞれの歴史のことにもかかわる仕事にタッチするのです。こんなのを複雑系って言うんじゃないのかな、どうだろうか。でも、教員の中心的な仕事といえば、子どもの成長と発展を助けるということではなかろうかと思う。なかでもとりわけ、一人ひとりの子どもの知的・精神的・情緒的生活を豊かにするのを手助けすることだと思う。そのために、まず、何よりも「子どもの現在」をみつめ、どんな子どもたちなのかを発見していくことが大切ではないかと考えられる。ではどうやって「発見」はできるのか。「発明」同様に何らかの手がかりが与えられなければなりません。しかしそれについて心配するには及びません。この世にはたくさんの「成長物語」に事欠くことはありません。それらをいかに読むかです。僕たち夫婦は自分たちの子どもの誕生を待って、今度は子どもの成長段階に合わせるようにして「絵本」を読んだり「絵」について語ったりすることを始めたのでした。それで子どもたちが大きくなるにつれて読む本の種類も広がり、物語の世界が楽しめるようになって子どもたちとの会話もはずむのでした。そのなかで気付いたのは、とっくに卒業していたつもりの「絵本」に魅せられたことでした。この前読み上げた「すてきな三にんぐみ」という絵本を思い出して欲しい。なんという「すてきな」冒険の旅の果てには、子どもたちのためのすばらしい新世界として、立派な都市が誕生したではありませんか。一人の幼い少女を「さらう」ことで「財宝」は子どもが生きるための手段に転化される。少女の生命の大切さはすべての子どもの生命の尊厳を第一義とする世界の建設へと物語はすすむのでした。これからも機会があれば本を読みたいと思っています。ではみなさんどうぞよろしくお願いします。

第一信—「きびだんご」をもらった話

1-1・宝のことば

もうすっかり、新しい服も馴染んできたようですね、みなさん。

さっそくですが、初めての学活で自己紹介をした君たちの話しっぷりはすてきでした。あの時のみんなの「声」が「文字」になって読めるなんて、夢みたいです。いま、一通り読み終えて、急にみんなの存在が身近に感じられるようになりました。まるで一度に親近感が増したようです。一番最初に感動したのは、誠君のを目にしたときでした。

「…。ぼくの好きなことはバスケットボールと遊びです。バスケットはにいちゃん（兄）に教えてもらいました。…。」というのです。「そうか！」という思いでした。こんな短い文章のなかのエピソードだけど、嬉しくなってきます。

自分の「いま」を支えてくれている人がいて、現在の自分が「いる」という思いが伝わってきます。

このエピソードは誠君にとっての大事な「宝物」だと思うのです。いまは、そのおかげで、兄弟が互いに競い合って、楽しいひとときを過ごせるようになったというわけでしょう。もちろん、誠君は体育やクラブでのバスケットボールの楽しさを味わっていることは言うまでもないでしょうが、人が人に支えられることでお互いの生きる場が広がっていき、共に楽しむことができているということだと思います。

1-2・杖は友達

このほかにも「つながり」や「支え合い」にかかわりのある表現をみつけることができます。敏郎君は、「勉強はとくいじゃないけど、社会科だけは好きです。みんな僕の顔を見て笑います。自分でも面白いと思っています。」と書いてくれました。でも、他の人と比べて、彼の顔が特別なにか変わったところがあるというのでもありません。きっと、彼のかを見る度に、以前に、彼が他の人を笑わせるような芸当をしたことが反射的に思い出されてくるのでしょう。ユーモア感覚を大事にする心のゆとりが感じられます。

でも、もう一方では、いまの新しい生活環境に直面して、なんとなく不安を感じている人たちも多くいるのです。そのために、気軽に隣の席の人ともよく口がきけなかったりするものです。そこに旧友がいると、何気ない一言の会話で落ち付きをとりもどす、と言っています。

三千代さんは、「中学になって暗くなったけど、友だちがいるから大丈夫です」、と。彼女はこれまでの自分とは何かが違っている感じを抱いているのでしょう。新しい出会いの予感がしているのかもしれません。つまり、新しい環境の中で自分にはない何かを自分のものにしようとする好奇の目が働いているのです。旧友は、これまでの自分を受け止めてくれる唯一の存在です。その友だちが側にいてくれるというだけで、安心して新しい出合いを求める小さな大きな冒険に出ていけるというのでしょう。

「友だちがいるから大丈夫」ということばは、「友だちは心の支えです」と、彼女は言っているのでしょう。

1-3・ことばの心遣い

これまでみてきたことの他に、次のような「人と人との関わり」の表現を拾うことができました。二つの例ですが、ともに女子の「発言」です。仮に、M子とT子ということにします。

M子は、部活に入って「先輩から可愛がられるような後輩になりたい」というのです。それにしても「可愛がられるような」とは具体性がありませんが、先輩への憧れと言うか憧れの先輩の目に叶うように早くなりたいという気持ちを表しているのでしょう。たとえば、「技を磨いて」ということであれば、それに向かっての自由で平等な練習を通じてお互いに尊重し合う関係が生まれていくかもしれません。が、下手をすれば、主従関係に堕する危険がないとも言えません。練習のそこが重要なポイントになるかもしれません。

もう一つはT子の例です。これまでのこととはちょっと違った問題です。T子は、自分の名前を「あだな」で呼ばれたり、「呼び捨て」に呼ばれてきたことに対する意見表明をしているのです。自分の名前を、きちんと呼ばれたいということです。逆に言えば、「あなたは相手の心を傷つけて平気でいられますか」という、人間性とは何かという問いかけではないかと思います。も早、「時」と「場所」と「場合」に応じる言葉遣いが求められるのではないでしょうか、とみんなに促しているように思えます。

さて、みなさん、今回はみなさんの文章の中から、「支えられている」という意識の文を出発点にして関係意識の文を話題にとりあげ、それらを紹介することにしました。特に思うのは「つながり」の意識といっても、肯定的な意味でのものか否定的なそれかということで区別をする必要のあることです。

「支え合い」肯定的「つながり」と否定的「つながり」のそれぞれについてみてきましたが、いま始まった「交流学級」という生活状況の中で、「つながり」「支え合う」という相互関係をどのように創り出していくことができるのか、それが課題のように思われるのでした。

第二信—器に盛って差し出す気分の話

2-1・道具としての言葉

人は物事を考えたり、まとめたり、それらのことを他に伝えようとしたりするとき、およそ言葉をつかいます。また、人は言葉によってその時々の感じや気持ちを表現したりする事もあります。もちろん、行為や行動によってもそれらの人間活動を表現することはできますが、言葉によるほど的確にその意味内容が多くの人々に伝わるとは限らないのです。人の感情の動きは、実に微妙で機微に富んでいてその表現も多種多様です。辞典をみても感情や気持ちを表す言葉は沢山存在しているのを見てもそのことがよくわかります。つまり、言葉と言うのは人の心の動きを、つまり目には見えないものを人の語感にわかるように変換して、見せてくれるものです。まるで便利な道具みたいなものだと思います。そんな道具のような言葉の上にのっかって知識や思考や感情が現われ出てくるのです。その意味で、言葉は知識や思考や感情を盛る「器」の役目をしているといえます。

では、「こんな僕をどうぞよろしく」なんていうのはどんな気分を伝えているのでしょうね。「ふつつかものですが、どうぞよろしく」という「へり下った」ときの気持ちが「こんなぼくを」にも込められているように感じられます。「ふつつか」とはある辞典によれば「つたない、ゆき届かない、ぶしつけなこと」とあります。ところが、この「へり下る」ことによって逆に自分を「いとおしむ」気分が生まれていることも見逃せません。そこが言外の言い廻しになっていて、おしゃれなしめくくりの言い方になっていると思います。

つぎに、みんなの自己紹介の「しめくくり」の表現を少し拾ってみることにします。

2-2・ある常套句

「どうぞよろしくお願いします」という「しめくくり」の言い方があります。この言い方で自己紹介を終えているのは男子より圧倒的に女子が多い。この言い方は、社会一般で普段に用いられているもので、いわゆる「常套句」というものです。世間で用いられているのを知って、使っているのでしょう。けれども、それが表現全体の中で他と無関係に、ただ形式的に挨拶として置かれているだけなら、余り感心したことではないように思うのです。まるで他人に自己を預けてしまうというか、自分のすべてを相手に投げ出す感じで、これでは「あなたまかせ」ではないかと思われてしまいます。つまりは他人との同調志向の表明に他ならないといえるでしょう。しかしそこまで本気に自分を空しく晒して生きられるのかということですよ。

同じ「常套句」を使うにしても、次のように使われると、生きてくるのがわかります。ある女の子は、自分の名前を正当に呼ばれることのなかったその事実を表明することによって、そこで「どうぞよろしくお願いします」といっています。そうするとこの「常套句」にはそれなりの意味が付加されてきて、「あだな」や「呼び捨て」にして「呼ばないで！」という代替機能が果たされているのを理解することができます。

2-3・「気分」の類型

「しめくくり」の表現として、「どうぞよろしく」を除くと、まず多いのが「勉強より遊びが好きです」というものです。「野球部に入ります」「よく釣りに行きます」「サッカー大好きです」等々。まるで「~好きな者、この指止まれ！」みたいに呼びかけたい気分の一歩前にいるみたいな言い方で終わっているのです。それでついつい賑やかな気分にさせられるのです。そうかと思うと、「魚釣りは誰にも負けません」「機械にはけっこう強い方です」「マンガも少し書きます」、そして性格はすごく怒ることと意地悪なことです。初対面の自己紹介でこんなに言われると、なんだかみんなを挑発しているみたいに思われてしまいます。「私を怒らせるとひどいんだから、そのつもりでね」とか「魚つり、機械のことならまかせとき！」という自信たっぷりな言い方は、さきの「へり下った」言い方と対照的な表現です。

そうかと思うと、今度は「自信喪失症」といった表現に出合うことにもなります。「なんの特徴もありません」「しゅみ・とくぎはありません」「好きな教科はありません」「音楽はきらいです」と。かなり気分的に落ち込んだ言い方も散見されます。さきほどの「遊び大好き」には、なおもそこに明るさ朗らかさが感じられて救いがあるようにみえますが、こうなってしまうと仲間づくりも大変かなあと、つい、思ってしまいそうになります。でも、このクラスには、こんな奇抜な思いを抱えている仲間がいるのです。「私は劇がいいです」と言うのです。この子は、みんなして趣味・特技・好きな教科などと言うのを曖気にもかけず「まだ中学校になれず（当然のこと、まだ四日目）友達と話すのが少ない。早く気楽に話せるようになりたいと思います。そうだよ、お互いにかしこまってなんかいられるもんですか、ね。早く交流してみたいと思うこの気持ちの素直さ！」私の性格は、あきっぽくて、忘れっぽく、余り部屋は片付けません（全くもって人間的だ）。道にゴミを絶対にすてません（こりやすごい！部屋は片付けないけれど、道路は公共の場所だから、そこは決して汚さない。何というすばらしい心掛けであることでしょう）。この後に「劇がすきです」というのが続くのでした。何といってもこの子の強みは、私は社会に生きているんですというメッセージを発信しているところではないかとおもいます。つまり、自分たちの社会に役立つ自分でありたい。そのために何かできることをしたい。「劇」はそれを探す仕事になるという思いがきっとこの子の中にあるかもしれないのです。

さて、これらのほかに「担任の先生が美術の先生だから、嫌いな美術を好きになりたい」とか「好きな教科の国語・社会・体育をこれからもがんばりたい」といった「希望」が語られるものの「劇をしたい」には遠く及ばないものを感じます。が、次に、そうも言ってられない子どもたちの厳しい現実感についてみてみたい。それをどう越えるか考えてみたい。

第三信――あるいは「第三の道」を行く話

3-1・ある表現のパターン

ある子どもたちの表現傾向として三者択一的発想が目につきます。「勉強は好きじゃないけど遊びやスポーツが好きです」という形です。「勉強」と「スポーツ（遊び）」を対比して自分を紹介する言い方です。ちょっと気になるところです。最初の発言者に「右に習へ」で発表していったというきらいもあるかもしれませんが、そうともいえないところもあります。そうでない言い方もあるからです。とすれば、やはり、子どもたちにとってある共通の発想法として親しまれるものがあるのでしょう。

「勉強」を主語にして、「好きじゃないけど、得意じゃないけど、嫌いじゃないけど、苦手だけど、嫌いだけど、できないけど」と、微妙な変化をもって続くのです。そしてその後に、みな一様に「遊びが、スポーツが好きです」とくるのです。しかも「遊びやスポーツ」なら何でも好き、誰にも負けないと「オマケツキ」があります。この「何でも」「誰にも」という自信は「いつ」「どこで」「どんな関係」の中で生まれてきたのか疑問です。ところが、そのところを表現全体としてみると、「自信」もその「誇り」も実は何かの肩代わりで、一種の強がりのように思われます。中学校に入学して来た子どもの存在にとって、このように表現する子どもの心中にはある種の苦汁が耐え難いものとしてあるに違いないと思われるからです。

いずれにしろ、いかにも心情と行動が相反しているものと言わなければなりません。「ねじれた」表現と言うべきです。実に「溜め息」の出るような表現です。しかしいま一度思い返してみると、子どもたちの身体が、いままさに外に向かって大きく動き出したい衝動に駆られている時期だということもあるのではないかということでしょう。そういう思いを素直に表現しているとも言えるでしょう。その意味では実に悩ましい存在であるわけです。とりあえずは子どもたちの内側からほとばしり出る力の行方を見守るしかないのだろうか。

しかし、入学仕立ての子どもたちにとって、やはり、中学校生活での「学習（勉強）」の占める位置はその生活を左右するものであることを感じていない者はいないのです。その証拠に、自己を語るのに「勉強は」と、勉強が主語の位置に来ていることからもしのばれるところです。「中学校では、教科によって先生が変わる。それで、いままで嫌いだった科目の学習もその先生の人柄やユニークさにひかれて好きになるかもしれない」、と。ある、淡い期待が予感のようにささやかれています。「美術」が嫌いな子どもの思いです。

でも、果たしてこのような期待が未来に待ち受けてるということが起こりうるのでしょうか。「先生の人柄やユニークさ」なんて、とても「美術」とかけ離れた当てにならないもの。そんなものに期待するのではなく「美術」という教科の中に盛られている「色と形」についての不思議に出合うかということではないかと思います。「形」といえばデザイン感覚ということです。平面に描きながら立体感覚に溢れる形があります。そうかと言えば「騙し絵」のような不思議な立体感の現れた図形もあります。モノをどう掴むか。そしてそれをどう形として表現するか。そこに面白さを見つけ出すことができたら。そしてさらに、色=色彩によって深みのある表現を可能にすることができるようになるでしょう。

要は、モノそのものとそれを表現する面白さを見つけることではないでしょうか。

「あなたはどうして山に登るのですか」と尋ねられた登山家は「そこに山があるからです」と、そう答えたという話があります。実際にやってみる、それでしか味わえないのが山の魅力です、と言うのでしょう。登ったことのない人には説明したって解ってもらえそうにもないということなのでしょう。

モノの姿を感じたり、形として掴んだり、そこに不思議を感じそれを表現することは、その気になればいつでもどこでもできることです。それを繰り返すことで面白さも生まれてくるのではないでしょうか。

3-3・人、人と出会う

さて、中学生になった今、自分にとっていま一番の生き甲斐って何だろう。新しい友達と出合って、何かを一緒に夢中でやれるっていうことかな？　そういう意味ではこの一年の間にはとてもすばらしい出合いが待っていることでしょう。

まず願うことは、いつもの遊び仲間ができていくことでしょう。遊び好き、スポーツ好きの人が多いからそれに事欠くことはないでしょう。そのほかに、読書や音楽の好きな人がいて、魚釣りの得意な人もいるのですから、多様なつき合いが可能になるでしょう。それから、アマチュア無線局を開設して、未知なる人との交信をはじめている人もいるのですから、これから始めてみようと思う人は、早速「無線局」を訪ねる交渉をはじめるといいでしょう。

ところで、見知らぬ人との交信を始めた人はどんな「思い」があってそのことを始めたのでしょうかね。また、探偵小説が好きな人がいます。推理する楽しさに魅せられてということでしょうが、その「きっかけ」は何だったのでしょうかね。きっと、この人たちにはそれが好きな別のそれぞれの人たちが隠れた存在としているに違いないからです。

そういえば「誕生日の子の紹介」という取り組みをはじめたばかりの四月のこと。四月生まれは男の子と女の子がそれぞれ一人ずつでした。級友たちとのメッセージの交換をしたあと、誕生日の子どもたちへのプレゼントとして朗読した『山のせいくらべ』という物語を思い出します。山の西側のあの「若者」と、東の村の「娘」の出合いの話。若者がみた「背が高くなりたいと願う山の姫神」の夢。そして娘がきいた「みすぼらしいのは、いや……背が高くなりたい」という幻のような声。それぞれが、その夢や幻に誘い出され、反対の場所から同じ山の頂に向かって石を持ち運んで登って行きます。そして若者は夢に見た美しい山の姫神のような女（娘）に出合います。また、絶望の渕にいた娘は力強い若者の手に手をとられ、生きる希望を得て元気をとりもどし、二人して山を下りていきます。

「みすぼらしいのは、いや……背が高くなりたい」と、その願う心にすばらしい出合いが生まれているのでした。

第四信―されど、好きだ嫌いだの「すききらい」の話

4-1・見えない不思議

好きなことをするときは「がんばって」なんて誰も言わない。あたかも当然のことのように努力します。嫌なことでもやらなければならないと思うことは「がんばらなくっちゃ」というように、自分で自分を励ましたりします。ところで義務と感じてそれで果たして長続きするでしょうか。「勉強もがんばります」「がんばらなければ」というのは、その場の自分の体面をつくろうために努力する意志のあることを表明しているように思われないでもないのです。何かに向かって努力することは価値あることだということだからでしょう。でも大事なのは「何かに向かって」「どうすること」が価値ある努力なのかということではないかと思うのです。

「勉強するのは好きじゃない」、あるいは「嫌い」、「得意じゃない」「苦手だ」とか、まるで毛嫌いするようにも言ってるけど、どうしてそうなってしまったのでしょう。

まずは手初めに、自分たちの身の回りの品々に思いをめぐらしてみてはどうでしょう。電話にテレビに冷蔵庫、はては洗濯機にバイク、自動車といった機械だらけ。みんな科学的知識に裏付けられた技術のなせる業ばかりです。スイッチ一つ押すだけで始動します。「なぜ?」って不思議に思いません?製品の「しくみ」や「構造」について知りたいとは思いません?

何の不思議も感じないなんて、本当は嘘でしょう。自分にとってそれらがみんな「ブラックボックス」のままで平気でいられるわけはないでしょう。

否々、そんな便利な機械のことでなくても身近なところに沢山の不思議が眠っているのです。毎日目にしている空や雲の変化、気象の動き。足元に生きづいている植物。身近なところでの小鳥たちの囀り。小さな仲間の昆虫たちの動き。数え挙げたらきりがありませ

ん。釣りの好きな人が何人もいましたが、海の生きものたちの生態はどうなっているのでしょう。そして最後はこの「小さな巨人」とまで言われる人間のこの不思議な存在にどうしたら目覚めていってくれるのでしょう。みんなみんな自分たちの世界のことなのです。そうして他人事のようにしていかれるものでしょう。そうなると人間をやめるしかないことになってしまいます。すべての教科は自分自信の生活につながっているのです。

せめて、日常の生活の中で「モノ」と「モノ」の関係をたどり直そうという思いを大事にして行くと、きっとすばらしい「発見」に出合うことうけ合いです。

4-2・不機嫌な理由

勉強嫌いになったその理由を、子どもたちは「頭が悪い」からと言ってしまいます。その仲間うちでは、自分の顔そのものが既にその代表格にでもされてでもいるのかといぶかられます。「頭の悪い子」という「レッテル」を背負わされた過去の集積回路からの脱出はいかにかのうにすることができるのでしょうか。

そうであるのなら、むしろ勉強のことなんか曖気にも出さなければいいものを、ついつい言い出してしまうこの仕末。「勉強のできる」子に限って、「勉強」の「べの字」も言わないで「読書と魚釣り」が趣味です、という具合に言うのです。やっぱり「勉強」にこだわりがないからでしょうか。その反対に、居直っているみたいに言う「頭が悪く、勉強はからきしだめで……」と。殺し文句みたいに言ったところが何ともおかしく、可憐さを誘います。勉強せんと「あかん」という心の底を覗かしているからです。

「頭をつかう勉強はぜんぜんできません。得意な学科は体育だけです」、なんていうのに出合うと、何を恨んでいるのかと思いたくもなります。しかし考えてみると、「体育が得意」と自他共に許されている子どもの頭脳に、何で他の教科の学習だけが通じないことがあるでしょうか。「頭が悪い」のではなく、「考える」という習慣を怠った「答え」あわせの学習にこの子どもたちは嫌気がさしてそう言っているのではないのかなあという気がします。

体育が得意と言える子には、物事をやり遂げようとする意志とその直覚的思考・判断力、それらを集中して展開していく実践力が備わっていると言えます。そのような頭脳的働きができて勇気まで振るい立てることができるのに、「頭が悪い」だなんて本当？そんな働きが、言葉への理解を損なうどころか逆に豊かにしていく原動力であることをわかり合っていかねかればなりません。「からだとことばとこころをひらく」という仕事が待っていると言うことです。でも、どうひらくかという謎を解く鍵をこの子どもたちが待っているわけですから、この子どもたちをこの教室におくことをしてこの教室を開いていければと願いたいのです。

第五信―男の子と女の子の不思議な情景

5-1・萌え出る若葉色

「自己紹介」の言葉を読んで、その表現の内容に男女差がはっきり現れているのがあります。それは欲求の質の違いでもなく、希望の種類のそれでもなくて、性格の描写があるかないかということでした。多くの女の子たちの、さほど長い文章でもない紹介文の中にわざわざそれをとりあげてきているのにはびっくりしました。男の子たちの文書にはその気配さえ感じられないのです。

男の子のうちには「ハム」「パソコン」「マンガ」「プラモデル」「歌」「本読み」といった室内的活動をめざすものは例外的といえます。多くの男の子たちはもうみんな戸外での、あるいは広い室内体育館でのスポーツ一色です。そこには一時もじっとしているのは厭だと言わんばかり。動き回り走り回り、からだを動かし、手足を働かせたいのです。

そしてまたこの子たちのなんと遊びやスポーツへの自信にあふれていることでしょう。天狗のように鼻高々な言い草には若葉の萌え出る「彷彿」感があります。この男の子たちはその内から湧き出してくるような気力におされ、自ずと身体的運動が欲求されてくるのでしょう。まさに少年期からの脱皮と親離れの時期を迎えんとするのを、それは告知しているのだと言うことだと思います。同時にまた男の子たちにとっては、この時期、不確かな自分自身への挑戦でもあるのだと思います。つまりは小さな未知への冒険の途についたということです。

しかし男の子たちはかえって、周りの世界、とりわけ仲間たちの動きにも敏感に反応していくことになるでしょう。そうして「からだ」と「自分自身」と「周りの世界」という三つ巴に対峙する時期を迎え、「関係の模索」を始めることになるでしょう。

5-2・染色か選色か

男の子たちの遊びやスポーツ好きに圧倒されそうだったのが嘘のように、女の子たちの「スポーツ」ないし「体育」への食指は落ちていく。「運動は嫌い」「好きではない」という言葉がつい出てきます。それでも女の子の中には男の子に優るとも劣らないスポーツ好きはいるのです。「バスケット」「バドミントン」では優秀な成績をあげてきている「つわもの」たちがいるのです。しかし、運動よりも室内での生活、本を読んだりお菓子を作ったり音楽をきいたりして過ごす方に全体の比率が傾くのは否めません。

とにかく、表現の傾向としては体育の好きな子と嫌いな子。音楽の好きな子と嫌いな子。というふうに際立っているのです。けれども、両サイドに分かれていながらも共通にあるのが自分についての性格描写です。その一つは、自分は友達からどんな性格の人物とみられているかということを言っている人。もう一つは、反対に自分は自分をどんな人間と思っているかということを言っている人。さらにもう一つ、他人の評価に対して自分はそれをどう思うかということを言っている人、という三つの言い方に分かれています。しかし後で触れますが、二番目の「自己評価」ともとれる言い方も、元をたどれば他の人からの「評価」の「焼き直し」のように思われます。したがって本当の「自己評価」としては一番最後のものということになりそうです。ここでは、特に二番目の表現が気にかかってほっておけないように思うので、それをとりあげたいと思います。

それは、一番目の友達による自分の性格描写だったのに対し、自分による性格描写という形で言われていますが、みんながみんな「自己否定」的表現であるのです。「自分の部屋の片付けはあまりしませんが、道路にごみは絶対捨てません」という仲間がいるように、どこかに「自己肯定」的なものを見い出してくれている表現が欲しいと思うのです。

「私は短期です」「ぶきっちょです（不器用です）」「おっちょこちょいです（落ち着きがないです）」「することがのろいです」「すぐ怒ります」「怒りっぽい」「いじわるです」。という「言葉」を抽出することができます。しかもなかにはこれらの言葉が複合的に連なっているのです。男の子たちからはこんなつぶやきをきくなどということは考えもしませんでしたが、これは「ショック」です。

どうして女の子たちにこのような否定的自己表現が多く現れていると考えられるでしょうか。逆な言い方をすれば、ここに抽出した表現は、まさに、子どもの未熟さを言い表わしたものといえます。子どもは自分が「未熟」であるということにどうして気付いていったのでしょうか。しかもそれを自分の生まれつきの「性格」でもあるというふうに信じることが出来るなんて、不思議です。もし、このような「性格」は最早変えられないというように信じているとしたら、おかしなことです。

けれども、この自分の性格を否定的に規定してくることそれ自体は、計らずも何ものかに呪縛されているという子どもの心の深層を垣間みせてくれているように思われもします。

「ぐずぐずせんとよ！」「もっとさっさとしなさい！　まだできないのね」

「そうじゃないでしょ、かしてみなさい！　こうでしょうが！」

といった身近な大人の怒りや拒否の、いまは沈黙の声なき声たち。それが子どもたちの否定的自己表現を心底で支え、導いていっているのではないかと。そこには効率よい仕事ぶりと良い結果をいつも期待している大人たちがその心を覗かしているのです。その思いと行動の不一致にある大人の気持ちが、きっと子どもたちを悩める子どもに仕立てているのではないでしょうか。そんな思いに駆られてきます。

さて、これからどんな生活問題が突発的に起こってくるか予測もできませんが、それをみんなの課題にしたい。そして解決のための

「手順と方法」を共に考え、それを手掛かりにして協働してやり遂げる実体験を大事にしたい。そうすることで「プロセス」の大切さが味わえたら……。

第六信―類い稀な春の夜の「星座」の話

そうだ、あれはもう随分と以前のことだった。もう、すっかり忘れてしまっていたのだったが、みんなの「自己紹介のことば」と出合って、突然、それが目の前に降って湧いてきたかのように想い出されてくるのでした。

それというのは、むかし星になった美しい娘がいた、という話だ。

その娘は、いつも勉強しようと思って机に向かうと、手紙に夢中になってしまうのでした。春の夜空を眺めながら、遠い遠い宇宙の空間に輝いている星たちに話しかけていくのです。

そのために、娘はこの地球の上の出来事を、毎日毎日かわいい花の便箋に、きれいな文字で小さく小さく書いていくのでした。あの子と話した楽しいことも書いていきます。そしてまた、自分がまだよくわからない仲間の生活のようすやどんな希望をもっているようだということも、手紙にして届けようと思うのでした。手紙に書くことは、まだまだ沢山あるのです。季節の便り、花便りがあります。小鳥たちのこと、ちょうやトンボの子どものこと。おたまじゃくしのお母さんたちのこと。風のことも光のこともあります。それから、なんといっても自分自身のことがあります。

手紙に書くことは、もっともっと沢山あるのでした。娘は自分が住んでいるこの地上で、何が哀れむべきできごとなのかということや、一等優しく振る舞ういのちの美しさが知りたくて、それを見つけては花の便箋に書き溜めて行くのでした。どんなに小さくても、美しい生命の輝きを求めていくのでした。

麗しい自然の生命や、人々の生命の輝きを感じとることで、娘は美しい少女へと成長し、しらずしらずのうちに幻のような美しい娘へと変わって行くのでした。

ある晩のことです。娘は昼間の疲れがでたのでしょうか。鉛筆を握りしめるかのようにして顔を机に伏せたまま、すやすやとかすかな寝息をたてているのです。だが、いつの間にか指先から鉛筆が離れてしまい、音もなく机の面を転がった。と、思う間もなく床に落ちて硬い鋭い音を立てた。「パチッ」という音で、娘は「ハッ」と自分に返ったのか、頭を起こしながら両手の指で左右の目のあたりを二、三度こするのでした。

目覚めた娘は、大急ぎでこれまで書き溜めた沢山の手紙をかわいいバッグの郵便袋に詰め込んでいくのでした。そして娘は袋をそのままに、自分の部屋を出て行ってしまいます。

部屋に戻った娘は、天女のように美しい着物を纏っているではありませんか。そこへ突然、星の光のレールに乗った一台の透明なカプセルが、すうっと到着してくるのです。娘が郵便袋を手にすると、音もなくカプセルの上部の蓋が開いて、娘はカプセルのひととなるやどんどん、どんどん遠ざかって、彼方の星に向かって出発していくのでした。暗い闇の夜の中を一本の黄色い光の尾を曳くようにして、娘を乗せたカプセルはたちまち黒い点となって消えていくのでありました。

後には地上の無数の灯が点々として真っ暗な夜の闇を煌々と照らしているのでした。

その後、幾日か経ったある晴れた夜のことでした。かわいいバッグの郵便袋に手紙の束を入れて、光の波に乗って行ったあの娘が、星にたどりついたのかまるでそのことを知らせてくれているように、心なしか以前より一層明るい光をいま輝かしている星が見えるのでありました。

ところがまた、このことがあってからしばらくして、春の夜空の星たちに異変が起きたのです。手紙に夢中だったあの娘が行った美しい星くず下の方、遥かに遠い道程を一瞬にして滑り落ちて消えていった流れ星が、あったと。〝クニー〟と叫んだようでもあり、〝カナー〟といって光ったようでもあった。しかしもはや、その光のことばも声も、ましてやその意味もいまとなっては確かめることも、きただすこともできないのです。

それはもう仕方のないことです。

けれども、それからまた数日後の、星のきれいな夜のことでした。一等光る星の北側に、小さいけれど強い光を放って煌めいている新しい星が、春の夜空に生まれているではありませんか。二つの星は、まるで、ずっと以前から、二人仲良く夜空に光を放っていたかのように落ちつきに満ちて明るい柔らいだ光をこの地上へと送り届けているのでした。

ふと、山蔭の上のあたりに明りがしたように思って、そちらの方へと目を向けると、なんと春の夜の空に「星座」たちの光が、点々と北天にかかっているのです。

「おおぐま」「こぐま」「カシオペア」、「ペルゼウス」に「おうし座」、と。

そして「ふたご座」の大きな星と小さな星が、天頂からやや北にさがって輝いているのでありました。

―おわり―

―峠に立つと、また新たな峠へと続く―道―

第2章　ある日の出来事から

一、小さな自由と規律をめぐって

それは、四月下旬の、ある金曜日のこと。「音楽」の時間が「自習」になっていたとき。小さな・大きな出来事が起こったのである。言い争いの取っ組み合いであった。学級委員はびっくりして、職員室に先生を呼びに行ったという。

I君が、「自習」していないのをみて、T君が「自習」するように呼びかけ、誘おうとしたが、応じるどころか自分を主張して譲らなかった。「解らんところばききに行ったっちゃどわっか」、と。

「自習時間」は「席」を立って歩かない。「人に迷惑をかけない」。「自分でできることをする」、ということに「なっとっやろうが！」と、T君。「自分の席に戻れ！」と。

「席を立つ」即、「迷惑」なのか。また、「尋ねられたら」即、「迷惑」なのか。

「自習時間」をみんなが、如何に有効に遣うか。という観点から今日の行動をみたら、I君の動き、即「規制」といかないでもよかったのではないか。そこに、二人の間の普段の人間関係のわだかまりが感じられてくる。それは、「自習時間」に対する「固定観念」に関わる。あるいはT君の自由と、生活・学習部のきまり、「自由と規律」の問題であるといえる。

そこで、人間の関係性を豊かにしていくためには、まず、物事を「固定観念」で見たり、判断することから、いかに脱却して、新しい地平に出ていくかということをしなければならないのではないだろうか。

「モノ・コト」を、ただ一面的にだけ見て「判断」し「行動」することが「偏見」だとしたら、そこに「光」を当てなければならん。

「ケンカ両成敗」で終わるわけにはいかないのではないか。

学級担任の田﨑さんと、いろいろと話し合いの結果、明日、ちょうど「道徳」の時間があるので、学級の「問題」にして一緒に考えていくようにしようということになる。

宮澤賢治原作の紙芝居『雪わたり』を、まずは、「上演」することになる。

「道徳」の時間は、「一校時」だった。

教室の机・椅子を後に下げると共に、中央に寄せて坐り、教卓に「紙芝居」の「舞台」をのせて、四十五人の子どもたちに「演じて見せる」のは初めてだった。担任の先生もいた。

二、紙芝居『雪わたり』の上演へ

ほんとにやってよかった! なんという深い静けさを得たものだったか。あの騒音をひきおこす教室の中で、それは信じられない静けさが生まれたのでした。

「太古の静けさ」というのだろうか、あれを。僕は、雪の日の朝の一面の銀世界の、ふかふかの静けさに似ていたように思われたのは、『雪わたり』という作品のせいだったろうか。いま、窓の外は春なのに、教室の中のあの静けさは一体なんだったのだろう。はじめの方で、みんなの方から吐息のざわめきが教室の中の空気をかすかに震わせながら、僕のからだまで伝わってきたが、それはほんの一瞬の出来事だった。

静けさというものは、だから決して、単に、騒音のない状態を言うのではないのだ。それはむしろ、何かによって創造されるものだといってもよいだろう。

せみの声だって、松風や電線のうなりだって、時と場合によっては地上のあらゆるものが静けさを呼ぶのだ。

あの日、あの時、あの場所にいたすべての人が心とからだを一つにして、すなはち、目と耳と、あらゆる自分の感覚と身体を、集中し持続しているということの瞬間、瞬間が、演ずる者の声と声の一瞬の隙間に感じとられてくるもの、それが静けさだといえるだろう。

それは言うまでもなく、上演するものと、それを観るものとの十五分ばかりの、持続する一体感であったわけだ。そして、それは演ずるものと観るものとの信頼の心で支えられていたものだと言えるだろう。

これほどの感動は、ない。

そしてまたその上、上演を終えて教室を出た僕を迎えてくれたのは三人の子どもたちであった。こおどりせんばかりにからだをゆすり、満面の笑美を、そしてやさしそうな眼の光を、ふり注ぐのだった、僕に。

この子どもたちが何といったのか、そして僕はそれにどう応えようとしたのか、いまは思い出せない。すごい子どもたちだと、また感激したのだった。

『雪わたり』のとりもつ縁かと、その確かな手ごたえを感じたまゝをここに記して、上演の記憶をながくとどめていきたいものぞと思う。

（一九八五・四・二八）

三、『紙芝居』その後（相互理解に向けて）

この作品を、どう味わい、楽しむかについては、それぞれが自由に感じたことを基に、考え、論じ合えばいいことであって、僕がとやかく言う積りはない。

だが、なぜ、四月二十七日の朝、この作品を上演・紹介することにしたのか。その理由についてだけは、はっきり言っておかなければならない。そう思って、筆をとることにしたわけである。

そのことはすでにこの文章の副題として、「人は人とどう理解し合えるか」と、いうことからも、みんなは、幾分か推察することができるのではないだろうか。

そう、あれは金曜日の二校時だった。音楽の自習のときのことだ。一つの小さな出来事が起こった。「小さい出来事」と、言ってもそれは女子の学級委員を職員室へと出向かせる程の、ある種のエネルギーを働かせたのは事実だ。そして、二人の大人を教室にひき入れることになったのも、また事実だ。

あれは「ケンカ」ではない。あれは、「人が人と理解し合い、協調していくにはどうしたらいいのか。」と、そういう問題なのだ。それはどうしてそう言えるのかというと、そもそものはじまりというのが、次のようなことだからである。

I君が、自習をしていないのをみたT君が、自習するように誘いかけているということだからである。そうだとしたら、問題は、「人は人に、自分の優しさを―そういう心持ちを、そう伝えることができるか。」、といってもよいはずだ。また、「人は、人の優しさをどう受け止め、受け入れることができるのか。」、ということなんだ。

こういう人間と人間のかかわり合いの問題を、では、どこに、どう求めることができるか。これが、あの日の「小さな出来事」に遭遇した僕の脳裡にひき起こされてきた「問」だった。

『雪わたり』に出てくるのは、だが、「たぬき」だ。人間と人間とのかかわりの問題に、人間とたぬきでは参考にもならない、と思うかも知れない。だけど、あの「たぬき」たちは人間のことばで話していただろう。だとすれば、四郎やかん子とは、「僕」や「私」であって、「たぬき」たちというのは、実は、自分以外の他人のこと、話しているのは、その他人の立場を意味していると、そうしたらどうでしょう。『雪わたり』には、人間の「たぬき」に対する=自分が他人に対する「偏見」という問題がでています。それをどう乗り越えるか。そうすることで、お互いはどのような理解に至ったかをみたい。

そうすることなしに、「われわれは」もっと広い世界へと出ていくことはできないのですから。

第3章　学級の人間模様（1）

一、「先生、なんか変ですよ！」（※）《学級文集・1-5》第二号

（※）四月二十日（土）、一校時の「道徳」のまとめの「プリント」を読んだ、「本田淳君」が、帰りの学活の終わりごろ、ひそかに異議を申し出た。それは、次のようなことです。

・〈短い会話〉

「先生、尾上さんは『いつ』犬からかまれたのですか？」

「きのうだって！」

「じゃ、『かまれてくる（4／20）』、というのはおかしいんじゃありませんか？」

・〈問題の文〉

※「尾上さんが犬から『あし』をかまれてくる（4／20）」

・〈問題文の問題とは何か〉

「かまれた」のは、4／19である。きた（届出に―知らせに）のは、4／20である。

この「二つの事柄」を、一つの文で、しかも「現在形」で言い表わそうとしたその表し方のまぎらわしさ―未熟さ―足りなさを指摘しているのではないか、と思う。

・〈どう言ったらいいのでしょう〉

あくまで、4／20の「今日」の時点で、「くる」の現在形を用いて、二つの事柄を一つの「文」で言い表わすようにしたい。どう

言ったら、いいでしょうか。

（キリトリ線）
（解答文）

（　　）番　氏名

※「正解者」には、記念品として、「魔法の泉」を差し上げます。
ただし、正解者が多数の場合には、「抽選」によって、「五名様」だけにさせていただきます。悪しからず、ご了承下さい。
では、みなさん＝全員の御応募を期待いたしております。

二、おたのしみ・頭の体操＝「先生、なんか変ですよ！」のまとめ＝

◎たくさんの人が応募してくれたので、「おたのしみ」がふくれ上がって、ほんとによかったと思います。でも、全員の応募が欲しかったけど、短い時間中での「あれ、これ」と多忙な取り組みになしてしまって、少々気の毒な気持ちもしています。きょう「出したい」と、いってきた人もいましたが、問題のわかりにくさも手伝って、全員参加できなかったのではないかとも思っています。
次回は、それで、もっとわかりやすい問題でやってやろうと思います。

では、結果について報告します。

◎問題は、次の二つの「条件」を満たす（条件にかなう）表現（＝ことばづかい）は、どう言えばよいか、ということでした。

（1）、二つの文ではなく、一つの文で言い表すこと。

（2）、「きた」と、言わないで、「くる」を使うこと。

山田国子さん…尾上さんは四月十九日に犬に足をかまれて、そのことを次の日に先生にしらせにくる。

松島加奈さん…今日尾上さんは、きのう犬に足をかまれたことをしらせにくる。

以上の二人が、問題に対して、その条件にかなった表現をしてくれました。

その他の例として、参考までに、ぼくの表現を示しておきます。

（イ）、尾上さんが、きのうあしを犬からかまれたといってくる。（4/20）

（ロ）、尾上さんが、「きのう犬から足をかまれた」と、いってくる。（4/20）

※「本田淳君」には、「ふと」いいなれない、ききなれない言い方だなあと、そう思われたのでしょう。それで、そっと、先生に言ってみた。それが、よかった！こんなに「ことばづかい」の問題として、生活の展開がみられたのですから、ね。

〝淳君、ありがとう〟そして、山田さん、松島さん、よかったね！

でも、淳君。広告文、檄文、記録文、メモなどには、よく、過去の出来事を現在の動詞を使って言うことがあるのです。

(例) イギリス最高の劇詩人、シェイクスピア死ぬ。（4/23）—一六一六年の四月二十三日　八・九　長崎に「原爆」が落とされる。

では、次回までゴキゲンヨウ。今度は君たちの番だぞ――。

――一九四五年八月九日

三、お待たせしました――「頭の体操」を再会します！

挑戦してみてください。

島があります。迷路のように複雑に交差した道路があります。しかし、これらの道路は、文字が隣接してできた道なのです。方向や位置が一定ではないので、文字を探すのが大変ですが、本を回転させながら見つけ出してください。

連続性をよくするために、多少字体がくずれているものもありますが、よけいな道は一本もありません。したがって、例えば「右」という字を「口」だけで拾ってしまうと「ナ」が余ってしまうことになります。

この島は、文字という宝物がいっぱい埋め込まれた宝島です。一つ残らず探し出してください。何色かの色鉛筆などで塗りわけてゆくと、紛らわしくなく完成させることができます。

文字の宝島――①小学1年生に挑戦

まずはウォーミング・アップ。1年生で習う漢字の中から30字。
画数が少ないので以外に難問です。

出題　6月21日　　〆切　6月22日(土)　12:05

文字の宝島――②県名

埋められている漢字を組み合わせると、6県の県名ができます。

文字の宝島――③国名

片仮名を上手に探しだして組み合わせると、5カ国の国名ができます

四、中学校生活・第二週目の生活模様

中学校生活、第二週目は、四月十四日から二十日までです。四月二十日の、この一週間の生活のまとめの表現は、次のように書きあらわしてあるのです。

「経験と経験のまとめの中から、人間としての生き方を感じ、考える。」

それは、次のような「理由」からです。

第一は、なんといっても、中学校に入学してからいの一番に、自分がどんな自分であるかと主張したものを、発言集「自己紹介のことば」・文集第一号に編集し発行したこと。

この中味は、一人ひとりがどんな生活を望み、何を期待しているかが簡潔に述べられたものであって、まさに、「人間として＝中学生としての生き方を感じ、考える」にふさわしいものだといえるでしょう。

第二は、「歓迎遠足無届下校」ということで、教名の男子が該当者として、遠足の最終段階の集合に姿を見せなかったことから、問題になりました。

当日のこともさることながら、この問題がその後の学級生活での個々の生徒の生活の心理にどのような波紋を投げかけ、どうその影響を及ぼしていったかということがあります。そういうときの、人間として、中学生としての対処の仕方を、当人たちはもとより、その周りの男の子たちは「グッ」と、感じ、考えたに違いない。そのような反応の仕方はいつまでも記憶にとどめておいて悪いことはない。むしろ、人としての生き方のよすがとして、鮮明にしておいた方がよいとさえ、思えるのです。

第三は、「鑑事件」です。

これは、入学式の日に、それぞれの学級の二、三年生が「入学の御祝の詞」をもって新入生の学級をたずねてくれたのに、その上級生のいる教室の中を「鏡」で照らしてもて遊ぶとは、何とした礼儀知らずなことをしたものかと言うことだ。

第四は、この五組で、一等はじめの誕生日を迎えた子どものこともまた、入学のよろこびと重ねてうれしいことの一つです。この子がいてくれることで、入学して間もないこの四月に、さっそく、みんなして、この中学時代を生きるに価する何かを探す試みが、自然に学級の中に生まれていったのです。これも、いま中学時代を生きる「人間としての生き方を感じ考える」ことの一つであるわけです。

そして、第五には、この四月十四日（日）～四月二十日（土）まえの一週間に、この五組の仲間のうち三人までが、とても悲しい体験をしているのです。

裕介くんは、おじいちゃんを。国子さんは、おばあちゃんを。そして太くんは、おじいちゃんを。この三人はそれぞれに、それぞれの方々を失うという大きな出来事に遭遇したわけです。

いま、より自覚的な人生の出発の時、中学時代を迎えたばかりの者たちにとって、この出来事の意味はとても重要だと思います。まったく、自分たちにとっての身近な人の死ほど、自分にとってどう生きるかを感じさせてくれるそれ以上のものは外にないからです。

亡くなられた、おじいさまやおばあさまの一生をしのぶことを通じて、自分が大きく成長していくきっかけを、そこから得ていく。そうすることで亡くなった方々の生き方の根本は再び孫である君たちの中に受け継がれることで、蘇っていくことになります。これこそ、すばらしい「人間としての生き方を感じ、考える」ことであると思うのです。

まだこれらの五つの項目のほかにも、小さな、日常的な学校生活の振る舞いの中に、それぞれの人の「思いやり」や「優しさ」が沢山あって、「―のまとめの中から、人間としての生き方を感じ、考える。」、という言い方が生まれてきたのです。

これらの生活模様の中から、第二の問題としてあげた生活に関する作文と、第五の悲しみを超えて祖父母の思い出の作文を寄せてくれた友だちの文章をかかげ、第二周における生活の記念の証しにしたいと思うわけです。

※「歓迎遠足」の生活に関した作文から

◎四月二十四日（十六日）のかんげい遠足のかえりに（かえりに）矢上少（小）学校の自然公園で、山下ゆうすけくんたちと（や）他の組の人たちと、遊んでいました。そしたら、山崎君がきて、

「わいたちなんで学校にもどらんやったいや」

と、いったので、

「学校までいかんばやったや」

といっていたら、山崎くんが、

「おこらるっかもしれんぞ」

といったから、

「うそ」

と、二人で言いました。

次の朝、二人でしょく員室に行って、

「すみませんでした」

といたら、先生たちが、

「わざわざしょくいん室まで言いに来たとや」

と、言いました。

ぼくたちは、（おこられんでよかったにや）と、いって教室へ帰りました。

（―敏郎・記）

◎ぼくは、遠足の時の帰りに、福田君といっしょにいってたら、先生が「本田と山下と山下ゅは、先生にいわずに帰ってるぞ」と、言ったので、明日、おこられるなあと、思いました。そして、学校に行って、山下君たちに、
「先生がら（から）おこらるっぞ」

と、いって、

「あやまりにいってくれば、…」

と、いってやりました。

そしたら、先生にいってきたといってきました。

おこられずよかったと思います。

これからも、もしそんな人がいたら、いってやろうと思います。


（—剛・記）


なんという、ほほえましい感じの作文であることでしょう。

剛くんがいて、敏郎がおり、裕介がいるのです。そして、淳もいるのです。淳の場合は敏郎がいて、裕介がいて、それで淳がいることになったのでした。

自分がしたことがどんなことだったか。ほかの人とくらべて、どこか違っていたのか。そして、どっちがどう、いいのかわるいのか。わるかった自分のしたことを、自分ではっきりどこがどうだったと、しかとみつめることができれば、もうその人は、きのうまでの自分ではない。そういう、じぶんのしたことのよしあしについて、みつめ直しのできた人をどうして叱ったりすることができますか。おこるはずもないし、おこられる心配もいらないのです。

そういう自分のしたことに対するとらえ直しの機会を、そのきっかけを与えてくれた―剛くんがいて、それを実行した、敏くん、裕くん、淳くんがいて、こんなほほえましい作文がうまれたのです。

剛くんの、思いやり、優しさに拍手を送りたい。

歓迎遠足、思わぬところに友だちあり、というところだ。大きくなれよ！淳くん！裕介くん！敏郎くん！そしてもっと大きくなるんだぞ！剛くん!!

※悲しみの体験の中から、亡き人をしのぶ作文から

◎「ぼくのおじいちゃん」

ぼくのおじいちゃんは、鳥や犬が大好きでした。いつも朝早くおきて、鳥にえさをやったり、犬をさんぽにつれていったりしていました。

そんなおじいちゃんが死ぬとは思えませんでした。

―裕介・記

◎「わたしのおばあちゃん」

わたしのおばあちゃんは、いつも、家にくるたびに、おかしやおこずかいをくれたりしていた。そして、私は、おばあちゃんにそっくりと、よくよその人にいわれていた。それなのに、きゅうに、おばあちゃんは、しんでしまった……。

―国子・記

◎「ぼくのおじいちゃん」

ぼくのおじいちゃんは、四月十九日の朝、五時五十三分に亡くなった。

おじいちゃんは、やさしかったけど、とてもがんこで厳しいおじいちゃんでした。そんな性格のおじいちゃんのことで思い出に残っているのは、家の前のみぞに、ゴミがすててあるのを、体が弱くなってもやっていました。そのたびに、「みぞにゴミをすてたらいけん」と、いつもきかされていました。

おじいちゃんは、前町長、市議会議員になったりしました。市議会議員になってから、矢上を長崎市と合併させたり、東中を作るために手つだったり、そのほかたくさんのことを矢上の発展のためにしてきました。そんなりっぱなおじいちゃんが、亡くなったとは思われませんでした。でもなぜか骨をひろうときにはとても悲しかったです。

※三人の人たちには、とても貴重な体験を、こうして作文に綴って貰いました。ほんとに、どうもありがとう。三人の三様の作文を読みながら、みなさんといっしょに、この三人の方々の御めい福をお祈りいたしたいと思います。

三人の人たちは、この作文を手がかりにして、おじいさまおばあさまの一生についてもっと、くわしいお話しをきいて、自分自身の生活の灯として心に秘めて生きていってほしいものだと、おもいます。

五、第一回、学級活動・グループ討議（'85・4・26・Fri）＝掃じ区域の交替を前にして、各区域の掃じの仕方（＝手順・方法）をまとめる＝《学級文集・1-5》第三号

そもそもの出発は、どこに、なにがあるのか。それが本当は問題なのだけれど、みんなは、掃じに対して、一体全体どう考えているのだろうか。

たかが、そうじじゃないかと思っているとすれば、大間違だ。そのわけを考えて、ではどうしたらよいかを明らかにすることなしに、現在の状態を改めることはできない。その現在の状態というのが、まず、しっかりと一人一人に理解されなければならないのです。一

人がほうきではわいていて、別の一人が机をひっぱっていっては、いすをとりにもどり、それをひきずっていく。あと何人いたか、たしかめるどころか手伝わなければならん。もう、そうじの時間は終わりに近いというのに後半が残っているのですから。実に、これは驚きだった。それに、あの机や椅子を移動させるのに、「運ぶ」ということをしない。そのための、床と机や椅子の脚とのきしむ、あの音のやかましさだ。それにもまして、仕事をする身体のその身のこなしの鈍重さは、耐えられるものではない。だが、本当は誰々が今日の教室の掃除だったのだろうか。それは、調べればすぐわかることだったが、そんなことよりももっと重大な問題がその底にはひそんでいるように感じられて、その段ではなかったのです。それが何であるかを発見することの方が先決問題なのだという、天の声しきりだった。しかし、なんとか今日のこの掃じの状態を問題だとして、とり上げておかなくては・・・と思うことしきり。そこで、言うたもんだ—

耳は破れ太鼓で
手は虫歯
立居ふるまい（振舞）
は幼稚園児

（そんな動作・行動しかできないで、どんな考える力があるというのか。知識が生活に役立てられないというのなら、それは中実の腐ったりんごも同然。生活に知識を！知識を生活へ！そうすれば、君の人間としての技能と技術と、知識は豊かに君のものとして、いつでも、どこでも、だれとでも、生きて働くものになることうけあいだ！目を覚ませ！トラ五郎！トラ五郎！）

（※）はじめの三行は、まさに、（　）の中の意識があってでてきたものです。この三行のことばは、めったやたらに言えるものではない。そのことをかかえながら、明日だから言ったでしょう。そうじの問題の根本的課題は、（速さ）×（時間）＝（すすんだ距離）だとして、考えることだと。速さと時間の積は、小さい声で「みちのり」です、といった。そしたら、「みちのり」というのは、何のこと？別の言い方では何というか？と、そういったら、みんなとたんに「シーン」となった。だが、もう今は違うだろう。

すすんだ距離、ここでは仕事の分量になる。そうじの仕事の性質が、それをきめてくる。だから、仕事量は、教室中の机、椅子を前や後ろに移動させること。床の全面をほうきではわくこと。また同広さをぞうきんでふくこと。この三つが大問題だ。そして常に一定であるわけだ。もちろんこのほかにもいろいろあるだろうが、今は省略。次は、時間だ。掃じの時間は、これまた一定。十五分間だ。この間に、それだけの仕事をすること。そこには何があるのか。そうじをするときの速さだ。速さをきめていく条件は何か。それを短縮して短い時間のうちにある仕事を終えるようにすること。そのためにどういう問題があるのかを検討する。それらの中で、机・椅子の運搬のことだけを取り上げましたが、その速さを決定していく条件は、それぞれの仕事を短い時間でやってしまうことですから。立居振舞のスピードと同時に、一度に沢山のことをすればよいわけです。仕事を時間でわれば速さがでてくるのですから。また全体の仕事量をきまった時間内で処理することになるのですから。例えば、沢山でやることも、バケツを使うことも、机と椅子をいっしょに運ぶことも、時間を短くする方法であるのです。

こうした思考・判断・実行という一連の活動について、理屈で、筋道をたてながら処理する。問題点をはっきりさせる。それが合理的にすることだといった。

いま一度、自分の身の廻りを眺めてみよ。沢山の、合理の山だということにあらためて気がつくだろう。現代が、このことを人々に要求しているのです。掃じだって、決してその例外であるはずはないのです。現代社会の仕組の網の目の中に、掃じも、きちんと位置づいているのですから。好きだから、いやだからの問題ではなく、合理的にするか否かの道筋の問題なのです。

道筋をたてて、物事を処理する技能とその技術をどう身につけていくか。それに真正面からぶつかって、処理するか、それともそれをそらし、逃げるかの二つに一つだ。どこまでも、逃げおうせるものではない。共同活動で、最小にして最大効果を実現する道をえらぶことしか、人間としてのえらぶ道はない。という厳然たる事実を認めて、敢然と立ち向う気迫をもってほしいものだ。そこにしか、「自主・親和」の校訓を実現していく道はない。みんながすすんでやってこそ、最小の努力である一定の最高の努力が発揮され、めでたし

めでたしが実現できる。これが道理というものだ。だから、合理的にということは、ある特定の人にだけに無理をさせてはいけないということになるのです。

発表＝井手　京子さん

教室そうじ

（赤瀬、池田、泉、井手尾、山浦、小畑、上戸哲、上戸頼、井手、岩崎、岡本、尾上、坂田、作本、塩塚）のみなさん

1．机の上にいすをのせ自分のものはじぶんでかかえて運ぶ。

2．ほうきはす早くする

3．ぞうきんでふく（ほうきの人はろうかをはわく）。

4．全員で机を前へもってくる。

5．2、3と同じ。

6．机を並べる。

仕方（ほうきが、教室↓ろうかをすませたら、ぞうきんがすんでいない時や机を手伝う。）

※そういうふうにして早くできたらできてないところを助け合う。

絶対しないといけないこと。黒板のみぞをふく。

注　おしゃべりを少なくする。むだな行動をとらない。以上

三年十一組

（久保田、坂元、長龍寺、鶴谷、渡辺、田中康、田中良、玉井、中嶋）
のみなさん

1．　椅子を机の上にあげる。
2．　はわく
3．　棒ぞうきん（ぬれた）でゆかをふく（3）
4．　椅子をおろす
5．　たなやつくえをぞうきんでふく（3）バケツの数
6．　よごれた水をろうかにながす。
7．　きれいな水をくんでくる（6個のバケツに水をくむ）。
8．　ろうかの水をほうきで流す
9．　整理せいとん。

※4と6はふた手にわかれて同時にするのに—
※4と5はつづくけれど6と8もつづいていく。
※7が最後で、整理・整とんはそのつど行って行なっていくことになっている。

以上

発表＝久保田　昭文くん

玄関前廊下（山下裕、若杉）の二人さん
手順・方法
1．　バケツに水をいれてくる。

2. げたばこをぬれぞうきんでふく。
3. ぬれぞうきんで窓をふく。
4. ゆかをモップでふく。
5. 終わったら、教頭先生にしらせに行く。

気をつけること
1. すみずみまできれいにふくこと。
2. げたばこは一つ一つをだしてふくこと（ごみやすなが入ってたらちゃんとはわくこと。）
3. 教頭先生に終わったことをしらせることを忘れないように。

以上

発表＝山下　裕介くん

校長室（山下敏、山下浩）の二人さん

手順
1. ゆかをはわく。
2. ゆかをモップでふく。
3. いすをのけて、テーブルの下をモップでふく。
4. 黒板のみぞをふく
5. 水道のじゃ口の所をふく。
6. ごみをすてる

反省

教頭先生に言われてから、水道のじゃ口のところや黒板のみぞをふいていた。これからは、言われなくても、ちゃんとしたいと思います。

以上　発表＝山下　浩くん

事務室（山中、横田）の二人さん

さいしょに、ほうきを一本とモップを一本とってきて、事務室に行く。ほうきとモップをおいて、てんきがよかったらまどをあける。雨のばあいは少しあけとく。ごみを二〜三こにまとめ、一人がごみを持って行き、もう一人はほうきを持ってすみからはわいておく一人がかえってきたら、モップをとってふく。

だいたいはわいてしまったら、モップでイスの下などをきれいにし、かわりごうたいでふく。終わったら窓をしめる。それと事務室は事務員の先生がいるのできをつけてすること。

以上

発表＝横田　カオルさん

職員室（三年側）（福田、山崎、森本、山内、山田）のみなさん

方法・手順

- ごみすては、ごみをまとめてからいく
- ほうきは、モップよりさきに早くする
- モップは、二つの場所にわける。
- おわったら、まどやたなをふく。
- おわったら、きょうとう先生のところにいってかみにまるをつける。

・はいざらの中の灰は、灰いれにいれる。

以上　発表＝森本　美和さん

職員室（二年側）（原、西川、馬場、松尾、松島）のみなさん

（私たちの）仕事はまず

1. ほうきで　ごみをはいてとる。

2. モップで、床を、すみからすみまで、ふく。

3. 窓や棚をふく。（灰皿もきれいにする）

※ごみすての係を一人きめて、その人は、他の人が、①②③をしている間にすてにいく。

※モップは、一年、二年、三年、平等に、いきわたるように、一年、二年、三年と話しあって、どのようにするかきめる。すんだら教頭先生にいって紙に丸をつける。

以上　発表＝馬場　圭美さん

職員室（一年側）（鳥越、本田淳、本田誠、杉山、山佐）のみなさん

1. ほうきで　すみずみまで　はわいてしまう。（注）机の下も

2. ゴミをすててくる。

3. モップをかける。（注）机の下も

4. 終わったら教頭先生にとどけて、せいせきをつけてもらう。

（時間があったら窓もふく）（注）机の上の物はごちゃごちゃしない。

以上　発表＝山佐　剛くん

六、連休明けのある日

あの子の、あの子の、たくさんの子どもたちの心ねの優しさに出合ったうれしさを、みんなの心に伝えたくて…

「優」という字を、やさしさという、人の気持ち、人の心を、表す文字として使う。この文字を、ジーッとみつめていると、ひとが、ひとが、人が、人という文字がある。「つくり」（字の右側）の方は、これは何だ。「うれい」「うれえる」という意味の字だ。うれい＝心配、悲しみ、なやみ、などと辞典に出ている。

うれえる＝心配する、気づかう、悲しみを人にうったえる、なげく、といっている。それでは、優しさとは何のことであるでしょう。

・人が人について気づかうということではないでしょうか。

・人がなやみ、かなしみをうったえること、それも優しさ。

連休が明けた教室の中は、みんなの見違えるような生気が漂っているのが感じられます。特に、女の子たちが、これまでのあどけなさを保っていたおさげ髪をかりっと切りつめて、みるからにフレッシュなあでやかさと、動きのはつらつさをみせています。

男の子たちだって、それには負けてなんかいません。きれいにととのえられた髪をしてさっぱりとして、さわやかさを感じさせてくれます。

みんな、新緑にあやかるように、髪を気づかい、気分をも輝かせているのです。

教室の花びんに花を生けてくれる子、

机の穴ポコをうめて、きれいにしてくれた子、

掲示板を、しっとりグリーンにねりかえてくれた子、

そんなこんな、みんなのことに気づかってくれている子たちがいて、学級の中にも、だんだんと活気がみなぎりはじめています。日直の戸じまりも、明日の学習連絡も、だんだんとではなく、いろいろあったし、あっているけど、ある時、ある日から〝ぐっと〟とてもよくなってきています。

そんな中で、いつも帰りしな、ぺこんと頭をさげながら、にっこり笑顔で「さようなら」を言って去っていく、いつもの男の子が一人いる。

いつか、その子と話したら、〝ぼくんちは、すぐ海の近くだから魚をつりにいきます〟と、いっていた。この子は、いつも家の近くの海の水や波の音、きっと海の魚や海草などのことを思いながら、床の中で、きっといい夢を見ているのだろう。

またきのうは、給食のとき、僕を仲間に入れてくれた、おさげの女の子やきれいな髪の女の子たちがいた。小さかった頃の思い出を、いつまでも忘れないよう、心のひだに切ったその髪のことを大切にしまっていてほしい、と思いながら「さらだ」をいただいた。

5／7（火）

七、体育大会を終って—「想い出」をとどめ、また、「反省」の視点を求めて—

「勝負は時の運」ということばがあります。

これはどういうことを言っているのかというと、勝負に賭けて勝つための目算は、それはコンピューターでもできないのだ、ということです。

勝負を競うということは、当然、相手のあるということです。その相手がどう出るかということははじめから、すべてを予測することはできないものです。相手にとっても、その相手である自分がいることですから、勝負はそういう相手同志の力量の相乗作用、それらの積

〈相方の技量を掛け合わせたもの〉であると、そういうことができるでしょう。そして、しかもそのときの身体のコンディションはもちろんのことですが、とりわけ、自然的な条件にも影響されます。

例えば、追い風とか迎え風、向かい風。陽射しの強さや日の高さ。またまた、グランドの条件があります。バレーボールやバスケットボールなどなどのチェンジ・コートは、やはりそうした条件を考慮してのものでしょう。これらのことは、試合での勝敗をわける原因と深くかかわっていると考えられるからでしょう。

このように考えると、勝敗は、やはりその時の運―その幸運をつかんだものというか、勝運に乗るというか、そういう「チャンス」をものにできたものたちの手に制されているということになすのです。

しかし、その「チャンス」も、手をこまねいてただ待っているだけではやってはこないということを、誰でも知っているのです。

それは、幸運を招く努力が、やはり必要なのだということでしょう。

その「幸運を招く」という「努力」とは、さて、なんでしょうか。これを導くのが、これまた、あの「そうじ問題」の時に出た、例の公式なのです。

（速さ）×（時間）＝（すすんだ・すすむ距離）

そこで、競走は、時間の問題ですから、時間を求める式にかきかえます。すると、時間は、
（距離）÷（速さ）の関係になります。そこで、時間を最も小さくするには、二つの場合が考えられます。

競走ははじめからある一定の距離をいかに短い時間で走り通すかを競うわけですから早く走る。速さを大きくする。すると、一定の大きさの距離を、大きい数値でわるのですから、その値はより小さくなります。

速く走る。腕をしっかり振って、脚を早くかわす。何といっても、脚・腰の強さだ。腹筋の強さだ。それと、もう一つ大事なことは、眼のやり場だ。それは、眼を次々に変わる一点に集中して走るということだ。

眼はどこをみながら走るかということだ。トラックの一番内側の白線を見据えながら走る。走るものは、白線を追えということだ。

それと関連して、だから一等速くゴールにつくためには、もう一つ大事なことがあるのです。

それは、もうこれ以上、いまとなっては、速く走れないというのであれば、第二にいかに最小限度の距離を走るようにするかということです。

走る距離は一定だといったけれど、しかし実際には、それよりもうんと長い距離を、みんな走っているのです。例えば、二百米走ということで考えてみましょう。そうしたらトラックの白線に沿った長さが二百米であって、それより二〇センチ外側を走る人は、すでに、約二百一米を走って行く計算になるのです。だから、その分だけよけいに時間がかかるということになります。

そこで、ここに競走における途中審番員の必要も起こってくるのです。みんなは、なんとかして「最短距離」を走りぬけようと思って走っているわけですからね。時に、トラックの一番内側のラインをふみこえて、白線の内側、すなわちそこはもうすでにフィールド内に立ち入っていることだってあるわけです。トラック競技で、フィールド内を走るなんて、これはもう失脚です。サッカーやバスケットのように、ラインタッチはないのです。

それでは試合にならないのです。

しかし、こういうことが真昼間に、しかも沢山の人々の眼の前で、平然と行われてはいませんか。もしそうだとしたら、競走や得点にどんな意味がありますか、疑問ですね。

それと、こんどは逆に、リレーの時に不思議なことがあるのです。それは、みんなトラックの内側のラインをめざして走っていくのに、バトンを受け取る人が、一番内側が開いているのに、そこから遠くはなれて待っているといった光影をよく見かけたということです。これもよく考えてみないと、自らすすんでより長い距離を走るという「愚かさ」を地でいっていることに気づかないでいるということになります。

次に、体育大会は「なわばり」の中の立居振舞だということです。もちろん、八〇米走や百米走は、セパレート・コースになっていて、初めから終りまで、自分のコースを走るわけですが、その中をジグザグのちどりあしで走る人も多くいました。これでは、八〇米百米の距離を、わざわざ自分で延長して走っているようなものです。だから、他の人より遅れて走っていくことになるのはあたり前でしょう。ここにも、精神の集中というか、感覚と意思や感情を一つにして行動する力の問題があります。

そのほかに、一面の運動場が、大会になると、いくつもの面に区分されます。ここは、トラックで、そこはフィールド。そしてここは第一集合場所で、あそこが第二だと。種目にあわせて、集合場所を選ぶ。また、プログラムの三番ぐらい前に、集合場所に行く。そこで、移動するときは、応援席の後方の空き地を行く。

それぞれの空間がそれぞれに区別され、新たに、今日一日のために意味が与えられていく。そこをうまく行動していく。そのことを「なわばり」の中の立居振舞と呼んだのです。

……◇……

応援旗は、デザインのかわいらしいのが印象的で、ひもの取り付けがしっかりしているのにも驚くほど、立派にできました。

応援団も、それなりに精一杯の盛りあげを果たしました。それぞれの代表は、特に、グループをまとめての働きで、ほんとうに苦労があったと思います。あらためて、ねぎらいのことばを送ります。ごくろうさんでした。ほんとによくがんばって、よい成果をあげることができました。それに、たくさんの学級対抗の種目に選手として活躍したみなさんも、ほんとにご苦労さんでした。ここに、それぞれの名前を揚げて、その努力をたたえます。

◎応援旗作成委員＝鳥越・井手尾・上戸哲・山下裕・久保田の五君

◎応援団（男）＝本田ま・長龍寺・上戸頼・山崎・坂元・山佐・（渡辺）の七君

応援団（女）＝田中良・中島・山田・松島・横田・岡本の六さん

◎百米（男）＝鶴谷・佐山・若杉・山崎・福田・坂元・（渡辺）の七君
百米（女）＝岩崎・山内・森本・尾上・山中・田中良・土井の七さん
◎二百米（男）小畑・山下裕・上戸哲・山下敏の四君
二百米（女）松尾・坂田・岡本の三さん
◎四百米（男）山下浩
◎千五百米（男）鳥越
◎混合リレー（男）久保田・本田誠・原・長龍寺の四君
（女）山田・松島・田中・西川の四さん
◎ベストリレー八百米（男）上戸頼・松永・本田淳・浦山の四君
ベストリレー四百米（女）井手・横田・馬場・作本
◎兄弟学級リレー（男）浦山・上戸頼の両君
兄弟学級リレー（女）作本・井手の両さん
◎走高跳（男）泉君
◎ハンドボール投（女）中島さん
以上です。

このほかに、大会運営委員として、係役員の任務にたずさわって活躍した人たちもいました。ともあれ、体育大会の日の帰りの学活で、田崎先生がお話になったように、これからも一致協力して、常に今日のようなベストを尽くして取り組み、すばらしい仲間と、その働きをみつけ、感じとって、これからも企画されていく「行事」に積極的に参加していくことを誓い合って、体育大会をまとめ反省する資料としたい。（一九八五・五・二十一）

○あの人は「うまいなあ」とか。「よくやるよ！」とか。体育大会の準備から、練習・そして当日までの中で、仲間のことで「気付いたこと」や「発見したこと」、そうしたすばらしいものとの「出合い」があれば、それを本大会の「記念」に、ここに記してとどめておくことにしよう。

○また、ひょっとして、「あれ」には驚いたなあということでもあれば、それも「想いで」として、自分の中一の「記録」としてかきとめておくことにしよう。

○そして、何よりも、自分自身の、自分自身に対する感慨があれば、それをかいておこう。

八、他者の眼差し―きつかったあのときのこと―

人間にとって一番大切なものは、君、「きまり」なんかではない。そんなら何だ！と、君は無言のうちに抵抗した。人間にとって、一番大切なもの、それは人間としての行為だ、行ないだということを。君、君はこの前抵抗したが故に、確かにそれを手に入れたに違いない。

その後の、君のためらいがちな語り口に、そして何よりも君が十一組に遊びに来た君が僕に話すときのその君の目の優しさが、たまらなく美しいものをみたということだ。

目に見えないから、ないのではない。見えなくてもあるものは確かにあるのだ。同じように、階段を毎日そうじしているものは、いまいなくても確かにいるのだ。

君が、その階段に立てば、土足で上がってくる、そのような彼を君の心で射止めるに違いない。

自分が自分で、階段を上がろうとする自分を、もう一つの眼でみる。階段をはわき、ふく身の他人の眼で、自分の行動が見えてくる、そういう自分にならなくてはいけない君だ。一瞬のうちに、そうであるべき自分の姿が湧き出て見える君は年頃だ。

のどがかわいて、二階の水道の蛇口の姿が、すべての君のイメージをかき消して、蛇口からほとばしりでる水の冷たさと、のどをうるおす感触を君は心に描き出す。サハリの砂漠の干し上がった沼の動物のように、水辺が待てなかった君。

だけど、君、ほうきで階段の小さな土砂をはわき降ろしていくとき、下から昇って来る人があれば、ほうきの人は、その手を休める。その彼の顔に砂ぼこりをはきかけては、せっかくのその、君の行為が顔汚しだと、時のたつのを瞬時にこらえて、だから待つのです。だけど、なぜ彼がいまここを通らねばならんのかと、そのものをいぶかりながら、待つ。君は、そのために、バラでもないのに「トゲ」をもたされていくことにもなるのです。

しかし、待つことはそうじする以上の、誠実さを示すことでもあるのです。

人が人に出来る、それは小さな愛の行いです。

待つことには、だから、柔らかな花肉と、神秘の輝きの色に香ぐわしい匂いこそないが、自然のバラの立派な気品をそなえた人の行為があるのです。

人はそれを良心のものだといい、ぼくは、自分の眼を他人の眼にして自分をみつめる「まなざし」という。それはまた、待つ心であるとも言えるし、植物に、それをたとえれば、トゲをもつ、気品に満ちたバラの花に見立てられるというわけです。

それでも、君よ、バラの花びらや、甘味なバラの香が人を優しくするのでしょうか。それとも、茎に生えた、あの小さな硬い「トゲ」でしょうか。階段を、一目散に駆けて行って、水道の水にはありついたけれど、そこでとてつもない大きな「トゲ」を飲み込んでしまったのでした。キレイに咲き誇るバラの花には鋭いトゲがかくれているのです。

だから、人は、注意深く、トゲをさがすようにしてバラを手にとるでしょう。

バラはどこまでも、その身にトゲをつけているのです。

それはバラの悲しみでもあるのかもしれません。それだけに、一層花の美しさを感じさせるのでしょうか。トゲをもたない人間は、では何でその人格の品位を保つことができるのでしょうか。

人は、まさに他人のまなざしを注がれていくことのなかに、人間としての気品を誇りを生み出していくのではないかと思うのですが、みなさんはいかがですか。

人は人のまなざしを自分自身に感じきって、いま、人として育ちつゝある。

人はまなざし、というゆえんです。


（一九八五・五・二十二）

九、「はじめてのテスト」感想文《学級文集・1-5》第六号　1～23（男子の分）24～43（女子の分）

1計画を立てて取り組んだけど、あまりちゃんとできなくて…

少しずつしていったけど、社会と理科と国語の漢字ができなくて…

2社会の勉強はあまりしなかったけど、国語はまじめにしたつもりだけど、テストをみたら意味がわからなくて、てきとうに書いて、そのとき先生に意味がわからないところをきいとけばよかったと、いまつくずくおもう。でも、こんどのきまつのとき…がんばりたい。遊んでばかりいないで、テストをしなければ自分のすきな高校にいけないから、勉強をしなければと思う。

3初めてのテストで、あがったこともあるけど、点数の方は、なっとくいかなかった。決して悪い点数じゃなし、合格だと思う。だけど、テストの点数の差が大きい。例えば、数学、理科、英語などは、八十点以上で、中には後一問できれば、百点というのがある。しかし、残りの国語、社会などは、七十台、六十台と、大差でちがう。今までぼくは、自分が得意なのより、苦手なのを勉強したい。

4クラブが試験休みになって、うれしがり、遊んでばかりで、あまり、勉強をしませんでした。学校から帰ってきたらテレビばかりみて、よる十時ごろからやっとはじめ、十二時ぐらいまでしていました。

計画どうり勉強せず、とくに数学はほとんどしませんでした。試験が近づくとあわてて勉強して、…。国語が、理科が、むずかしかった。結果は、思ったより悪かった。

5社会とかんじとがんばるはずだったが、社会は好きじゃないのでかんじばかりしたのがだめだった。こんどのきまつテストは、社会とかんじをまた中心にしてべんきょうしようと思った。

6中間テストをあまくみすぎてあまりべんきょうしなかった。ひごろは勉強しないでスポーツ、釣りに行ってばかりで、姉たちからは「中学になったらテストとかは小学校の時のテストとはちがってむずかしい」と、いやになるほど聞いていたのに。テストの四日前ぐらいからやっとはじめた。…いつも九時になったら、十時まで机にむかっているのですがもっと時間をふやし、がんばります。月→数、火→英、水→国、木→社、金→理、土→?、土ようは自分の苦手のもの。

7計画を作り、その通りやったけど足りなかった。一週間前では、時間が足りない。二週間前から勉強したい。苦手の教科からはやく取りくみたい。得意な教科もできるといってなまけず取りくむ。友だちと勉強する時間を作って、わからないところを教えあうようにしたい。

8勉強をはじめる日がおそかった。朝自習もしなかった。兄から勉強のし方をおそわったがそのし方もそのとおりしなかった。期末の時は、みんなちゃんとしたい。兄からおそわったし方も、朝自習も。家で3時間はしたい。わからないときは兄にきいて…。

9前にたてた計画が少したらなかった。国語は漢字ばかりして、ワークをぜんぜんしてなかったからみんな△だった。数学は問題集をほとんどしていたからよかったと思う。しかし、問題をあんまりよまないで答を書いたから少しまちがえた。こんどからおちついてとりくみたい。社会はほとんどかんぺきだったと思う。気候とか、川なども単語帳に全部かいて、…ずっとみていたからとてもよかったと思う。今からもこの方法でまた…。英語は、特に1番かんたんだった。…単語など、毎日二ページぐらい書いていたので、とてもよかったと思う。いまからもそうしたい。

理科も問題をよくよんでいなかったから…

だから、問題をよく見て書くこと。落ちついてする。

それから、朝自習などまじめにとりくむ。本を何回も読む。ワークを何回もする。授業をしんけんにする。今日ならったことはもう一回復習してみる。

10計画表をたてて取りくんだけど、三、四日でうまくいかなくなった。国語、社会がちょっとわるかった。今後は計画をたてて、その計画を守ってしてみたい。

11計画どおりにはいかなかった。特に、国語、社会ができずに、…。英語は単語を覚えなくて、1週間ぐらい前から必死になって覚えた。だから少しは、…。単語は一日一つずつ覚えていかなくっちゃ。数学はまあまあだったけど、文章題がむずかしかったです。

12あまり勉強しなかった。二日前からはじめた。だから、もう少し、それより四日ぐらい前からしはじめればよかったのでは、と思った。

13日ごろから勉強ができてなくて、悪かった。それで、日頃の勉強からまじめにして、家庭学習もたくさんしたい。特に、社会はメチャクチャ悪かったので、なんとかしなければと思う。英語のテストはよみまちがえたりして…。

14中間テストをあまくみて、計画表もうまくいかなくて…。やっぱり、ふだんからよくしておいて、わるくても1時間は目あてにしておく。テスト前は、三時間を。一回テストをしたから、ようすがわかってきたのでがんばる。

15計画どおりにいかなかったが、自分なりにがんばった。しかし、少し勉強が足りなかった。これから、計画表をつくり、勉強する時間をきめる。わからないところがあったら、早めにしらべておく。目標をきめて、それにむかってがんばる。わからない人がいたら、友だちとべんきょうしたりする。

16中間テストはさすがに小学校とちがってむずかしかった。勉強していなかったので、いい点数をとれませんでした。特に、数、理、社がわるかったので、その教科の中間テストを復習してがんばりたいと思います。…

17今後のとりくみとして、学級として、朝自習をきちんとする、授業をしんけんにやる。個人として、復習を毎日やる。漢字の練習。社会は、…用語を覚える。理、英は、一応よいとして、数学は確実に計算をして、見なおしをやる。

18自分なりに計画的にやったけど、まだ勉強がたりなかった。ふだんの勉強も念入りにやること。まちがったところをすぐ訂正して、わからないところはわかるまでする。苦手な教科は、…こん後てっていてきに勉強して少しでもよくする。

19ぼくは中間テストは中学で初めての「テスト」です。ドキドキしていました。また、兄姉もいないのでどんなものかわかりませんでした。勉強もどのくらいどんなところをどうすればいいかわかりませんでした。でも友だちにきいてだいたい分かってきました。…

20テストが近づいてから勉強していたのでよくなかった。…

21テスト前の一週間は朝自習をちゃんとやる。

22テストの二、三日前からとりくんだのがいけなかった。そして一日平均二時間ぐらいしかしなかったので、三時間はしなければと思った。

23初めてのテストできんちょうしました。思ったよりよかったけど、…。

24昼はテレビを見たりして、夜にしか勉強しなかった。これからは、夜おそくまでおきないでいいように、かえってきたらすぐ勉強しようと思います。…

25思ったよりずっと難しかった。ねむくてねむくてたまりませんでした。夜もそうおそくまで勉強しませんでした。私は成績表をもらう前に、あんなものもらいたくないと思って…。

26あんまりべんきょうしなくて…。

27中間テストの結果をみて、四〇〇点以上とれなくてくやしかったです。けど、私は、テスト前にばたばたしてやったので、それがわるかったなと思いました。家に帰って、なんども教科書をよんだりしなかったことが自分ではわるかったと思う。

28計画を立てたが、守ることができなかった。ねむくて、勉強がはかどらなかった。しかし、テスト三日前になると夜は十二時ぐらいまでできた。しかし、テストになると、時間が足りなかったり、わからんところがあったり、見直しが不十分であったり、いいできではなかった。これから、本気になって勉強をやる。自分で自主的にやろう。反省ばっかり書きならべるのじゃなくて、良いことがたくさん書けるように。

29日課表を作ったのに、それに従ってしていなかった。勉強時間が少なかった。しなかった。日課表を作って、一日一回勉強するようにつとめたい。特に、自分のにがてなところは、人に聞いてわかるようにし、苦手をとくにがんばる。一日、一時間半から二時間ぐらいは勉強をする。

30中間テストってどんなものかそれがつかめなくて勉強してもぼおっとして、手につきませんでした。点数、クラスの順位が発表されると、これではいけない…必死になって…全力を尽くしてがんばりたい。

31スケジュール帳はつくったけど、ぜんぜんしませんでした。わからないとこはしかたありませんでした。これ以上勉強したって…けれど、少ししたいです。…

32ちゅうかんテストの結果をみて、勉強がたりなかったなあ、と思うことばかり…。

33もう少し力を入れてやらなくては、少しあまくみすぎていたので。

34予定表を守らず、自分の好きな課目をしていた。一日中、遊んでいる時もあった。

35ただがんばるのみ。中間テストは思ったより悪く、後悔してばっかり。

36中学生になってはじめてのテスト。小学校のテストとはまったく違い、難しいもんだった。そのため、学級でもいろいろな取り組みをした。クラスで朝自習利用計画を立てたり、自分でも家での勉強など計画を立てた。私はクラスでの取り組みはみんなと同じようにできたものの、家での勉強が計画どおり、思うようにいかなくて…。ふだんの勉強も親に何度もしつこく言われてやっとはじめるということもありましたが、計画もわりときちんとたててやるだけのことはやったつもりです。だけどやっぱり努力がたりない面がたくさんなりました。苦手な科目は二倍も三倍も努力して、できるだけ得意にしたいです。

37今度の中間テストははじめてということもありましたが、計画もわりときちんとたててやるだけのことはやったつもりです。だけどやっぱり努力がたりない面がたくさんありました。苦手な科目は二倍も三倍も努力して、できるだけ得意にしたいです。

38テスト範囲がわかって、一週間、毎日ばんばって勉強しました。私はその一週間の中の一日に、テレビをみたくて見てしまいました。そのせいで大切な一時間をなくしてしまいました。それでテストの点数も、目標点よりもずいぶん…。一人で勉強していると、なんだか、ねむくなってきます。だけど…力いっぱいがんばりました。…今後は父母をよろこばせるようなとてもいい点を…それと自分のためにも…。

39問題が思ったよりむずかしかった。はじめはどきどきしていたけど…。今後は毎日二時間はするようにし、いい成績をとるようにがんばりたい。

40計画はたてたが実行をあまりしなかった。塾で勉強したからしなくていいとか思ってしなかった。そしてテストの時はかんちがいをしたり、書く場所をまちがったりしていた。今後、朝自習などまじめにする。中間で悪かったところを何度もやり、勉強する。

41中間テストをうけてみて、中学校のテストはむずかしいということがわりました。私はあまり勉強して無くて、こういう結果になってしましました。でも今だったら、まにあうから、もっともっと勉強に集中したいと思います。

42初めてのテストできんちょうした。社会をいっしょうけんめいにしてたんだけど、あまり良い結果はでなかった。他も、合格点に入れなかった。ただ、英語の場合よくできたと思った。日ごろから先生の話などをきちんときいてたけど、自分の勉強時間をもっとふやしていかなければ、と反省した。ばたばたしてやってもだめだった。…

43はじめのうちは計画表にしたがってやってたけど、だんだんねむくなって早くねてしまったりして守れなかった。たいちょうのことも考えてむりせずがんばりたいと思います。

【読後感】　一つの課題として…

だれかが言っているように、「体調」をくずさないようにするということは、やはり、あらゆる問題に取り組むための基本問題だと思います。

では、それでいて、緊張を保ちながらどうしたらある一定水準の目標を達成することができるか、ということが課題になります。その〃こたえ〃は、やはりみんなが異口同音に反省しているとおり、ふだんの生活の「あり方」を工夫することだと思います。

その中で、大事なことが「二つ」あるように思います。

一つは、自分がどういう「問」をもって、いま学習にむかっているかということです。例えば、「新聞づくり」の場合。各紙面の構成をどうするか、ということをさきにきめると、それを実現するにはどんな記事を集めたらよいかということが連鎖反応的にできてくる。それで、目的が実現していったわけでしょう。「問」をもつということは、学習する「主題」を「ことば」で表現するといってもいいでしょう。すると、それなりに「イメージ」が湧いてくるものです。

それともう一つは、観念的に理解しただけではわかったことにならないということです。言いかえれば、知識は実際に使いきって、はじめて身についているといえるというわけです。それで、技術訓練＝「ドリル」が、ぜひとも必要であるのです。

〃身につける〃ためには、あらゆるスポーツが、それぞれにある一定の手順や方法によって猛練習していることはみんなよく知っているでしょう。「知識」を身につけることだって決してその例外ではないのです。なぜかといえば、どちらも脳神経生理にかかわっているからです。反射神経の問題だからだと思います。

以上、二つのことについて、それぞれ自分にあった学習方法を確立していくよう生活のし方を工夫するよう心がけたら、と思いますがいかがでしょう。

（夏休みを前にして…）

第4章　「誕生日の子の紹介」

一、四月生まれの友だちに話してみたいことがある《学級文集・1-5》第四号

ルールル　ルールル　ルール　ルルルルルー
　四月生まれの友だちと　探してみたいものがある
　　　　小さな小さな幸せ　露にぬれた四つの葉

○四月生まれの友だちへ「ことば」を集めてみました。
人はそれぞれに、それぞれの時期を、時には父や母のことばを。またあるときは、おじいさんやおばあさんのことばを。そしていつの日にかは、学校の先生のことばを支えにして。それがいま、何よりも友だちの、今あの友だちのことばがほしくなってきた。

人は、いま、何を考え、どう感じて、生きているのか。そして、どんな生き方を望んでいるのかわからない不安にかられるような時がある。

いま、友だちのささやかな「ことば」が、そのじぶんのなかのなにかを大きく支えてくれていくのを知るだろう。

人はそれぞれに、それぞれの時期を十分に充実して生きるために、それにふさわしい活動とその活動を導く、たしかな「ことば」を必要とするものである。

四月生まれの「京子」さんと「誠」くんには、たくさんの友だちから、次のような、あたたかい「メッセージ」が寄せられました。

どうか、あなたがたの心にとどいたものがあれば、その心を大切に、あなたの胸に秘めて、これからの生活の一つのよりどころにしてください。

人はそれぞれに、それぞれの時期に、それぞれにふさわしい「ことば」を得ながら、次への新しい模索をはじめる。探すべきものは、歌詞の中では、「露にぬれた四つの葉」と、いうことになっています。「露にぬれた四つの葉」って言うものが何かということが問題ですね。

「四つの葉」、というのは、さきにちょっと話した〝四葉のクローバー〟のことで。でも、「露にぬれた」―四つ葉のクローバでなければいけないのです。

では、〝露にぬれた四つの葉〟って、何のことをさして、言っているのでしょうか。僕は、それは朝露にぬれているときこそクローバの葉は生き生きとした姿を見せるのですから、ここでは、誕生日という人の一生に一度しかない日の偶然を知る喜びに出会った二人に、その仲間の友人たちが注ぐあたたかい友情＝愛のことば、に外ならないと、思う。

二人は、それぞれに友のことばを得ることで、ほっとするにちがいない。それは、小さな小さな幸せ、というものだといっているのではないでしょうか。

井手京子さんへ！（…点は長周）4／29生

○13才おめでとう。幼稚園以来だね。久しぶりにあったときはびっくりしました。

―松永　太

○あなたは女子で一番早く生まれたので、あなたが女子のリーダーです。井手様は、シューズのかかとをふんでいるのでふまないようにしてください。

―原　正徳

○たん生日おめでとう。

ぼくたちの先ぱいだから手本になるようにがんばってください。

—長龍寺　満司

○おめでとう。二十九日には、おいわいができないね。残念に思います。みんなと、あんなにさわいでいるけど、中でも、一番年上なんですね。

今、かいているのは二十九日だけど、今ごろ井手さんなにしているのかな?でも、これからもなかよくしていきましょうね。

—田中　康代

○おめでとう。京子様がんばって勉強やスポーツにはげんでくださいませ。いつまでも友達でいてくださいね。私は変たいではありませんので言わないようにしてください。

—中島　裕子

○5組の女子での年上の人、京ちゃん。どうですか、年上の気持ちは。早くも13才。学年は同じだけど、年上は年上。私達のお手本になってください。これからも仲良く。

—塩塚　奈美恵

○〝京ちゃん〟おたん生日おめでとう!私のたん生日は一月三十一日です。よろしく。これからも仲良くしてね。

—山内　亜紀

○おたんじょう日おめでとう!!女子で一番最初に生まれた、お姉さん…。少しわがままだけど、やさしいところもあるいーちゃん、いままでいじめてばかりだったけど、これからはあまりいじめないからあんしんしてください。私は、来月、たんじょう日…。早く13才になりたいよー。これからも、すこしわがままのやさしい「いーちゃん」でいてくださいネ!!

—森本　美和

○お誕生日おめでとう!もう13才ですね。私達より早く生まれた人、私達にとってはお姉さん。四月生まれっていいですね。私も四月がよかったです。春に生まれるなんて心があたたかい人でしょう。井手さんは、自分が四月に生まれ、それに、一年五組の一番のお姉さんとして、どう思いますか。これからも、がんばってください。

—松島　加奈

○おたん生日おめでとう!!　4／29生まれなんていいね。祝日でいつもお休みなんだから。私の妹も、4／29生まれなんだ。井手さんみたいにきれいだったらいいけどね……。とにかくおたん生日お○め○で○と○う!

—西川　博子

○おたん生日、おめでとう。一年五組の女子ではやうまれなので、リーダーになった気持ちを盛ってね。それで、私たちより一つとしうえになったのでお姉さんになった気持ちでがんばってね。

—尾上　智可子

○京ちゃんおたん生日おめでとう。13才ですね。私たちはまだ12才で京ちゃんの妹です。お姉さんとしてたよりにしています。これからも明るい京ちゃんでいてください。これからもよろしく。

—馬場　圭美

次は、

本田　誠くんへのメッセージです。(4／19)

○13才のおたんじょう日おめでとうございます。

一年五組の中では一番はじめにうまれたんだから、私たちにとってはお兄ちゃんです。これからも、勉強がんばってください。

—森本　美和

○お誕生日、おめでとう！本田君は、一年五組の人で、一番最初に生まれてどんな気持ちですか。とても、うれしい（のではないか）と思います。本田君は、常識からすると、みんなのお兄さん。私は、本田君が、他の人みんなの、手本になるように、がんばってほしいと思います。

―松島　加奈

○おたん生日、おめでとう。男子では一番の、はやうまれなのでお兄さんになった気持ちになって、がんばってね。

―尾上　智可子

○13才のおたん生日おめでとう。こがらなのにもう13才になって、私は大きいのに12才ですよ。これからもよろしくお願いします。それと優しいお兄さんでいてください。

―馬場　圭美

○たん生日おめでとう!!　〃さようなら〃おわりです。

―山内　亜紀

○せんぱいなんで早よう生まれたとや！おいも早生まれのほうがよかとに。早生まれやったら、いばったりするとに！

―赤瀬　敏之

○誕生日おめでとう。五組では、一番早く生まれた人、お兄しゃま～

―浦山　周一

○おたんじょう日おめでとう。これからもなかよくやりましょう。

―小畑　康生

○誠君は、五組で一番早く生まれた人ですね。だけど、いばったり、しないようにしましょう。ぼくは十月生まれです。

―上戸　頼忠

○まこちゃん、13才おめでとう！　Sさんと仲良くするんだぜ！　これからもよろしく！

―松永　太

○誠くんはぼくたちのせんぱいです。ぼくたちがこまっていたらたすけてください。

―原　正徳

○おめでとう、13才。13才のふうかく（風格）を持ってください。
13才一番のりの感想（をひとことどうぞ、おねがいします。）

―山佐　博之

○たん生日おめでとう。ぼくたちの手本になるんだからしっかりしてください。

―長龍寺　満司

○どんなことがあるか考えたけど、うかびませんでした。もんくなし!!

―坂元　城夫

では、次に誕生日を迎えた二人の感想、いま一番なにをしたいかをきいてみます。

――――

（感想）（1）は本田君。（2）は井手さんのものです。

※（1）おもいっきり遊びたいです。それと、いろいろな物がほしいです。たとえば、へやとか、お金などほしいです。

※（2）お金をためて、いろいろな国に行きたいです。
それから、今は、一番、あそびたいです。

◎四月生まれの友だちと、語ってみたいことがある。〝若者と娘の物語。あれは、何という題のお話だったか、思い出してほしい。いねむりしてた人もいたというけど、みんなに語ってきかせたかった〃若者と娘〃の―夢のような―霧の中に浮かび出てくる美しい魂をもった二人の青年の物語だ。（木下順二作『山のせいくらべ』）二人はどこで出合ったのですか、物語の中の山とは、どこのどんなところでしょう。〃みすぼらしいのはいや〃〃私は背が高くなりたい〃みすぼらしいってどんなこと？そのことが、どんなにいやなことに思われてならないと、娘は感じるようになっていったのですね。〃背が高くなりたい〃大きくなりたい、精神の自由をかちとりたい、希望を持って生きたいというわけですね。では、また。

二、五月生まれの友だちと歩いてみたいみちがある…《学級文集・1-5》第五号　悩んで人間じゃないですか―なだいなだ

ルールル　ルールル　ルールル　ルール　ルルルルルー
五月生まれの友だちと　歩いてみたいみちがある
　あおい霧の　かようみち　忘れた音の　ときのみち

・五月生まれの十三歳が、四人いました。それが、みんな四人とも女の子でした。
坂田　千代美　さん
森本　美和　さん
作本　奈美　さん
中島　裕子　さん
十三歳、おめでとう！
四月生まれは、男女それぞれ一人ずつでした。それに、入学したてのほやほやで、その上、急に「誕生日の子」としてみんなの前に進

み出て「あいさつ」するはめになって、どぎまぎしたこともあったろう。だけど、五月に誕生日を迎えた人たちは、一応の心づもりもできてたみたいで、いかにも堂々としていたものでした。

そして、誕生日の紹介の後、例によって「一言」、誕生日を迎えた気持ちを表してもらったけど、それがまた、四人も揃うと、それぞれにユニークで、人それぞれに生きているっていう感じでした。

堂々としていて、ユニークな五月生まれの友だちへ、さて、どんな誕生日のお祝いのことばが舞い込んできているのでしょう。さっそく、それらを紹介していくことにします。

☆五月二十一日生まれの坂田千代美さんへ!!

○おたん生日おめでとう!　女の子の中では二番目、男女一緒にかぞえても三番目のお姉さんですね。これからも、仲良くしてくださいね。

―玉井　三絵

○千代美ちゃんお誕生日おめでとう。やっと十三歳ね。千代美は、今日、誕生日プレゼントで、とってもとってもすばらしい物もらってよかったね。うれしい―?よかったね。〝あの人〟のおかげね。感謝してね。千代美、これからもよろしくね。

―井手　京子

○千代美ちゃん、十三回目のおたん生日おめでとう!!　学年は同じけど、私の先ぱいにはかわりませんよ……これからも仲良くしてね。

―岩崎　文

○おめでとう、千代美ちゃん。さいしょ千代美ちゃんを見て、「おとなしそうでおねえさんみたい」と思ったけど、つきあってみればひょうきんでやさしい人でした。でも、やっぱりおねえさんです。こんご仲良くしていきましょう!!

―田中　康代

○誕生日おめでとう！　千代美とはわりと仲良しだけどこれからも、もっともっと仲良くしてくださいね。なにごともめげずに、がんばってください……☆

―松島　加奈

○たのしく明るい人でいつまでもいてください。

―横田　カオル

☆五月二十二日生まれの森本美和さんへ

○森本さんとは同じ学校だったのに同じクラスになったのははじめてですね。作本さんと同じ日に生まれたなんてほんとにぐうぜん！これからも、ずっと友だちでいてね。

―土井　三絵

○森本さん、たん生日おめでとう!!　さくとも同じたん生日でどんな気持ちかな？　森本さんたちはいいね、学年同じでも早く生まれたから。

先ぱい、これからもヨロシク!!

―岩崎　文

○ミーコ、お誕生日、おめでとう。やっと十三歳ね。ミーコは京子の誕生日の時、京子に意地悪をするのは〝やめます〟って書いてて、今はミーコにいろいろお世話になりました。特に体育の時間、ありがとう！　これからも明るい女の子で……

○おたんじょう日、おめでとう！

そうか、たん生日かあ、いいなあ、どんな気持ちがしますか？　とてもいい気分でしょう？　私ももうすぐです。嬉しいな!!

ほんとうにおねえさまおめでとう!!

―井手　京子

○誕生日おめでとう！　みいこは私の妹と同じ名前だけど、性格もいいし、私の妹とはぜんぜんちがいます。私の家のみわちゃんも、みいこのように良い性格になるよう私が指導します。

―田中　康代

○元気な人で　いてください

―松島　加奈

―横田　カオル

☆同じ、五月二十二日生まれの作本奈美さんへ

○おたん生日、おめでとう！　今年で十三回目のおたん生日ですね。それに森本さんのたん生日といっしょですね。これも何かのえんだったんだろうけど……。これからも、ヨロシクね。

―土井　三絵

○作も、たんじょう日おめでとう!!　森本さんとたん生日同じでどんな気持ちかな？　さくもは私のねーちゃまです。バスケ、がんばってね!!

―岩崎　文

○作も、お誕生日、おめでとうね。やっと十三歳ね。作もにはいろいろ相談にのってもらいました。(あれ♡)ありがとう。まるで作もが京子のお姉さんみたい。年令でいけば京子が年上だけど、作もよりいろいろ心配かけると思うけどこれからもよろしくお願いします。これからもあそぼうね。

—井手　京子

○おめでとう！　井手さん、まことくんにつづいてまた、私のおねえさんがふえました。でも、森本さんと同じたん生日だからいいね。もしかして本当は本当のふたごだったりして……いいなあ、六月生まれは少ないみたいなので、ちょっと不安です。これからもよろしくおねえさん！(・・・・・田中)

—田中　康代

○誕生日おめでとう☆　作本さんは、声はきれいだし、顔も美人、性格も明るいし、なぁにも言うことありません。ただ一つ、今までよりもずっと仲良くしてね。

—松島　加奈

○作本さんは足がはやいので、高校になってもがんばってください。

—横田　カオル

☆五月二十五日生まれの中島裕子さんへ

○中島さんは、いつも明るくておもしろいのはいいんだけど、もう少し女らしくしたらいいんじゃないかな？　時々だきついたりしているでしょ。そこのあたりももう少しへらしては？(私たちはそういう中島さんを楽しい人と思っているけど……。)あそうそう。おたん生日、おめでとう！

○ゆうこ　たん生日おめでとう!!　ゆうこはね、うちのおじいちゃんと同じ日に生まれているよ。ま、年はずいぶんちがうけど。今からもちょっと〇〇〇〇のゆうこでいてね。

—土井　三絵

○裕子お誕生日おめでとう!!　やっと十三歳ね。
〇〇〇くんと仲良くね

—岩崎　文

○おめでとう、へん…いや、おねえさま。本当にあーた私のおねえさま？　信じられない…もう子供じゃなくておねえさんとして私たちとつき合っていきましょう！　私も早くたん生日きてほしいなあ。さいなら

—井手　京子

○誕生日おめでとう。中島さんのいいところは性格が明るいところが一番。へんたいなんていわれているけど、本当、よくにあってるよ。なーんちって気にすんなよ！これからもヨ・ロ・シ・ク

—田中　康代

○へんなことをするのはやめて明るくおもしろい人に、なってください

—松島　加奈

—横田　カオル

○では、続けて、誕生日を迎えた人たちの「ことば」を—
(※)私は十三才になってとてもうれしい気持ちがしています。でも今いちばんしたいこと、それはおもいっきり遊ぶ時間がほしいと思います。

そして、十三才での中学校生活を楽しく、たくさんの思い出を作りたいと思います。

〈坂田　千代美〉

(※) 十三才になれてとてもうれしいです。それと五組になってたくさん友達もできたしよかったと思います。いまいちばんほしいものはお金です。しょうらいお金をもっていろんなところへ旅行に行きたいです。これからもヨロシクお願いします。

〈森本　美和〉

(※) 小学校の時、中学校では友達ができるかどうかわからなくて、小学校の友達ともわかれたくないので、中学校に行きたくないと思っていました。だけど、思ったより、友達がたくさんできました。やはり十三才になってよかったです。だれからでも好かれる人になりたいです。

〈中島　裕子〉

○さて、五月のうただか…

五月生まれの友だちと　歩いてみた道がある

あおい霧のかようみち　忘れた昔のときのみち

青葉、若葉の繁る五月。風に色がついているわけはないのに、道を通れば若葉の薫る風が吹き、木立の中の道に入れば、木々のみどりにかかる霧があおい色をして木立の間を通り抜けていく。以前、通いなれた―いまはもう通ることもなくなってしまったけれど、想い出の中に甦ってくるみち。

「あのときかもしれない」と、その想い出が甦ってくるあの瞬間を人はもつものです。その時、人はいつしかひとまわりおおきくなっていっているのかもしれません。けれども、時は、つねに場所と共に甦ってくるのです。

しかし、よく考えてみると、「みち」というのは不思議なものです。赤ちゃんは歩かないから「みち」はもたなくて、通いなれた＝みなれた景色がみちなのかもしれない。だけど、だんだん歩けるようになると、「道」に出合い、「道」となかよしになってくる。そして、いろんな「道」のあることを知るようになり、まだ歩いたことのない「みち」を通って、遠くへ行ってみたいと思うようになっていく。

そうすると、人がどう大きくなっているかということは、ひょっとすれば、その人がこれまでにどんな道＝みちをどう通ったかということの中にあるのかもしれない。なかでも、強く印象づけられているというか、思い出深いみちを、「忘れた昔のときのみち」と、そういっているのではないでしょうか。

人には人それぞれに、だんだんと秘められた「想い」が形づくられていくもの。そんなことの甦ってくる「ときのみち」を持ちうるものは幸せです。

「想い出」をたどれば、いや五月生まれの友だちとみちをたどれば、ふと「忘れた昔のときのみち」が甦ってきて、いま自分がどこにいるかということに気付いて、自分で自分をふりかえることができるからというのでしょう。

例えば、三年前の小学四年の頃の毎日かよっていたみちは？　そしてまたその三年前の小学校入学の頃の思い出のみち。さらに、遠く振り返って、三才の幼児の頃の思い出のみちをたどれば、どんな情景が浮かんでくることであろうか。

中島さんは、その思い出を失いたくなくて、あくまで小学時代の友達のことを大切にしたいという切ないほどの気持ちを抱いて中学校の門をくぐったと、そう言っているのです。そしていま、やっと新しい友達が現れてはいるものの、それは旧い友達を失った代償として手に入れられたものという胸の想いが伝わってくるように感じられます。

それだけに、現にいまいる友達は、自分にとってかけがえのない人たちとして映っているというのでしょう。

それにしてもみなさん、みなさんもずい分と、いろんな道を歩いてきたでしょう。そして、もうずい分と、遠くまで来たもんだと想いませんそれだけにまた、歩いたことのないみちもずいぶんとみえるようになって来たのではないですか。「遠く、旅に出たい」というのもそのことの現れでしょう。いや、それとも、問題はこれからだ、ということにそのことは当面しつつあるということなんでしょうか。

当面しつつある、ということは、まさに「迷い」はじめているということだし、「悩み」を抱きつつ生きていることに外なりません。だから、自分が自分で、その迷う自分に、何らかの「決断」を迫っていくことになるのです。だけど、道は幾筋かに見えて、かえってどっちに行ったらどこに行くのか迷うばかりというわけでしょう。

当然のことです。迷い、悩むということは、外でもない自分自身の可能性の豊かさを感じ切るからこそ自分自身に自覚されてくるものです。自分自身が、自分自身をどうするかということ。それはとりもなおさず、自分が自分自身の主人公になろうとする欲求の現れであるのです。しかし、そうそうたやすく自分自身の主人公とはなり得ないもんですぞ。だけど、そのために大いに悩み、迷うことは、結局自分が自分の主人公となる唯一の方法であるわけです。だから、悩み、迷うことに価値があるというものです。

作本さんは、課外クラブと勉強を続ける決意でいることを表明しています。この、運動と学習を両立させていくことだって、どんなに根気と努力＝情熱のいることか並大抵のことではありません。しかし、作本さんは、当面の問題はこれだと、そう信じ切っている様子がありありとうかがわれます。

その上、いろいろある将来に対する夢を一つに決めて、「それを将来の仕事にできるようにがんばりたいです」と、そう言っています。

当面する問題に、真正面から取り組んでいくことがあって、その上にしか自分の夢がひらく将来の仕事の世界はないというのでしょう。きっとそうであるに違いありません。でも、急ぐことはない。

そのいろいろある将来に対する夢だって、当面する問題に取り組んでいくうちにどんどんとひろがりふくらんでいくに違いありません。「夢を一つに決め」るには、まだまだいろんな「時間」が自分自身の中に蓄積されていかなくてはならないでしょう。また、そうであってこそ、たくさんの夢は生きた一人の人間の豊かな現実的な夢になって実を結ぶのだと思います。だから、「からだを鍛え、魂をみがく」というわけです。このことを通して、はじめて自分がこの人間の社会の中で生きるに値する自分の世界的イメージを発見するのです。そのときこそ、夢は大きくふくらみ、一つになり、自分の仕事となって掌中にあるというわけです。

生きるに値する自分の世界的イメージの発見とは、まさしく生きる目的の発見です。それはこの移り行く日々のわたしたちのその社会の中にあって、自分がどう生きうるかの決断を得るということです。どう発見し、どう決断して生きていくか、それは人生の「迷路」であるのです。人はすべてどっちみち、この迷路・みちをいくしかないのですから、また楽しいではありませんか。決して、自分一人のみちではないのですから。

なんといっても、すぐ自分の身近に、父や母がいます。父や母の生きてきた歴史についてお話をきくのも、その迷路を迷路として発見することでもあるのです。

それからまた、いつか文集にも書きましたが、祖父母の歩いたみちをたずねることも、また、迷路の発見につながるということです。さらにはもっと広く社会的にそれをさがしていくことも可能です。

それで、いま思い浮かべているのが、その題名にも『迷路』という代表的作品といわれている小説を残して、九十九才（白寿）を生きた野上弥生子（やえこ）さんという作家のことです。ぼくは『哀しき少年』と題する小説の数編に目を通したところで、まだその『迷路』という作品を読んではいません。それでも、この作家の名をここで上げたのは理由があります。それはちょうど、みんなが中学校に入学する頃に、白寿を生きた人の死に出合うというか、そういう出来事と重なっているということ。これは不思議な縁というものでしょう。たしかに偶然の出来事であり、まして知らんなら知らんで済ませることでもあります。しかし、みなさん！　みなさんにとっても切実な問題である、どう生きるかの迷を迷としてしかける頃にもなれば、この作家の作品を無視して通り過ぎるわけにもいくまいもの。ちょうど折しも、旅の途中で、しかも自覚的な一人旅への出発をはじめようとするときの、道しるべにも似た存在の人となり得るのではないかと思うわけです。

どんな時代の中を、どう生きていかれたのか。そこが知りたい。このことは、人が、自分自身の主人公になろうとすれば、するほどに、また人はどんなにとしを経てもなお、そういう想いをつのらせて生きていこうとするのです。

これとは別に、これほど壮大なスケールにおいてでなくても、人がどんな状況の中で、どう自分を生かしながら生きていくのかの「事実」については、多くの新聞やテレビでも日々、済々に取り上げられているところです。それらの「記事紹介」を読むにつれ、ますます人は、それぞれの条件下で、迷路のような道をあたかも真直な一本道でもあるかのように進み出て、いまそこに立っているのをみる不思議な感じを与えられます。そのことについてはまた、別の機会にぜひ取り上げ、みなさんに紹介したいと思います。

五月のうたのことが、とうとう「迷路」の話にまでひろがってしまいました。そしてその中にはちらちらと、人に志ありという思いもなきにしもあらずの感が匂っていませんでしたか。今回は、それでも「みち」に焦点を絞って書いたつもりです。

では、この「みち」にちなんで、一つのお話を附録にして終わりたいと思います。

絵本の朗読・よみきかせ（一九五八・六・一八）

『さかなは　さかな』―かえるのまねした　さかなのはなし―

レオ＝レオニ・作／谷川　俊太郎・訳　好学社発行

三、「もと、いた場所」ということについて

「今週の」学校生活まとめ。五月二十日から二十五日までの「経験と経験をまとめる中で」何を「感じ・考え」たか。そこに、「もといたところ＝場所」という表現がでているのです。「でている」だなんて、よそよそしい。ぼくが、いったのです。ここで、そのことについて詳しくはやれないので、えも少し説明しておこうと思います。どうしてかというと、「もと、いた場所」だなんて、それと

一週間の学校生活となんの関係があるのかということがわかりにくいからです。なんで「今週の」まとめが、「もともといた場所」という考えを引き起こしていくのか、という疑問が当然あるだろうと思われるからです。

僕が、今週の生活の中で、一番感じたことといえば、やっぱり、五月生まれの子どもがみんなこの週に生まれていたということです。偶然のこととはいえ、だから不思議な気がしてならないのです。しかも、同じその日を誕生日とする子どもがいる。まるで、それは「双子」の「姉妹」にも似て、とてもその出会いが偶然であるだけに不思議な思いです。この学校という一まとまりの集団において、「本田」「本田」とくりゃ、もうなんだか「他人」じゃなくて「兄弟」みたいな「感じ」があるのもたしかです。そういうとらえ方でいえば、この一年五組には、「上戸兄弟」がいるし、「山下三兄弟」がいるということです。そこに「双子の姉妹」もいるということになったわけです。

それにしても、「今週」は誕生日の子の紹介が、またまた続く一週間でした。

五月二十一日が、坂田千代美さん。

翌、二十二日が、作本美奈さんと、

森本美和さん。

そして、中二日間おいて、

二十五日が、中島裕子さん。

ところで、五組では、五月生まれの男の子が、不思議なことにいませんでした。外には薫風に鯉がおよいでいるというのに。だけど、五月生まれの男の子はたくさんいるし、たまには五組にいなかったということ、偶然です。

男がいて、女がいて、あるいは女がいて、男がいて、人間の世界です。だとすれば、五月の誕生日の子どもが女の子だけだったのは、不思議にも思われます。けれども、人間の世界のことというのは、学級規模では計れないということでしょう。むしろ、四月のようなこと、男の子が一人いて、女の子も一人いるということはまさに偶然でしょう。

すると、女の子だけの五月はまたまた違った感じの偶然の出来事といってもよいでしょう。そのまた偶然の中に、またも偶然なことがあるのです。二人の誕生日が同じだったということです。この二人は、この地上にほとんど時を同じくして生まれ出たということでしょう。

一の五という学級があって、そこにいま四十五人の生徒たちがいて、こんなに近い時間の関係が結ばれて生活する二人がいる。この二人が、ついこの間まで、別々の小学校にいて、知るはずもなかったのです。ところがいま、中学時代を迎えたことで、新しい出会いとなる。これからますます、人はいろんな人と出会うなかで様々な関係を結んでいくことになるでしょう。これも、その一つ。

それにしても、作本さんも森本さんも、よくぞ自分が生まれた「時刻」を知っていたものだと、ぼくは感心してしまいました。その「時刻」が、実はまぎれもなく「もと、いた場所」を暗示させるのです。

その誕生の「時」こそは、まさに「居場所」をわけるしるしであるわけです。「どこ」から「どこ」へ、ということです。

誕生とは、まさに生まれ出ることです。おかあさんの腹の中の「子宮」という、赤ちゃんの「居場所」（そこは二重、三重に守られた赤ちゃんのためのお部屋、おなかの中の宇宙といった空間）から、「産道」という「子宮」からの「出口」を通って、この空気中の大地の上に、はい出てくるのです。（事項、図参照）

そして、泣き声をあげるのです。産ぶ声ともいいます。それは、赤ちゃんが自分自身で「呼吸」をする。「肺」を活動させたしるしです。一人で息をし、生命活動をはじめたということです。だからもう、「へそのお」を通じて、血液として運ばれていた酸素をもらう必要がなくなったということになるのです。それで、おかあさんとつながっていた、その「へそのお」が切られることになるわけです。それと同時に、「へそのお」から摂取していた栄養分も、たち切られ、口から「お乳」として栄養分をとることになるわけです。

もうその時の「居場所」は、今の自分の「居場所」とさして違わないところにいるのです。

ところが、「もといた場所」というところでは、自分で「息」もしない上に、食べ物も口にしないで生きていけるという不思議なところだったわけです。そんな不思議な、おなかの中の宇宙という「居場所」を、人はだれでもふるさととしてもっているのですね。二度とかえれない、不思議なふるさとをもっているのです。

二人の誕生日を迎えた子どもに、その誕生の「時」を告げられたことによって、「もと、居た場所」を連想し、それによってかえって「いま、いる場所」が明るく照らし出されていく想いがしてなりません。「自分で、自分で、…」そして、遠くまできた感じが…。

四、六月生まれの友だちにあんであげたいものがある…《学級文集・1-5》第七号

ルールル　ルールル　ルール　ルルルルルー
　六月生まれの友だちに　あんであげたいものがある
　　空からおちる　白い糸　るんるん光　雨の糸

「誕生日を迎えて、一言」（誕生日を迎えた順に）

六月生まれの第一番目は、この人――47・6・15　生　長龍寺　満司

13才になって、大人に一歩ちかずいたような気がします。けれどまだ遊んだりする時間がほしいです。

※「ちかずいたような気」「がします」、「気がする」。いってみれば、十三才とは「おとな」でもなく、だからといって「こども」でもないという、そんな変な気分にさせられる年齢のように思われるというのでしょう。それを人よんで「こどな」とか!?とてもむつかしい「年頃」であることだけはたしかだ。「むつかしい」というのは「複雑な気分」を伴うという意味だ。それだけにまた、味わい深いものでもあるといってよいだろう。「遊んだりする時間がほしい」！それは君の生活設計次第だ！！それと友だち！

第二番目は、この人――47・6・20　生　泉　賢児

中学生らしくなったことです。

※「中学生らしくなった」か。そりゃ、どういうことだ、賢児。内容がどうもはっきり、こっちには伝わってこない。「中学生らしい」ということは、例えば、小学校時代は、ほとんどできないことだったけど、それがやれるようになった、というようなことがあればそれを話せばいい。よくわかるのに、そうすれば、そしたら、とたんに、その話をきいて　きいた人も、自分はどうなのかと思うだろう。そして、そこから、何かについて考えたり、何かを始めるものもいるかもしれない。

ところで君は、自分をどんな人間だと感じているのですか。

例えば、僕は自分を行動的な人間だとか、生活意欲旺盛だとか、とね。

第三番目は、この人――47・6・22　生　井手尾　剛

僕は全く中学生になった気がしません。なぜかときいても理由がない。(何か『わがはいは猫である』みたい。)とにかく、今の気分を例えて言うと・・・『トンネルをぬけると、そこは、出口だった。』と、いうふうに、あたりまえのことしか考えていません。しかし、変わった事があってもろくなものじゃなかったらあってほしくないと思う、今日、このごろです。

※中学生になった「気が」しない。そう、それは勝手にいいのじゃない？だけど、そんな気分のどこが、どんなに『わがはいは猫である』というのでしょうか。自分自身の生活や周囲の人たちを観察することで、現代社会を厳しく諷刺し、批判しているのが、漱石のその作品と思いますけど・・・』例えば、中学校の、今の生活が、どうだというのですか、君の「当たり前の考え」というのでみたら。そこがほしいんだね、君の意見には。しかし、相当の「中学生気どり」とみたが、・・・。

次はこの人——47・6・22 生　小畑　康生

十三才になってうれしいことはべつになく、ただわけはないけど、十三才になったということだけが少し、うれしいです。

※そうか、十三才になって、やっぱりうれしいんだ、うれしいことはべつにないけど、やっぱり、十三才になれたのがうれしいって、ほんの少しだって。いいじゃない！うれしいんだから。生きてるっていう、実感みたいなものを、どこかできっと感じながら暮らしているにちがいない、少し、うれしい。いいなあ、静かななかに微笑を浮かべた顔の表情に似たものを思い出させるような、それは、言い方だ。

そんな笑いは、「からから」と、転がるような高笑いの赤ちゃん期と比べたら、ずい分と、大きくなった「しるし」だろう。

六月生まれの紅一点その人は——47・6・23 生　田中　康代

【・・・希望・・・夢・・・】

ありがとうございます。
なんかどんどん年をとって、ばあさんになるようです。
私の夢は、中学卒業して、理容学校に行くことです、そして自分の店を建てたいです。

※どんどん年をとったら、ばあさんに、そらやなるでしょう、だけど、そのときは、みんな同級生もいっしょだし、かまいはしないに

じゃありませんか。いや、そういっても、いつも若々しくしていたい！そういう技術を身につけて、自分だけでなく出来る限りの多数の人たちに、美容の幸を分かち与えてやりたい、という夢があるというのでしょう。情報社会とかいう、ますます、「資格」が要求される社会になるはずです。夢を希望にかえ、それが「店」になることを願って、・・・。

回を重ねていくごとに、〈一言〉の内容が変わってきます。しかも、回を追っていくかのように、誕生日を迎えた人の「気持ち」が引きしまって、自分をみつめていってるのがよくわかります。

今回の誕生日を迎える詩は、

六月生まれの友だちに　あんであげたいものがある
空からおちる　白い糸　るんるん光　雨の糸
六月ならではの雨の季節です。るんるん気分の雨の日がもてれば、六月も最高の誕生月っていえるでしょう。

です。自然は、なにも六月生まれの友だちにだけでなく、そして人々が欲するだけのものを与えてくれるわけではありません。しかし、空からおちる白い糸、るんるん光る雨の糸、それでどんな心の思いの模索があったらば、空に模様が描けるっていうのでしょう。今回は、その模索にあたるみなさんからの〝お祝いの言葉〟を後にいただくことにして、模様をあむことにしてみました。どうか、誕生日の友だちに、誕生日の「一言」にふれながらお祝いのことばを！！

次は、付録の「お話」です。『子供！』（スタジオ・アヌー編　昌文社）から。

五、メッセージ、その優しさとねうちにふれて《学級文集・1-5》第九号

六月生まれの友だちへの〝誕生日を祝うメッセージ〟

できることなら、誕生日を迎えた友の〝あいさつ〟にふれて、（それが　すでにことばになって出ているのですから）お祝いのメッセージを発信してほしい、とそう言ったけど、…

ひとことだと思ったのかしらんけど、そんなの無理だと無言のうちにまたいつぞやのパターンになった。

それじゃそれでいくのなら、せめてそれについての感想をと、のぞんではみたものの、どういうことになるのやら。

○田中康代さんへ＝たん生日おめでとう。やっちゃんはたん生日がくるのをとても楽しみにしていたみたいですネ！わたしは五月でたん生日だったけど、早く年をとるのは、〝イヤ〟です。これからも明るくやさしい女の子でいてください。
○長龍寺満司くんへ＝たん生日おめでとう。長さんは、時々〇〇なことをするけど…やめた方がいいんじゃないんですか？これからもヨロシク。
○井手尾剛くんへ＝たん生日おめでとう。井手尾くんは、おとなしいので、もっと明るくふるまってください。
○小畑康生くんへ＝おめでとう。おとなしい小畑君は、もっとおおいに遊び、おおいにさわぐことを大切だと思うのです。
○泉賢児くんへ＝おめでとう。がんばって市場に魚を売ってください。もっと、あかるくしましょう。

〈以上、作本　美奈より〉

○長龍寺くんへ＝たん生日おめでとう。みんなより年上なので、〇〇をなおしてください。
○井手尾剛くんへ＝たん生日おめでとう!!もう少し明るくなってください。
○小畑康生くんへ＝たん生日おめでとう!!もう少し明るくなってください。
○泉けんじくんへ＝たん生日おめでとう!!ぎょきょうにもっと魚をたしてがんばってください。

〈以上、岩崎　文より〉

○長龍寺満司くんへ＝たん生日おめでとう。ぼくのたん生日はまだまだずっと後なので、十三才になっていいなーと思います。いつも勉強などがんばってください。(坂元城夫)。長龍寺くんたん生日おめでとう。君は明るくておもしろい人ですね。でももう十三才です。これからも仲良くしよう。(赤瀬敏之)。いつもゆうすけくんたちとあそんでいないでぼくともあそんでください。(久保田昭文)。たん生日おめでとう。今度から、まのせとばかにしないようにします。(山佐)。長龍寺は、ハゲなのでみんなにばかにされてるけどなかなかタコのようでかっこがいい(山下祐介)。十三才おめでとう(松永太)。お誕生日おめでと！ 長龍寺さんは立派なお兄ちゃんらしいですね。学習部長をやっていて大変でしょ？ これからもがんばってください(馬場)。おたんじょーび、おめでとう！ これからもがんばっちくんろ！(土井)。おたんじょうびおめでとう。理科の成績がよくてうらやましいです。こりからも野球部、がんばってくださいね！(森本美和)。ちょうりゅうじおすしさん、おたんじょう日おめでとう。もう十三才になったら〃もうすけべはやめましょうね〃ねっ、長さん！ ×××そして、牛乳が長さんは大好きだったよね！ ×××、ほんとは大きらい！(山田園子)。すけべをやめてください(田中康代)。お誕生日おめでとう。十三才ですね。みんなより一つ年上、みんなのりっぱなお手本になって下さい(塩塚)。おたんじょう日おめでとう。私たちより年上だから、少しは手本になって下さい(松尾)。お誕生日おめでとう。長龍寺君はとっても明るいので、これからもクラスをもりあげてください(田中良子)。十三才のたんじょう日おめでとう。もっと野球、うまくなってください(本田淳)。誕生日おめでとう。これからも百万ボルトのように明るく遊んでください(中島裕子)。長龍寺くん、十三才の誕生日おめでとう。六年のころより明るくなったね。これからも明るくがんばってください(尾上智可子)。おたんじょう日おめでとう。理科が得意そうですね！ これから何にでもがんばってください(坂田千代美)。

◎長龍寺くん、たくさんのメッセージが寄せられて、うれしいでしょう。なんたって、「スケベ」で、明るく、それも百万ボルトの明るさが求められてるって、なんと愉快じゃありませんか。立派なお兄ちゃんのようでいて、さりとてみんなの「お手本」にもなってないようで、「野球」が好きだってね。「うまくなれ」と、はげまされたりしているのを目にすると、まだまだ前途洋々ということだろう。「牛乳のんで」、うんとがんばれ。それに、「理科」が得意だってね。二人の熱い「希望」の声もあっていることだ、これからも、うんと、学習もおこたりなくやらなくてはなるまいぞ。夢々、「理科」をおろそかにすることがないようにしなくてはならぬわいな。ぼくからも、願っておる。

○泉賢児くんへ＝十三才のたんじょう日おめでとう。魚つりで、でかい魚をつれよ（本田淳）。魚つりがじょうずそうですね。これからも、いっぱいいっぱい魚をつってください（田中良子）。お誕生日おめでとう。海での仕事、がんばってください（田中康代）。おたんじょう日おめでとうございます。自分でつったお魚を売るなんてすごいですね（塩塚）。つり、もがんばってください（玉井）。お誕生日おめでとう。いつも元気いっぱいですね。これからも明るく楽しく、よろしくお願いします（馬場圭美）。十三才おめでとう。十万ぐらい分けて（松永太）。泉君、たんじょう日おめでとう。市場に魚をうったかねでぼくになにかかってください（山下裕介）。たん生日おめでとう。今後もカセットをかしてください（久保田昭文）。泉君たん生日おめでとう。泉君は何番目に生まれたかしらないけど、これからも仲良くしょう（赤瀬敏之）。たん生日おめでとう。いつも勉強やつりをがんばってください（坂元城夫）。泉君は魚つりがとくいだからぼくにもおしえてください（上戸頼忠）。おたん生日おめでとう。小学校ではいっしょの組になったことはなかったけど、つり好きなんですね。課外クラブの水泳がんばってください（坂田千代美）。自分で働いてお金が入るからいいなあ。ぼくも一回してみたい（浦山周一）。泉くん十三才のたん生日おめでとう。これからも勉強やスポーツをがんばろう（尾上智可子）。同じクラスだったけど、あまり覚えていません。誕生日おめでとう。（中島裕子）。

◎泉くんにもたくさんの「メッセージ」がきましたね。「つり」にまつわる、みんなの気持ち、それぞれに面白いね。「ぼくにもつりを教えてほしい」と、頼忠君はなかなかいいことをいっているね。それに比べたら、「分けて」とか、なにかぼくにも「買って」だってさ。こうなると、いうことが「みすぼらしくなってくるから」読んでいて、いやになるね。それにしては、「働いて、ぼくも一度くらい金を手に入れる」そんな体験をしてみたい、なんて言うのは健康な発想だと思うが、どうかな。日頃、たいした働きもなしに「おこづかい」を手にしている人には、ちと、耳の痛い話になったかもしれないが、これもみんな仲間うちの話だからね。心して読んでいくがいいぞ。

○井手尾剛くんへ＝誕生日おめでとうございます。体がまっくろになるとかっこいいと思います。くろんぼみたいに元気に遊んでください（中島裕子）。中学生になったんだから、もっと明るくしましょう。そして、十三才のたん生日おめでとう（尾上智可子）。おたんじょう日おめでとう。ちょっとくらいかなあなんて思うけど、これから明るくふるまってください（坂田千代美）。十三才のたん生日おめでとう。ぼくの誕生日はまだ後なのでいいなあとおもうので、勉強にがんばってください（坂元城夫）。井手尾くんたん生日おめでとう。井手尾くんはへんなあだなをつけられているけど、十三才です。今からも仲良くしよう。（赤瀬敏之）。いつも井手尾くんはぶらぶらしているのでいっしょにあそびましょう（久保田昭文）。たん生日おめでとう。髪がよくはねているので整えておこう（山佐）。十三才おめでとう（松永太）。お誕生日おめでとう。一学期同じ専門部でたいへんでしたね。いつも淳君と仲良しでいいなとおもうけど、もうちょっとおしゃべりをなくしてください（馬場圭美）。たんじょーびおめでとー！　少し活発になってくださいね！（玉井）。もっと明るくなってください（田中康代）。いでお君はすこしくらいのですこし明るくなったらいいと思います（田中良子）。お誕生日おめでとう。もう少し活発に明るくなってください（塩塚）。おたん生日おめでとう。もう少し明るくなってください（松尾）。十三才のたん生日おめでとう。朝ねぼうしないようにがんばれ（本田淳）。十三才おめでとう。十四才に向けて、レッツゴー（上戸頼忠）。

○小畑康生くんへ＝十三才のたんじょうびおめでとう。小畑くん、くらいからもっと明るくなってください（本田淳）。おたんじょう日おめでとう。活発になってください（松尾）。お誕生日おめでとう。少し活発になってほしいですね（塩塚）。小畑くんもすこしくらいのですこし明るくなったらいいとおもいます（田中良子）。もっと明るくなってください（田中康代）。おたんじょーび、おめでとう！　もうちょっとあかるくなってください（玉井）。お誕生日、おめでとう。いつも一人でいるけど、どうしたの？　クラスのみんなと仲良くして下さいネ！（馬場圭美）。十三才おめでとう（松永太）。小畑くんは十三才になったから、もっとあかるくなってください（山下裕介）。たん生日おめでとう。もっと明るくなろう。（山佐）。小畑くんはサッカーがじょうずなので今からもがんばってください（久保田昭文）。小畑くんたん生日おめでとう。小畑くんはもう十三才になりました。ぼくよりも年上だけど、仲良くしてください（赤瀬敏之）。たん生日おめでとう。勉強やサッカーをがんばってください（坂本）。おたん生日おめでとう。おとなしくて、学級ではあまり目立たないですね。課外クラブのサッカーもがんばってくださいネ（坂田千代美）。もっと積きょく的になってほしい（浦山周一）。小畑くん、十三才のたん生日、おめでとう。そして小畑くんは友達とあまりあそばないようだからはずかしがらずにみんなとあそんだほうがいいよ。そして、少し、あかるくなりましょう（尾上智可子）。もう少し明るくなったら、もてますよ。誕生日おめでとう（中島裕子）。

◎井手尾君、小畑君。たくさんのメッセージだ。しかも、二人に宛てたメッセージのなんとよく似ていることなんでしょうね。それほど印象が似かよって受けとられているということでしょう。だけどちょっと待ってください。「くらいから、もっと明るく」とか、「一人で淋しくしないで、みんなと遊んだら」とか、「もっと活発に」とか、このてのメッセージを寄せた皆さん！　勝手放題なことを言わないでもらいたいね。きっと二人は、「こいつらおれたちになにが言いたいんだ。」と思っているに違いないと思うけどね。二人は「くらい」ように見えるかもしらんが、どうしてどうして、決してそんな人間ではない。物事をじっくり見つめて、どう対処したらいいのかじっくり考えていくタイプの人間とみたがどうなんだ。いつかいっしょにある仕事をしてみて、その仕事っぷりといい、その成果といい、人あたりの優しさといい、責任感といい、とても好感のもてる人物であるとみた。一体全体、「明るく」なってとか、「活発で」あってほしいとか言っていますが、それはどういうこと。わけもわからんことばを、それは自分ではわかったつもりで言っているのでしょうけどね。それは、あくまでもそういうあなた方が「いい」と思っているにすぎないことであって、だから人間はみな「明るく」ならなければならないということでもないでしょう。それにしても、どんなのが「明るい」ことなのか。それがどうして、他人に要求するほど「ねうち」のあるものなのかは全く「明らか」にされていない。そういうのを、独断と偏見というのだ。だから、一方的に他人に「価値」をおしつけることだけはよせ！　そうでなかったら、仲良くできない。それどころか、相手の心をきずつけ、差別する立場に立つことになる。

まずは、その人の心もちをきくがよかろう。それが、友情というものだ。ほかにどんな人が、二人に対して、どんなことばをかけているかをじっくり読むがいい……。

○田中康代さんへ＝誕生日おめでとう。やすよちゃんはよくころころ動きますが、ころばないようにしてください。くるくる動く君が好きだ（中島）。おめでとう。もう十三才ですね。私はまだ十二才なのでたよりにしてますよ。やっちゃん、いつまでも友だちでいてね（尾上）。おめでとう。めんどうみのいいやっちゃん、これからも仲よくしてね（坂田）。おめでとう。本当に本当に……。一応私のお姉さん。明るいお姉さん！！　いまからも明るいやっちゃんでいてね。一年二組のHくんと今からも仲良くしてね（西川）。田中さんはいつも元気がいいのでこれからもその元気をなくさないでください（久保田）。十三才おめでとう（松永）。おめでとう。やっちゃんは私より一つ上ですね。私はまだまださきです。たんじょう日をむかえた感想は？　これからも私となかよくしてね（横田）。康っちゃん、たん生日おめでとう。康っちゃんにはあのことで□□してくれてありがとう。とってもたすかりました。こんどは私が恩返ししたいと思っています。これからもどうぞよろしく。（松島）。おめでとう！私の誕生日から二か月たったって信じられないね。もう十三歳だよ、早いね。給食時間またおもしろいことしようね楽しく・・・・やっちゃん〝ちょうのう力〟もってんもんね～じゃこれからもよ・ろ・し・く!!（井手）。おめでとう！いつも明るくはしゃいでるやっちゃんももう十三才！これからも今の明るさを失わないで元気いっぱいのやっちゃんで！(馬場)。おめでとう！この○くに子よりさき十三才になりやがって！○(山田)。おめでとう。やっちゃんもやっと十三才。席が近くでよくおしゃべりしましたね。もう一学期も終わり、・・・。二学期は席替えするかも。けどはなれても４６４９ネ（森本）。おめでとう！いつもあかるいね！これからもげんきではしゃいでくだせいってな（土井）。おめでとう。やっちゃんとの出合いよくおぼえてるよ。やっちゃんてそのころから明るかったんだね。これからもがんばってください（田中良）。おめでとう。もう十三才ですね。今までずっと年がいっしょだったのに急にお姉さんだもの私達の…（塩塚）。おたんじょう日おめでとう！やっちゃんは前から、たんじょう日の来るのを楽しみにしてたみたいだったから、うれしかったでしょう!!私も早く十三才になりたい（杉尾）。おめでとう。これからもがんばってください（本田淳）

◎ねえ、みんな！「十二才」って何だったの。やっぱり、十三才って「すばらしい」って感じあるみたいね。問題は、それをどう現していくかってことじゃないだろうか。

●アンネ・フランク＝『アンネの日記』の作者。この日記は一九四三年に書き始められ、二年間書き続けられた。彼女がナチの強制収容所で死んだ二年後の一九四七年、この日記が出版されたとき、それは第二次世界大戦のもっとも有名で、感動的な個人的手記となった。

『年齢の本』平凡社より

六、七月生まれの友だちと遊んでみたいとこがある…学級文集・1-5 第八号

ルールル　ルールル　ルール　ルルルルル

七月生まれの友だちと遊んでみたいとこがある

遠い遠い　空の海　流れて消える　白い雲

昭和四十七年七月二日生　上戸　哲也

六年生のころからとくらべると、ずいぶんいろんな人とあってなかよくなった。六年のころのなかのいい友だちとはいっしょにはなれなかったけど、それいじょうのいい友だちができました。今からはもっと、勉強やスポーツともにがんばり、みんなといっしょにやっていきたいとおもいます。

※新しい友達がどんどんできていって、仲間がふえていっているみたいだね。それはとっても嬉しいことだ。だけど、これまで仲良しだった〝彼〟はどうしているだろうね。夏休みにでも、また会ってみるか。そしたら、またお互いのよさも、みつかるかもしれん。大事にせろよ、六年のころのなかよしさんを、それが、これからの自分と、その友だちを大切にすることになるのだから。

昭和四十七年七月七日生　西川　博子

私は、中学生になっても、まだ実感がわいてきませんでしたが、十三才になって、やっと、ああ中学生のなったんだな～って感じに

なりました。みんなに「おめでとう!!」っていわれてとってもうれしかったです、五組のみなさんどうもありがとう！将来は、みんなであってみたいなっ！

※「七夕」祭は、星祭。それにことしは、『ハレーすい星』がやって来て、地球上では大賑わい。それにかてて加えて、この日本では、映画館で、かの有名な宮沢賢治の童話『銀河鉄道の夜』のアニメ映画が上映されています。あなたにとって、十三才って何なの？中学生になったという実感ってなんだろう？「やっぱり、友だち」ということかな。

昭和四十七年七月九日生　本田　淳

ぼくはやっと十三才になって、中学生の実感がわいてきました。十三才になったので、いままでの悪いところを少しずつなおしていきたいです。

※「いままでの悪いところ」って、何のことだ。それが「悪い」ということを知って、「少しずつなおしていきたい」とは何ということだ。もし、君の言うように「悪い」と思うところがあるのなら、「少しずつ」ではなく、すぐ、みんな一度に「改め」なくてはなんにもならん。「悪いところを少しずつなおす」なんていうことは、「なおす気が、ほんとうにない」ということと同じだ。だから、そんなどうでもいいようなことを言わないで、君はいま、自分にとって何が一番大事なことだとおもっているのか。それをみつけて、それに集中していくことだと思うが、どうだ！

中学生になったっていう「実感」だなんて、そんなものがほんとうにあるんだろうか。どの子もこの子も、よく言う、しかし、それが何で、どんなことかはだれ一人として言わない。だったら、どの子も、何も言っていないのと同じだ。

まだ、それがわかっていないらしい。だから、ほんとうは、中学生になろうが、そんなものの実感なんて感じてなんかないにきまってらー。ほんとうは、もっともっと別の言い方でしか言えないような、そんなほんとうに人間らしい生活実感というか、人の心のやさしさ、温かさみたいなものを感じとりながら生きているに違いないと思うのだけど、どうなんだ。

今回も、前回同様に、誕生日の「ことば」にふれて、何か一言「お祝いのことば」をさし上げることにしたいと思います。

では、例によって「付録」の「お話」を一つ。どうぞ・・・。

『子供!!』（スタジオ・アヌー編　晶文社）―「13歳・剱道少女」

七、メッセージ（2）心優しき!? サーティーンエイジャーズ《学級文集・1-5》第十号

明日は終業式だから、「メッセージ」だけはなんとかメモしていかなくちゃ。

それが級友ってもんじゃないのかね。どんなにみじかい一言だって、それがいまの君の彼に対することばなら、それを紙に書いて届けるのは友情の〝しるし〟だ。ぼくからも、そのしるしばかりだが「メッセージ」を送ろう。

優し過ぎる、三人のサーティーン・エイジァーたちへ。

○上戸哲也君へ＝十三才おめでとう。これからも仲よくしよう（山佐）お誕生日おめでとう！　もう十三才？いっつも口げんかして、とても十三才とは思えんよ、これからは、けんかせずに仲良くしよう。それと、○と○の名前を六組の男子といっしょに言うな！ただの友達だけなんだから！さ○と仲良く…（馬場）

○本田淳君へ＝おたん生日おめでとう。弟よ!!これからも野球（部活）がんばってください（田中ャ）。十三才おめでとう。今まであ

まり仲がよくなかったのでこれからは仲良くなろう（山佐）。お誕生日おめでとう。文化部の部長として、がんばってくれてありがとう！？これからもよろしく！

○西川博子さんへ＝ひろこちゃん、十三才お誕生日おめでとう！六年生のころ同じクラスで、出席番号も前と後…中学生になっても同じクラスで出席番号もやっぱり前と後の関係！何かの〝えん〟かナ？これからもよろしくね。ひ○○君とも仲よくネ！（馬場）。お誕生日おめでとう！中学生になったなあっという実感はわきましたか？私はクラブをしている時など、中学生になったんだなーと、いつも思います。西川さんはクラブ入ってないけどいつもいそがしそうね。（中学生になったのね）（井手）。西川さん、おたんじょう日おめでとう。十三才ですね。十三才になった感想はどうですか。ひろ子ちゃんは頭いいから、成績よかったでしょう。私はわるいです。これからもなかよくしてね（横田）。西川さんおたんじょうびおめでとう。西川さんは頭がいいんですね。きゅうしょくのときよく亜紀ちゃんと〝頭が大きい〟といいましたが気にしないでください。それではこれからもよろしく。（森本）。おめでとう。その身長で妹ですか…う〜え〜ん。んではさようなら（田中ヤ）。

◎「哲也」っていうんか、いい「名」だ、「哲」がいい。君の名前をみたときのぼくの感じというか印象だった。そしたらどうだ！席が後のほうだったんで、よくあいさつして、すぐになじみになったな。からだはちっさくて、線も細い感じだけど、目線は鋭敏で、物言う口まで鋭い感じやった。ところが、心持ちはそれらに似合わず丸やかでいつもぼくには柔軟なしぐさをみせてくれていた。その君も、一回ごとの「席替え」でどんどんみんなの中に入っていって、いまはときどきはじめのころの面影をうかがい知る程度になっていっていた。ところがいま、また、君の名前に出合って、君のことをさがしているわけだ。そうだ、君にききたかったのは、〝魚つり〟のことだった。泉くんが「かに」を漁協に「出した」っていう話を聞いたとき、君もそんなことあるかってさ、きいてみなくちゃと、思ってたんだ。ところが、もう君はそんなことでもすぐきけるようなところにいなくってね。それはどうだっていいんだ。つった魚は、漁協に出すことだってあるってこと、それとも、うちで食卓っていうこと。それはどっちだって、すごいことですよ。泉くんにだって、とてもすごい反応を示していたことからしてもわかるだろう。一つは、自分の力で、というかなにしろ「かせぐ」

っていうことに対する一種の「あこがれ」「うらやましさ」みたいな気持ちを持つんだね。それと、もう一つは、「つり」はやっぱりある種の「遊び」としての「楽しみ」も味わえるっていうこともあるしね。こんなのは、ほかではそうそう味わえないから、「釣り」にはたくさんの人が醍醐味を感じているのではないかな。でも、だからとて、君にとってそういう環境にあることがすべてすばらしいわけではないと思っていることも、ぼくはなんとなく感じてはいる。しかし、それはあくまで、君自身がその環境の中でどういうくらしぶりをしていったら、ほんとうに自分自身の満足と同時に、家族の一員としての幸福感が得られるかということだからね…。いま、自分がどうしようとしているのかっていうことを知って、くらすなり。これが「哲也」っていうことではないのかね。いい名だね。

◎「淳」君、といえば「頭の体操」のきっかけをつくった男だ。今想い出したらあいつ、いっぱしのきどり屋だったんだ。ひっかけやがって。なんて思わないわけではないが、しかしその効果を考えたら、どうしてどうして、淳君はさすがの一発屋さんだと、そうつくずく感じるときがある。さしずめ、野球の打順でいえばトップが似合うってことだね。ところがね、ポジションときたら、どうにもはまらない感じなんだよね。それじゃ、いくら打率がよくったってピンチヒッターだって監督さんは起用しないぜ。そうなりゃ、二軍おちっていうことで、せっかくの才能も形なしってことになってしまうだろう。それじゃ、あまりにも惜しい。そんな気分がしてきたのか、終業式もま近い頃のきりっと引き締った表情には、えにもいえないりりしささえ感じられるものがあった。それは何だったのだろうか。

とにもかくにも、君!人間は植物じゃあるまい。君も人間なら、動物だぜ。動物は、酸素と栄養を体内に補給し続けなくては活動できんのは当然のことだ。それなのに、君の昼の食事の摂取状態といったら、あれはなんだ。放課後に野球でもするという人間の食べようではないじゃないか。君はなんでそれほどまでに自分のからだを酷使しているんだい。何としても、大事な脳に充分に栄養を補給しないでどうなると思っているんだい。おそらく、脳のことなど1度だって思いやったことはないんじゃないか。それに、どうしていらいらした気分にばかり支配されているんだろうか、なんていうのもひょっとすると、それは自分の食事のとり方と関係あるかもしれん。昼こそ、十分な食事が育ち盛りにいるんじゃないのか。

君は、自分の食べる分を倹約＝身体にはがまんを強いて、それで何を得ようとしているというのか。もしそれで他人のご機嫌をうかがおうなんてかんがえているんだったら、大きな間違いだ。なんとなれば、他人様のご気嫌ばかり気にやっているうちに、自分のからだ、肉体はどんどん劣弱になっていくことはもちろんだけど、堂々と、みんなと伍して生きていく共同精神までひ弱になってしまうではないか。

それで、もっといま親しくしている人と、いろんな点で深くつきあっていくとか、あまりつきあいのない人とも、その人との手がかりを求めてつき合うようにするとか、その場合に、遊びや話し、趣味などをお互いのつきあいの手がかりにしてだ、友だちを増やすといった二つの方法がさし当たり考えられよう。鶴谷くんにしても、井手尾くんにしても、君は二人のもっている自分にないものを得ようとするのではなく、自分にただ従わせようとしているだけのようにふるまっているだろう。しかしそれを、学級みんなのものの目の前でやっているなど、そんなことでみんなの好感なんて得られるもんではない。むしろ、友だちは遠のいてしまうのではないか。そうすると、ますます君は淋しくなって、友だちを欲しいと思うようになり、食事もますますいかなくなるぞ。

「テスト」の反省の中に、何人もの人が、できることなら友達といっしょに勉強できたら、…というようなことを書いていました。一人で勉強してると、「ねむくなって」きて、といっている人も何人もいたね。やっぱり友だちなんだよね。そして、いま仲良くできている人のことをもっと大事にすることや。友だちを大事にするって、食べものをやって機嫌をとることじゃ、決してない。その人のもっている「よさ」＝「自分にないもの」で、人間として生きていくのになくてはならないものと思われるもの、それを自分ももとうと努めることが、ほんとうに友だちを大事にすることだと思う。だから、それは同時に、自分自身の「発見」でもあるわけなんだね。

そういう自分自身に対するおもいは、自分の目の前の出来事をはじめ、世の中のしくみや動きにまで心をのばしていく生き方ができていくようになると思います。そうしたとき、人は人間として生きるっていうことはどういうことか、ということに気付くのではないでしょうか。

淳君、君ならわかってくれるだろうと思って、少し先のことまでついつい書いてしまったけど、「からだ」こそもとでだ。なかでも、「脳」は、人間にとって最高の　自然の贈りものだ。夢々、忘れたらいかんぞ！「栄養」を「補給」することだ、もっと。

◎西川博子さんには、さきに一つ宿題を出していましたが、・・・。「十三歳」って、いろんな意味で、人生の「岐路」にあたっているんですね。

ところで、博子さん！一学期には「学習部」の「学習連絡係」として、何教科かの学習連絡を続けていました。いつか、「要求」に来たりしたことがありましたけど、なんとなくしりつぼみになってしまいました。「要求」を「要求」として出す。さらにそれを学級全体の問題へとひろげていくことができたら、どんなによいかしれない。そういう「働き」が、ひょっとしたらできるんではないか、と思ったりしたもんで全体の場で提言したのでした。しかし、結果的には、一歩たりとも進展しなかったし、提言は無意味になって終わりました。せっかくの「要求」も、根拠のないものでしかなかったのかと、そう思うしかありません。

学級における日頃の学習活動を、自分もその一員でありながら、同時に学級の学習活動の実態についてみていく。なにがよくて、どんな点が問題か、と。そしてそれを専門部として検討し、自分たちでできる対策をたてて学級に提案したり、またはどうしてもこれは教科の先生なり、学級の担任の先生に相談してと思うことはそうするなどの取りくみが何よりも必要なことだと思う。

「学習連絡」一つとっても、「準備するもの」と「学習内容」にわけられ、それはいま何を学習しているかということと深くかかわっているものです。

『教科書』『ノート』を持ってきてください」だって。

「それくらいは言われんでも、しってらあ。」「そんくらいのことなら、おれは止めとくで」なんて言う気が起こるのも、「十三歳」にしてなるということだってあるだろうに。そこをどう取り組んでいくか。せめて、「学習内容」＝どんなことをやる、というところを確認してくる。そしてそれをみんなに知らせるために、いま自分がどの教科について何を学習しているとか、その教科の学習事項はどうなっているなどをしっかりわきまえていく。そういう仕事は、「責任が重すぎる」のではなく、いま中学生として「責任を引き受けていく」活動に外ならないのです。人は、「学習部」に「所属」することによって、どれほどか自分自身の中学校生活への意欲と関心を高めることになることだろうか。でも、それは一人だけで用をなしうるものではありません。友人と相談し確かめ合い、くり返し行っていくなかで、学級全体の高まりとともに実現されていくものだと思います。やはり、友だちです。価値ある活動の実現は、それらの仲間の連帯によってしかあり得ないのです。最後の最後まで、チームワークよく、よくがんばってきたと、その点特に強調しておきたい。「学習部」全員の一学期の活動に対して。

西川さんといえば、「学習部」になってしまっていて、ちょっと「だっせん」してしまいましたが、中学生になったという実感を、十三歳の誕生日を迎えることで感じとったということでした。これからさらに、中学生である実感を、十分に感じ切って、持ち前のフレッシュな生き方の中に発揮していって欲しい。

（，85・7・21 Sun）

第5章　学級平和壁新聞（8・9校内平和学習・平和新聞コンクールに向けて）

『千羽鶴』の感想と取り組みについて《学級文集・1-5》第十一号

（注記）

●「新聞づくり」そのものに対する感想・評価

◎「戦争・原爆」に対する意見も含めて

――「問題意識」のある表現
～「戦争」にまつわる「ことば」

◎どうして戦争をしなければならないのか、と思って（出来上がった「千羽鶴」を）見ました。また、戦争をしたってだれかが死ぬことはわかってするのだから、おかしい、と思った。それにＢ29に乗って、原爆を落とした人があやまりに来る（来たい）と書いてあったけど、どうせなら原爆を落とす前に思っていればなあと思いました。（それで）自分が（平和壁新聞づくりに）どういうふうにとり組んだか、ということだけど、ぼくはききがきをしなかったけど新聞の切り抜きを持ってきました。だけど少ししかしませんでした。〈赤瀬〉

◎ぼくがこういうみになったときどういうふうにするか。そういうときににげても……原爆などはぼくたちははんたいしたい。くらいです。ぼくはいまごろはいいなあとおもう。昔にうまれたひとはかわいそうだなと、おもう。アメリカはどうしてそういうことをするのか。昔のひとはかわいそうだな。〈池田〉

◎原爆はおそろしい。こんなものをなんのためにつくったのかおしえてほしい。もしこれをつくらなかったら何億人という人たちがたすかっているだろう。これをつくった人たちはなにも思っていないのだろうか。もし思っていたらはんせいするだろう。こんどもしこんなことがあればそれをつくった人たちはあくまとしてみんなみるだろう。

ぼくも切りぬきをもってきたけどはんとはあまりさんかしなかった。けど鶴はつくった。こんどするときには、はんにきょうりょくしたいと思っています〈泉〉

◎ぼくは第三面を他の二人と協力して作ったけど、他の二面とくらべて字がへただったと思う。内容ではよかったと思う。ぼくは本が好きなほうだから本の記事があって嬉しかった。そしてとってもためになった。一面は聞きこみだけど、これは文章がよくできていると思う。まるでその場面を見ているような感じがした。その分だけ、原爆のおそろしさ、むごたらしさを感じた。二面は、一番よ

くできていたと思う。〈井手尾〉

●なかなか記事があつまらなくて、とりかかるのがおそくなったけど、よくできているなと思う。切りぬきも、ききがきもけっこう集まっている。記事をあんまりだささなかったので、もっと出せばよかったと思う。自分たちの班（保健）から出した題字「千羽鶴」がつかわれていてよかったと思う。〈浦山〉

●少数の人でなかなかないようのまとまった新聞が出来ていたと思う。いくつかの小さな題をつけて、そのことについて書いてあった。小学校のころは平和新聞は作らなかったけど、だいたいわかっていたけど、千羽鶴を見たときよくこんなに書くことがあったなあとかんしんした。ぼくはちょくせつこの新聞にはてつだわなかったけど、……いっしょうけんめい作った新聞に順位をつけない方がいい。〈上戸哲〉

●新聞をみてよくできているなぁと……。班の代表者の人が残ってやってくれたから……それから、資料をもってきていないとおこられて持ってきたのがちょっといけなくて……切り抜きをもってきたことと鶴を折ったこと。二年では積極的にとりくみたい。〈上戸頼〉

◎ぼくはこの新聞を作っていて、原爆は本当におそろしいと思った。新聞の二面の人間とはしごのかげがかべに焼きうつされているのがとてもおそろしくて、その時の光がものすごかったんだろうなあと思った。そしてみんなに原爆の本をいっぱいよんでもらって、その恐ろしさを知ってもらい戦争をなくしてもらいたいと思います。ぼくは二面の新聞を作りました。とてもきつかったけど、四十年前の夏がとてもよくわかりました。〈久保田〉

●よくできていると思う。聞き書きもよくわかった。ぼくは三まい目の新聞を担当していた。標語あつめをした。放課後残れないときがあって……、こんどからはそういうことがないようにしたいと思う。〈坂元〉

●ぼくは新聞の切りぬきを一枚しかもってこなかったが、よくまとめてあると思った。ききがきなんかもよく書いてあったし、しりょうもいいのがはってあると思った。いままでよんだ原爆の本のアンケートなんかなかなかよいアイディアだと思った。〈長龍寺〉

●初めての平和新聞にしては上でき……〈鳥越〉

●だいたいのクラスはできていないのにぼくたちのクラスはできたのではやかったなと思います。被爆をたいけんした人にくわしくきいてわかりやすくかいていたのですばらしいと思う、千羽鶴という題がいいと……。ぼくは家から新聞の切り抜きをもってきて、七月十五日に、すこし新聞を手つだった。〈原〉

●よくできていると思った。編集委員の人は、がんばったと思う。（ぼくはなにもしなかったのに）四〇年前の長崎はひさんだったなあと、平和新聞を見て思った。原爆についてよく調べてあった。本当にいま、核戦争があったら、地球がはめつするから、これ以上戦争はしないでほしい。きり抜きをみているときもちがわるくてかわいそうだった。〈福田〉

●ぼくはけっきょくなにもしなかったので、なさけないと思います。ぼくのような人もいたけど、何人かの人でりっぱな新聞を作りあげたのはすばらしいと思う。〈本田淳〉

●ぼくは『三たび許すまじ』という本をもってきて、それと切りぬきをもってきた。……編集担当がぼくになっていたらできていたかわからない……被爆体験をきいてきた人はよくかいてきたなあと、思った。〈本田誠〉

◎聞き書きは、原爆落下当時のことがよくわかるようで、そのときのじょうきょうがわかるようだった。それから、原爆の被害状況などの資料があってわかりやすかった。全部の新聞を読んで、これ以上『かく』を使ってはいけないということがよくわかった。（また）、新聞の切りぬきをよんで、原爆落下直前までマッカーサー司令官には知らされなくて、司令官がそれを知ったとき、広島をおそってはいけないと命令したそうだ。もしもっと早く司令官が知っていたら原爆使用はまぬがれたかもしれないのにと思った。また、知らせなかった人は、原爆使用について、被害をうける人々や生物を無残に殺すことになにも思わなかったのかと思う。〈松永〉

◎原爆の力はすごいと思った。ききがきにもあるように遠くはなれたところにそ開するほどすごい力を持っているんだと思った。それに骨までとかすなんてすごい熱だった（んだなあと思った。）原爆のつくりは二つあって長崎に落ちたのは広島の倍のはかい力を持つものだった。きのこ雲からも原爆のすごさがわかった。戦争を訴える本もたくさん紹介されてあった。ぼくは標語を書いたりした。

〈山佐〉
●ぼくは保健部の代表で編集委員になった。第二面を担当した。他に久保田くん、山下くんがいた。初め自分にできるか心配だった。原爆についての本を見て調べた。人影とはしごが板にとりついているのとかはった。……用事があって休むこともあったが、……今後はもっとがんばります。〈山崎〉
◎げんばくというのはむごいと思う。家はとばされるし、人の体はただれて、洋服はぼろぼろになるし、動物もころしてしまうのでひどいと思う。〈山下敏〉
●第一面の当時四十二才の…所の字がにじんでいて…。第二面は全体的によく書けてると思いました。なぜなら『いつ』とか、『だれが』という所を新聞の切り抜きなどで答えを出しているからです。第三面も、歌や本の紹介をしてうまくまとめているからよくできていると思う。取り組みについては、ぼくは編集委員の仕事しかしなかった。ききがきぐらいしてこいといわれた日に、おとうさんにきいたけど、「あんまりくわしくは知らんよ」といわれました。…〈山下浩〉
●よくできていると思う。〃原爆体験をきく〃は杉永君の分が…〈山下裕〉
●ぼくはほとんど記事を持ってこなくて…〈若杉〉
◎「ナガサキ」という題の平和新聞（第二面）に『完成したら使用…』と書いた新聞があった。これには私もびっくりした。完成したら使用しなければならないのか。戦争は二度としてほしくない。「戦争をもう一度してほしい」と言う」人はいないと思う。それなのに、どうしてばくだんをつくるのだろう。もしそれをどこかの国におとせば、向こうも、こっちに落とすに違いない。もうこれ以上、戦争はしてもらいたくない。そして、〃かげ〃だけ残して消えていった人もかわいそうと思った。戦争はかんけいない人も生き物も今までの生活を一しゅんのうちに消してしまう。もうこれ以上戦争はしてもらいたくないです。私は何もしませんでした。〈井手〉
●私は平和新聞をみてすごいなあと思いました。私が代表だったら・・・・。代表の人たちは…短時間でよくできたなあと思います。

私は本だけ代表にあずけて…〈岩崎〉

●私は自分のききがきをきれいにまとめてもらい、とってもうれしいです。でももう少し新聞のきりぬきなどをもってくればよかったと思います。それでも、とても上手な新聞ができ上がったと思います。自分は新聞作成委員じゃないので、母からきいた話とか、新聞のきりぬきとかをあつめてきたりしました。でも、少しがっかりした事は、自分たちのグループでだした新聞の名前がでなかったことです。来年はなんとかがんばりたい（岡本）。

◎私は「千羽鶴」という新聞をみて、きれいに書いてあるなっと思いました。新聞をつくった人たちは、みんなのためにいっしょうけんめい苦労して、作り上げたと思います。初めてのことだったので、どうすればよいのか・・・・・。私の取り組みは、おじいちゃんちにいかれなかったので電話で、おじいちゃんが昔、消防団に入っていたので浦上の町とかをかたずけにいった、とお父さんに教えてもらったので、電話をして、町の様子をききました。西日本新聞を切りぬきもってきて、代表の人にやりました。そして少しはやくだったようがんばって…。〈尾上〉

◎〝千羽鶴〟を読んで、いちばん思ったことは、やけ野が原になってしまった長崎でした。生き残った人はこれからどうして生きていくのかなど疑問に（不安に）思った。そして、地獄のような日々をどのようにしていったのとか。そして、原爆を体験した人にしかわからない苦しみがあったということ（それは今もなお続いているのですね。）今、平和を守っていくためには、核戦争をしないこと。そして核をつくらないこと。新聞の切りぬきの中に平和図書館っていうのが長崎にできたそうだけど、それもみんな使用（利用）してほしいと思った。私はこんどの平和新聞づくりにはとりくんでいません。（坂田）

●この千羽鶴という新聞はよくまとめて、三つの文に分けてあって、見やすくってわかりやすいと思いました。体験をきいて、それが書いてあるとか。本の紹介とかあって、とてもいいと思いました。また本の紹介は十八種類のものがあって、それよりもっと多くの本があると思いますが、それだけ戦争を反対するうったえがあるということも分かります。また、一人一人の心のこもったうったえ（標語）を書いたりして、一人一人の心もちがわかるようにかえてあると思いました。資料などたくさん集めていて、そのようすがわかるように写真などはってあって、おそろしいことが分かります。ほんとうによくまとめてあって、いいと思いました。私はあまり班のまとめにとりくみませんでしたが…。〈作本〉

●私は平和新聞のために支所までいって、本を三冊借りました。しかしその本もあまりつかわれなかったらしくできあがった新聞には私が借りてきた本の資料などのっていませんでした。だけど、できあがった千羽鶴という題の新聞はとてもよくでき上がっているなと感じました。これというのもみんなが協力して作った・・・・と思われます。他のクラスは原爆資料館等にいって調べたそうですが、五組は五組なりによくできたち思います。この平和新聞で、みんな、多くの人が少しでも戦争のおそろしさ、みにくさとわかってもらいたいです。また、これで世界の国々がせんそうについてどう思っているかなどいろいろなことを学びました。代表の人、ごくろうでした。私ももう少し協力したかった。〈塩塚〉

※塩塚さん、本の資料借りごくろうさんでした。だけど、その三冊の本をどんな資料として役立てたらいいのか、代表もずい分困った様子でした。どういうつもりの三冊の本だったのかもわからなくて…。とうとう最後まで利用できなかったのです。塩塚さんが代表だったらよかったのにね。それができなくて、残念に思っています。何のためのどんな資料が欲しいから、資料館に行く。そうでなかったら、資料の山におぼれてしまう、といったでしょう。しかし、選びとった以上、そこにはそれなりの理由があったのでしょう。それを代表に「ことづける」。そしたらなあ。それもたしかめたのでしたけどね。ほんとにくやしいことです。でも、このことを忘れないで…。

●私は班では話し合いに参加しただけで…。ほんとうはおばあちゃんからきいたんだけど…。こんどから、代表じゃなくてもがんばりたいと思います。〈田中康〉

●ききがきがちゃんとかかれていてせんそうとうじのことがよくわかるようだった。またきりぬきなんかも文にちゃんとあわせてはってあってくわしくかいてあるからよみやすいし、よくわかる。そして、ひょうごなんかもよくできている。自分では編集委員をやってよかったと思っている。〈田中良〉

●クラス新聞をみて私は感心しました。…思ったよりもとてもよくできていました。きちんとまとめてあり、とてもすごいなあと思いました。これも、みんなが協力して、新聞の切りぬきや…、と思いました。〈土井〉

●少数の人達だけでよく仕上げたなあと思う。…みんな協力して記事が集まった。原爆が落ちた後の様子がよくわかる。戦争はやりたくない。私はききがきをした。そして、資料（ラジオゾンデ落下の標識）を書き写してきた。（これらの資料は、一面と二面に編集することになった）。〈中島〉

●よくできていると思います。内容も充実していると思います。よく聞き書きしてものをまとめている。写真がいい。よくかけている。

新聞を読んでいてもなんとなく平和の記事を目でおうようになり、ニュースもきくようになった。じじょうがあって、おじいちゃんからききがきができなかったけど、切りぬきも一回しか持ってこなくて、…。〈西川〉

●千羽鶴…とっても立派な平和新聞が完成できたと思う。資料もたくさん集まって。平和新聞作りに取り組んだ人たち、ご苦労さまでした。あなたたちのおかげでできたと、私は思います。私は新聞の切りぬきを持ってきましたが、他の人たちが持ってきた切りぬきの方がよかったようです。私は五組の作った平和新聞を全部読みたいです。この取り組みをきっかけに、原爆に対して、とっても興味を持ち始めたと思います。だから、もっともっと、原爆、平和について知りたいです。そして今からもずっと平和であって欲しいです。〈馬場〉※せっかくの切り抜き、それはそれは…。どんな記事でしたか。まだ、たくさんの切りぬきを保管しています。これからにきっと役立てられると思いますが…

こんどは馬場さんも参加して作るようにしたらと思います。

●毎日おそくまでかかって書いたかいがあった。特に二面の記事に興味のある人が多かったようだった。二面の記事の新聞のきり抜きやラジオゾンデの資料など、なかなかのアイディアだったと思う。私は編集委員になって、一面の記事に協力。（※）たくさんの切り抜きを持ってきました。〈松尾〉

◎私は、新聞の体験のところを見て、みんな色々あったんだなあと思いました。うちの父さんはいなかへ疎開していてあんまりしらなかったようだし、母さんは、まだ生まれていませんでした。おばあちゃんにきいたら、「防くうごうに入ってたと」、言っておりました。私が一年のときぐらい、それをきいて、防くうごうは、土にあなをほって、それに自分一人ぐらいはいれるようにして、他の人にまた上から土をかぶせてもらうのだと思っていました。その時息はどうするのかなあと、疑問に思い、色々空想しました。少しあなをほっとくとか、竹のつつを地面の上までとおして、空気をすうとか。

昔、戦争にあった人はかわいそうで、今の自分は、どんなに、しあわせか、新聞の記事とか、みんな色々あつめていたので、びっくりしました。

私は…ききがきもしなかったし、新聞のきじも、一枚も、もってこなかったし…自分はむせきにんだと…そして、しらべてこなかった自分がなさけなくて、…。ききがきぐらいはできたろうに、おばあちゃんもよく話をしてくれたし、それをかいてくれれば…と思いました。新聞はほんとうによくできていました。こんどまたするときは、ちゃんと—思います。〈松島〉

◎平和新聞をみて私は、二枚目にのっている〝兵士とはしごのかげ〟が目につきました。ほうしゃのうで板壁にのこるなんておそろしいと思った。そしてその兵士は、そのあと、黒こげになってきえたというのがしんじられない。そんなに原爆の威力はすごいのかと思った。戦争で死んだ人がとってもかわいそうだ。もう二度と核兵器はおとしてはいけないと思う。そして絶対に戦争はしないでほしい。

新聞づくりのとりくみとしては、長岡先生が持ってこられた本で、長崎と広島におちた原子爆弾のつくりをしらべた。きりぬきも学校にはもってきたけど先生にわたしそびれた。〈森本〉※「わたしそびれた」って、わたしそびれさせたものがあったでしょう。いまからでも、決しておそくはありません。「戦争・原爆と平和」に対する学習は、いま、はじまったと、いうべきところですから、どうぞ提出してください。期待してます。

◎平和新聞をみて感じたことは、原爆とはこわいなあとつくずく思いました。二度とこんなことがなければいいがなあと思います。あのころの人はかわいそうだなんて思いました。こわかったと思います原爆で何千（万）人という人が死んだなんて、…。ばくだんが落ちてかげだけ残ったということはそうとうな熱だったんだろう。絶対もう戦争なんてしてほしくない。とりくみとしては、新聞のきりぬきをさがしました。あまり手つだわなかったので反省します。〈山内〉

◎私は平和新聞をみて、なんで長崎にげんばくを落としてんだろうと思った。それから、たった一つのバクダンで何万人の人たちが死んでしまった！こんなばくだんなんか、誰が作ったんだろう。そして、だれがおとしたんだろうか？私はその人の頭がみたい。そして、新聞にはってあった紙（切り抜き）を見つけた。それはげんしバクダンをおとした人からの手紙だった。私はそれをみてその人がにくかった。それはいまごろになった「私がげんしバクダンをおとしました」といっても、みんながゆるすわけがありません。私はゆるしません。そして、私は平和新聞をぜんぜんてつだわなかった。どうもすみませんでした。〈山田〉

◎千羽鶴の新聞をみて感じたことは、わたしたちがまだ生まれていないころ、父母や祖父母たちが経験したことのおそろしさなど、いままでぜんぜんわかっていませんでした。一人一人の経験もおなじようなものだと思っていたけど、まったくちがっていた。二度と、こんな経験したくないと願います。〈山中〉

●平和新聞ができてから、教室で並べて見たら、戦争にかんすることがいろいろあって、びっくりしました。また、長崎新聞に、あんなに戦争や核兵器のことがのっているとは全然知らず、平和新聞を作るということで、切り抜きなどを持ってくるということになってから、新聞を全部みて切り抜きをしました。しかし家にわすれて、まにあわなくてそれが残念だった。私は（代表委員ではなかったのですが、）田中（良）さんについていって、新聞づくりを少し手伝ったりしました。〈横田〉

※本当によく手伝ってやっていましたね。新聞づくりで、「切り抜き」をしたって、とてもいい発表です。どうぞ、その切り抜いているのは持ってきてください。「戦争・原爆と平和」に対する学習が、いまからですからね。ほかの人の資料もまだみんな大切に保管していますから。

【平和新聞づくりに取り組んで】＝五組の取り組み、課題と方法について＝

なんといっても、ここに表現されている一人ひとりの文章そのものが、わたしたち、ぼくたちの「平和新聞づくり」に関する「課題と方法」が何であるのかを告げているわけです。

しかし、それでは余りにも漠然とした読後感にしかならなくなってしまうだろうから、いくつかの観点、あるいは表現の特徴によって分類しながら、全体的な問題点はなんだろうかということを考えてみたいと思います。そうした傾向を知ることによって、また、それぞれの発言のねうちもいくらかはっきりしてくるだろうと、そう思うわけです。

さて、第一の問題点として、まず、取り上げなくてはならないことは、これです。ぼくはなんにもしなくて、とかこんどはしっかりやりたいというようないい方がちょくちょく出てくるんですね。「どうもすみません。」なんて書かれてあるのをみたら、みた方がどうしようもなくなるんでね。ついつい、こっちも「どうもすみませんでしたね」って言うしかないのです。「資料」＝「記事」を一つも提出することが出来なかったことが、別に新聞編集を防害したとか、邪魔したとかいうことになれば別ですよ。そう言っている人も認めているように「立派な」のが出来ているのですから、決して「ごめん」とか「あやまられる」っていうことはないでしょう。むしろ、「記事一つ」持って来て、協力的態度を示してやらなかった自分自身の「平和新聞」に取り組んでいた「期間」における「行動」なり「意志」なり「感情」をこそ、はっきりと自分がたしかめる必要があるんではないか。たくさんの人が、新聞づくりの主題に向かって、それなりの行動をとっているときに、なぜ、自分はその行動ができなかったのか。それこそ、重大問題だ。なぜならば、「平和問題」に対する関心や、身近な自分たちにできるような事柄を取り上げて、平和をつくっていくための学習にとり組む行動は、いま人類の歴史的課題に参加していくことなのです。言い換えれば、いまぼくたち、わたしたちの生きるこの社会と世界について学習するということなのです。どうしてそのことが、ほかでもなく「重大問題」かということですけどね。その理由の一つとして、「原子爆弾の記録―ヒロシマ・ナガサキ」の「11」ページの写真と、それに添えられていることば＝あの日／この子の目の前で／起きたことを／知って頂きたいのです／あたなに／そして／日本の子どもたちに／全世界の人びとに、を想い出してください。そうすると、もうあなたたちはぼくが言おうとしているそのわけを察してくれるだろうと思うが、念のために続けておこう。〃戦争なんてまっぴらごめん〃とみんながみんなそう思い、こもごもに語っている。幼ければ幼いほど、戦争なんてわかるはずがない。しかし、戦争は起こり、あげくの果ては原爆という世にも恐ろしい爆弾をあびせられたのだ。いま、あの〃原爆〃の威力などものの数ではないという〃水爆〃というのが作られているといいます。その種の爆弾＝核兵器が、この地球上に、四万発から五万発はあるのではないかと言われているのです。これが、廃絶されなかったらどうなるのですか。「完成したら使用は当然」と、当時のことをふりかえっての「新聞記事」を見たでしょう。そうするとどういうことになるのか。それを予測した、日米の映画があります。アメリカ映画「ザ・ディ・アフター」と、日本の映画「風の谷のナウシカ」が、それです。ともに、核戦争後の世界を描いたものです。

「もし核戦争が起きたら、地表は数か月にわたって暗黒となり、陸地にはマイナス二五度の〃核の冬〃が訪れる」と、天文学者カール・セーガン博士らは言っていると。また米ソの核兵器の四〇％が使用されるとしても、それによって生じる「大火災によって起こるあらし、それによって天高く噴き上げられる煙とちりは一億トンにものぼり、地球全体をとりまいて日光を九五％もさえぎってしまう。当然、地上は闇にとざされ湖水は二メートルもの厚さに凍り、生き残った人間も食糧がつきると飢死の道をたどる。気温が平常にもどるまで一年以上かかる、とされている。マイナス二五度、電気もガスも暖房すら期待できない」と。『核』—いま、地球は…）より。このようなことは、ＮＨＫ『核戦争後の地球』でも取り上げられました。

戦争に対し、特に「核」に対して、われわれは「無知」でいることはできなくされているのです。いま自分自身の学力を総合して、このことに取り組んでいくことは、人間の無知というものによる冷酷さと無防備さを自覚させ、平和のための連帯的行動へと立ち上がらせるのではないかということです。

もう一度、読んでほしい、『知ることは、生きること』—映画『アトミックカフェ』の中からの詩を。そして、その中に語られている数々の現実のあることを、知らないわけにはいかないのです。ヒロシマ—ナガサキ—ビキニ—ビキニ—ネヴァダ—ウラルで起こったことを。核兵器をなくし、緑の地球を守るために、・・・。そのためには、何はさておき、その核について知ること。それはも早、中学生にとって可能性豊かなことでは、……。

第二の問題は、平和新聞作成委員に対して、「とてもいい新聞ができた」と、拍手を送ってくれています。みんなの感想文を読むと、いま、まさに「戦争・原爆と平和」に関する問題の取り組みがはじまろうとしている感じがして来ます。馬場さんはそのことをはっきりと文章にして現していますね。それから、西川さんは、新聞の平和問題の記事をみるようになったり、ニュースをきくようになったと、言うようなことを言っています。しかし、それをどう持続させていくかは、その人がどういう問題意識をもって立ち向かっているかということもかかわってくるでしょう。さきほどもいいましたが、みんな戦争はいやだ。二度とあって欲しくない。戦争をなくしてもらいたい。と、そういっています。戦争をしたらだれか死ぬことはわかっていてするのだからおかしいと、赤瀬君は言っています。しかしその「おかしい」＝「不条理」なことをあえてくり返して来ているのが、人間の歴史でもあるのです。だから、われわれは、人間の歴史とりわけ、戦争の原因ないし戦争はどうして起こるかについて、きっと学習する必要があるわけですね。「あってほしくない」「なくしてもらいたい」だけでは、いつしか自分も戦争に「賛成」していた、ということにならないという保障はどこにもないのですからね。戦争は自然現象ではなく「政府」によって行なわれるのです。その「政府」は、それを支持する「国民」がいて成立しているものです。このことをしっかりわきまえて、学習する必要があります。とりわけ、そういうことが歴史を学ぶものの姿勢として大切なことではないかと思います。そして、そのことが戦争を防ぐための、平和の「とりで」となるものでしょう。　そこには、きっと、世界中の人々が手をとりあって、それぞれの文化を誇り高くかかげながら共に生き生きと交歓しあう世界が展開されているのではないかと思うのです。そういう未来にかける夢を、人類の過去をふりかえることの中で、われわれは手にしなければならないでしょう。そのための、学習をしたいということです。松島さんの「防空壕」にまつわる「空想」物語も、その意味で貴重です。昔、「防空壕」、いま「核セルタ」ということでしょう。

〈第二学期〉

第三部・展開

第6章　学級の人間模様（2）

一、九月十一日・人権作文のとりくみから（学級文集1-5）＝第十三号＝（発行'85・9・27）

○ここに集めた文集は、さきの〝人権作文コンテスト県大会〟応募作品として、学級全員がとりくんだものの中で、「戦争や平和」をテーマにした作文です。

1・坂元　城夫—「戦争や平和について」
2・坂田　千代美—「戦争や平和」
3・岡本　美紀—「戦争と平和」
4・長龍寺　満司—「戦争と平和」
5・田中　良子—「戦争について思うこと」
6・中島　裕子—「私の願い」
7・久保田　昭文—「戦争の種」

以上の七名の人たちがこのテーマで取り組んだのでした。以下、この順序で作品を紹介していきます。

戦争や平和について　　坂元　城夫

戦争をなくし、平和を守る。このことが多くの人々の願いです。

でも、アメリカやソ連には核兵器があるし、ドイツは兵器ができると使用は当然と言っています。しかし、今戦争してもなんの役にもならないと思います。ぼくからすると、戦争というものは、自分たちの国の力を見せつけるだけのことのように思えます。それに、罪もない人たちもたくさん死にます。だから、そんなむごいことはやめてほしいと思います。

この前、高速のインターチェンジに、たくさんの自衛隊の集団がいました。でも、その人たちはみんな人のよさそうな人ばかりでした。だから、よく自衛隊に入る気になったなあと思いました。でもすぐに人はみかけによらないものだなあとつくづく感じました。

戦争をなくし、平和を守る。

世界最初の核兵器の経験国、日本から平和をもっと広げてほしいものです。

戦争や平和　　坂田　千代美

私達にとって、平和とは何だと思いますか。そして、戦争とは……。

私にとって平和というのは、幸せなものであり、戦争というのは、こわいものであると考えていいと思います。

具体的にいうと、平和とは、地球の生命を守り、そして人類の命を守ることができると思います。二文字で、こんなすごいことを表しているなんて考えられません。

それと反対に、戦争とは、人をおびやかす、一つ原爆で、今では、地球を破めつにおいこんでしまうほどのせい力をもっています。戦争の一番の兵器は原子爆だんだと思います。広島や長崎におちた原爆、一生忘れられない苦しみだと思います。一度経験してみないとわからないような悲しみやつらさを、当日の人たちはどのようにしてのりこえてきたのでしょう。でも、戦後40年になっても、原爆症になやまされている人たちがまだたくさんいるようです。その当日のことを聞くと、涙をながしながら言っている人を見てると、何か自分までつらい思いがこみあげてくるような気持ちになります。

よくテレビで見る、アメリカとかの水爆実験について、長崎で、平和祈念像に抗議のためにすわりこみをしているところを、写っているところを、見たことがあります。

私たちにとっては、そんなこと関係ないって、聞き流してしまうことがいつもです。ですが、これがもし、戦争につながってしまったらどうでしょう。

いまから、私達の未来はどうなるかわかりませんが、今、わたしたちが戦争反対を叫びかけたり、核反対をしなければならないのです。

戦争と平和　　　岡本　美紀

私の母は、げんばく者です。

この前、母がたんすの整理をしている時、母とおばあちゃんが、かっぽうぎのような物をきて、日本のはたをもって写っていました。

「こん写真なんね」ときくと、「戦争の時んと」と言いました。

母がげんばくひがい者なので、私はげんばく二世です。今年の六月ぐらいに、げんばくセンターにいきました。いった理由は、兄が

「血のうすかごたった」と言ったからです。それと、げんばく二世者の検診があるのできてくださいとうはがきがきていたのです。すると、なんにもいじょうはないといわれて、みんなうれしそうでした。そのかえりにごはんをたべてかえってきました。

そして、矢上の自動車学校の前で、首のところからあごのところらへんまであざのようなものがあった人とあいました。友が言うには、げんばくでのあとだと言いました。

私は原爆はこんなあとまでのこっているので、びっくりしました。

それに、げんばくしりょうかんへ何回かいきました。そこでみたものは、ごはんがまっくろになったりしたものをてんじしていました。げんばくは人間をかえてしまうおそろしいものだと思います。その一しゅのかくせいざいと同じだとおもいます。

どうして人間はこんなおそろしいものをつくり出して、人間をだめにしてしまうのでしょうか。二十一世紀には、だんこ戦争をやめてほしいと言うこうぎの人たちの仲間になりだんぜんはんたい、戦争反対、げんばく反対を言って、みらいの人たちにもしってほしいと思います。げんばくがどんなにひどい物かを。

戦争と平和　　長龍寺　満司

ぼくは、戦争のことについてはよく知りません。しかし、戦争が起こると、多くの人が死ぬことになるということは、わかります。その多くの人たちは、なぜ、死ななければいけないのでしょう。その人たちが死んでもなんのとくにもならないのなら、最初から戦争なんかしなけりゃいいと思います。

今、かくを持っている国は、アメリカ、ソ連、中国、インドです。そのかくがあれば、地球を何度もほろぼすことが出来るそうです。

そんなおそろしい核を作るのなら、今アフリカで苦しんでいる人にえん助金を出せばいいと思う。それなら世界は平和になるし、アフリカでうえて苦しんでいる人もたすかると思います。

いまはいろいろな所で、核実けんをしています。そのかく実けんで人が死んだりすることもあるんです。しかし、実けんなどはするけど核戦争はおこらない。なぜかというと、かくをうつと、地球はまわっているので自分たちまで死ぬことになるからです。

しかし、大きな地しんやいん石などが落ちてきたら、核戦争がおこるかおもしれません。

相手国がかくをうって来たら、自動的に、こちらもうちかえすそうちがあるからです。たとえば、いん石をかくだとまちがえてうって、相手国もうってくる。それで戦争がはじまる。こんなおそろしい、かくを持っているいじょう世界は平和にならない。

戦争について思うこと　　田中　良子

私は、〝戦争〟という言葉をきいて、「ああ、またや、いっちょんすかん。」などというけど、よく考えてみると、とてもこわい。関係のない、無関係な人たちまでもまきぞえにして、大ぜいの人たちを死なせて、四十年前、日本は負けました。戦争へ行って、国のために、自分の身をすてたのに、兵士たちのほかに、国民もまきぞえにして、戦争は終りました。戦争は、まさに、悲劇です。

でも、私は、こう思います。

あの戦争がなかったら、いまごろこの日本は、まだ戦争をしていたかもと思います。だから四十年前、戦場でたたかった人達は、私たちのことを守ってくれたのです。だから、私は、今度から「戦争」という言葉をきいても、「ああまたや」なんて言葉はだしたくないと思います。今度、「戦争」という言葉をきいたら、四十年前の人達のことを思い、しんけんにとりくみたいと思います。

私の願い　　中島　裕子

四十年前、長崎と広島に原爆が落とされ、多くの罪の無い人達がぎせいになり死にました。そして、他の所でも空しゅうで多くの人達が死にました。だれも、戦争をしたくないのに、死にたくないのに、お国のために、戦争へ行った兵士たちは、親や子と別れる時はつらかったと、思います。そして、死ぬ時、なげき悲しんだでしょう。戦争さえおこらなかったら、そんな苦しみは味わわなくてすんだのです。

私達は、本当の戦争を知りません。だから、これよりずっとものすごかったと思います。今でも、多くの人たちが、放射能で苦しんだり、戦争で身体障害者になり、不自由している人もいます。

現在、私達の日本は平和です。あまりにも平和で、戦争のことなんか忘れることもあります。でも、永久に忘れてはいけないのです。ずっと、伝えていかなければなりません。なぜなら、もう二度と戦争をくりかえさないためです。もし、今戦争がおきたら、四十年前のぎせい者の数より、もっと多いでしょう。それは機械化がすすんだから。

私達は、平和を願わなければなりません。「いつまでも戦争がない平和な世界」、これが私の願いです。

戦争の種　　久保田　昭文

ぼくは今、社会でいろいろな勉強をしていますが、その時ちょうどきづいたことがありました。

それは、インドは今発展しているのに、それをさまたげている問題があります。それはカースト制、むかし日本がやっていた士農工商など同じな制度がありました。身分のえらい所にうまれた人はゆうふくにくらせて、身分の低い人はずっと低いままです。そしてこの制度を、インドの国民がやめさせるようにいうと、身分のえらい人がお金で国をおさまらさせます。憲法にはこういう法律があるのにまだこのカーストは続いています。これを早くとめないと、戦争のもとになるんではないかとぼくは思います。

まだいっぱい、そんなふうな国があります。

南アフリカ共和国なんかは、黒人と白人との差別があります。白人と黒人ののるバスには白人のほうのバスはとてもきれいで、黒人ののるバスはきたなく、またせまいバスで、エレベーターなんかも白人用と黒人用とわかれているのです。そして、黒人ののるエレベーターは荷物運搬用のエレベーターです。このような黒人と白人の差別を、アパルトヘイト（人権かくりせいさく）といっています。

ぼくはこう思います。

黒人は荷物なのか、といいたくなります。

そしてまた、日本とは貿易がさかんなのでめいよ白人としてあつかわれています。こんなので差別していいのでしょうか。これもまた、戦争の種になると思います。このところをもうちょっと大人に考えてもらいたいです。

〈あとがき〉「人権」って何か。人が人として自由に生きる。人間として生きる。人はこの世で、人間として生きる。それはすべての人にとっての希望だ。では、人間であるとはどういうことなのだろうか。

まずは、多くの人が書いている「死」を強制される状況から免除されることは、なにはさておき、一等大事なことでしょう。「生」きることが自由でなければ、人間であることはできない道理です。でも、それだけでは、すべての人が人間として生きていくことがどうか保証の限りではありません。現代社会に生きる人々の生活がそれを有弁に物語っています。それでは、自由の外になにが人間であるための必要な条件であるのでしょうか。それがほかでもない「平和に生きる」ことのねうちを見い出し、その実現をめざして努力し、行動することにあると思います。戦争・平和の問題は、最高に「人権」問題であるわけです。

ここに、七人の人たちがそれぞれに力強く、大胆な提言を行っています。その心意気に拍手を送りたい。しかし、「死」からの解放だけではなく、いまどこにむかって、どう自分が生きることに人間としての＝中学一年生としての「ねうち」を見い出したかという点がはっきりしない。それぞれに特徴のある題材がとらえられてはいるのです。歴史や戦争の原因を学ぶことで、さらに考えを発展させてほしい。

二、〃悪友・親友・友だち発見〃（No・1）

はじめに――

この世は、まさに、人、人、人でいっぱいである。そういう意味では、まったくこの世は人間の世界である。だが、人間だけの世界ではない。いま、まさに人間がこの世の主人公になり得るかどうかの存亡の世界に立たされているというべきか。それは、一つまちがえれば、地球は破滅し、この世は、即あの世になってしまうという危機的状況に見まわれているということです。ところが、です。どこのだれかが〃（ナゾの人物）がそのかぎを握っているのであるわけだけれど、そこで奴（〃ナゾの人物）が〃まちがえるかどうか〃ということは、その一人だけの個人的問題ではない。

もちろんのことだ。その人物を支えるすべての支持者の意思と思惑とがからむことは小学生にだってわかる。たとえ、その奴がどんなに力強い者であるからといってみたところで、そ奴一人の力なんていうのは、微々たるものでしかない。支持されているから、そこに一人の力以上の力が働いてくるわけでしょう。そして、それは姿、形として現れても来ます。威力は、まさに支持がなくては生まれてこないのです。

学級における、いろいろな人間関係をめぐる問題を提起していきたいと思います。もちろん、資料については、これまでみんなが発表した作文を中心に、それに対する感想や意見も掘り起こしながら準備していきたいと考えています。どうかみなさん、ご協力をお願いします。

では、さっそく、次の作文を取り上げましたので読んでいくことにしましょう。

「いじめについて」　　　　（イジメ・ラレオ）

「弱肉強食」と言う、言葉があります。これは、生(動)物や植物にはなくてはならないものです。例えば、肉食動物が、草食動物を食料にして殺しています。しかし、肉食動物がいなくて、草食動物ばかりだったら、この地球上の植物はすべてなくなって世界中が砂漠になってしまいます。しかし、「弱肉強食」が人間界にあってもいいのでしょうか。強い者が、勝ち、弱い者がほろびる。これを具体的に言うと、「いじめ」です。そして、ぼくは「弱い者」に入っています。

ぼくは、毎日といっていいほど、いじめられています。みんなどういうふうに考えていじめているんでしょうか。楽しみでしょうか、それとも、日ごろの、だれかへのうらみをぼくにやつあたりしているんでしょうか。どちらにしても、そんなことをして得するんでしょうか。多分、そんな人達は家の都合なんかでぼくをいじめていると思います。ぼくをいじめて、喜んで、笑っている人は、内心自分がイヤになってるんじゃないでようか。そんな人は、家での生活がイヤになって、いじめたり、不良になっているんだと思う。そんな人は、負け犬もどうぜんです。

ぼくだっていじめられて、学校に行きたくないと思ったことは何回もあります。だけど学校に行かなくて、何になる。何が一つでも解決するか。—と思い、学校に通っています。この世に、苦しんでない人なんていないんです。この苦しみに、のがれようとしてはいけないんです。そして、他人の力を借りてもいけません。自分の運命は、自分で切り開かないといけない。—と思っています。苦しみに、にげても、しょうがありません。だれだって苦しみに向かって行かなくてはと、思います。

—終り—

◎「ぼくは、毎日といっていいほど、いじめられています。」、と言っています。そのため、「学校に行きたくないと思ったことは何回もあります。」と、言っています。

そんな〝苦しい〟思いをさせていたこと自体、それはとりかえしのつかない無頓着で、申し訳ないことです。かろうじて、本人の、「運命」は「自分自身で切り開かないと、」という強い「意志」の力でことなきを得ていることに対し、改めて、敬意を表したい。

ところで、この人は、「毎日といっていいほど、…」ということですが、「どんなことをされている」のでしょう。そこまでくわしく説明してはいないけど、誰か、いじめているものがきっといるのだろう。

そういうことをするいやな奴がいるといっているところをみると、たしかにいるにちがいない。そいつのことを、どんな人間だといっているか。そういうやつの気持ちというか、心ねのあり方をこのいじめられくんは、どう表現していますか。

「そんな人は、負け犬もどうぜんです。」、だから「負け犬」にたとえられているわけだ。それは、「日ごろの、だれかへのうらみ」、即ち、その「だれか」というのは、自分より強い者、自分の現在の力ではどうすることもできない者で、しかも内心その人を負かそうと思うのだけれど、それは果たせないので、ぼく、即ち弱い立場にある者を「いじめ」て、その果たせない思い＝うっぷんをはらして、いくらかの自己満足＝決して、それで治まりはしない代償行為をくり返している者というわけだ。

代償行為だから、それでは決して満足は得られないから、連日のようにくり返される。「毎日といっていいほど、いじめられています。」と言っているのもうなずけるわけだ。

そうだとすれば、「自分と、自分の生活をとりもどすこと」これしかない！

＝悪友・親友・友だち発見＝（Ｎｏ・２）

このシリーズをはじめるに当たって、たくさんの「いじめ」についての「作文」の中に、いま「いじめられて」いる人のそれがあった。そして、それには、明確な訴えがあった。このシリーズをはじめたわけである。

そこでいま一度、その主旨をたしかめておきたいと思う。

その人は、「なんで人をいじめたりなんかするのだろう。」と、自問します。そしてそれに対して自答し、「楽しみでしょうか」、それとも「やつあたりでしょうか」といっています。そうしてさらに、「いじめる人」の「心の内」はどうなっているのだろうか、と推察をすすめています。そして、そんなに「人をいじめて、喜んだり、笑ったりしているひとは、内心自分がイヤになってるんじゃないでしょうか。」それに「家での生活がイヤになって…いるんだと思う。」と、考えています。そして、そうなる根本的な原因なり理由には、「苦しみ」から「逃れよう」としていることにあるのではないか、と言っています。「この世に、苦しんでない人なんていないの」のに。だから、「だれだって苦しみに向かって行かなくては！」、とその人は、最期に、訴えるように語っています。

もちろん、こうした考えを展開する前に、この人は「いじめ」現象を「弱肉強食」の「自然現象」になぞらえながら、人間界（社会現象）として、これは見過ごされるべきものではないのではないか、とはっきり自分の立場を、広い見地から主張しています。

自分が「いじめられて」いながら、すなはち、当事者の「一方」でありながら、「いじめ」現象の全体像を、「弱肉強食」の世界だと、はっきり表現しています。

さて、そうするとこの人の主旨はどういうことになるでしょう。

「なんでいじめたりなんかするのだろう」と、自問自答し、「いじめる」相手の心をさぐり、推察する。そして、その原因なり理由を求めていく。そういう考えをすすめていく中で、この人は、人をいじめたりなんかしている人は、自分を、自分でイヤになっていっている＝苦しみに向かっていってない、とみています。

それで、この人は、だからないよりも、この「弱肉強食」の「いじめ」現象をなくしていくには、まず、いじめをする人が、自分と自分の生活にイヤにならないで―すなはち、そういう現在の生活ではない新しい生活とはじめる必要があるということになります。それを、自分と自分の生活をとりもどす、と言うたわけです。

だけど、これだけではどうしたらいいのかわからない。そのためには、「自分と自分の生活が、どうしてイヤになったのか。」ということや、「イヤになる」ということはどんなことをさしているのか、ということをもうすこしつっこんで明らかにしなければなりません。

この人は、「じぶん」を「いじめる」人のふだんの生活ぶり、ものの見方、考え方、感じ方を観察しながら、自分と自分の生活にイヤ気を起こしているんじゃないのかと、見て取っているわけでしょう。しかし、その前に、「楽しみで」いじめているようでもあり、「やつあたりしている」ようでもあるといっています。そうすると、自分や自分の生活にイヤ気がさしていると、ちょっとしたことがきっかけになって、まるでなにかのうらみでもはらすかのように「やつあたり」してみたり、そうすることに「楽しみ」すらおぼえたかのようにふるまっているように思われる。とこの人は言いたいのかもしれない。

人をいじめておもしろがる。それはどうしたらとまるのか。—難問、奇問だ。こうなると、ますますこの「いじめ」の問題はややこしくなっていく。しかし、「いじめ」の問題には、「自分と、自分の生活に対するイヤ気」がどうして起こるのか、とか「イヤ気」そのものとはなにか、といったことについて明らかにすると同時に、それをのりこえ、新しい生活を創造していくことなどの問題を抜きにして、考えることはできないのではないかという気はたしかにする。肝腎なことは、どうして実現することができるかの見通し、方法ということだけどね。

だけど、どういうことになると、「人はどう生きるか」とか、「人はなんで生きるか」といった人生いかに生きるべきかの問題として、すべての人の問題に広がっていくことになる。

と、言うことは、「いじめ」の問題を問題にすることによって、それを介して、この時期、十三才を前後して現在のわれわれは少なくとも「人生いかに生きるべきか」の問題に「遭遇」していることになるのではないか。それはある特定の人だけの問題であるとは言えなくなる。むしろ、そういう「特定の人」の問題だと思っている人がいるから、そこに「いじめ」が起こってきているのかもしれないのではないだろうか。なぜならば、人をいじめたり、生きものをいじめたりしてよろこぶ傾向は、だれにだってあるのではないだろうか。

では、次に、もっと別の人の「いじめ」に対する考え、意見をきくことにいたしましょう。

「いじめについて」(イイコト・マツオ)

いじめには、あいてがいっぽうてきにいじめるいじめかたと、いじめられるようなことをすることの二つのいじめがある。ぼくたちの学級にも、いじめられている人がいるけど、大人の人や先生がたから見るといじめている人のほういじめられているほうよりずっと悪く見えるにちがいないと思うけしていじめるのはよいとは言えないがいじめられる人にもどこかに一つ悪いところがあるのではないか。いじめられてる人になにもけってんがなかったならそれは、はるかにいじめてる人間のほうが悪いその時は、ぼくならいじめるのをやめさせると思うけれど一番いいのはみんながなかよくすることだそのためには、みんなであそべるゲームやいろいろな方法をとること、いじめる前に人分がその子のたちばに立ちその子の親の立場に立つ。そうすると、いじめる気がしなくなる。まず話し合いほかのいろいろなことをしいいけっかをまつことがいじめをなおすいい方法では、ないでしょうか。（原文まま）

◎少々読みずらい作文だけど、味わい深いものが感じられるので、みなさんに紹介したいと思い取り上げました。さて、そのどこが「味わい深い」と感じさせたか、ということだが…。二つある。

（1）その子の立場、その子の親の立場に立つといじめる気がしなくなる

（2）いろいろなことをし、いいけっかをまつことがいじめをなおすいい方法では、…

この（1）、（2）のうち、特に、（2）については、先日行われた「球技大会」・ソフトボールの部で、実際に、その光景を目の当りにしたために、とても「真実」性を感じたわけである。たしかに、いろいろなとりくみをし、そのとりくみの一つ一つの中に、お互いがお互いの人間的なふれあいを感じ、行動していく。そういう積み重ねを大事にしていく。それを、「いろいろなことをし、いいけっかをまつこと」といったにちがいない。実際の、生活感覚があふれでたすばらしい表現だと思う。そしてまた、「いじめをなおす」といい「解決する」ということは、実際に生活しているその場その時の、お互いの関係がより望ましい人間的状態にあることを意味しているとすれば、そうした生活の場をこそ大事にしていかなければならないのは当然のことだといえる。

この（2）の表現が、こうした問題の生活行動面についての考え方だとすれば、（1）は、生活行動面を、自ら規制しコントロールしていく人間の社会的「意識」をどう自覚するかということを言ったものだと思う。

「いじめる前に、自分がその子の立場に立ち、その子の親の立場に立つ。そうしたら、いじめる気がしなくなる」と、言っている。それはどうしてだろう。「—の立場に立つそうすると」って、どうすることになるのかな。このほかに、この人は、「いいいじめ」・「わるいいじめ」の区別が必要なのではないかとか、「いい人間」・「わるい人間」といった区別した言い方をしているが、それでいいのだろうか。また、「理由」があれば「いじめ」は正当化されるのだろうか。また「理由」のない「いじめ」をどうして止めさせうるか。

（つづく）

＝悪友・親友・友だち発見＝（Ｎｏ・3）

なんだかんだといったりしたりしているうちに、「時」はどんどん過ぎ去って行ってしまう。第二回目が十月八日だったから、もう、悠に二週間が経つ。なんという「間」のびだ。それはきかないにこしたことはなかろう。ところが、こう言ってしまえば、きいたも同然だ。なんと「野暮」なことか。

「間」のびした理由の一つに、Ｍ・Ｉ君がこれまた、行ってしまったことがあるように思う。これから、本格的な取り組みになろうかというときだっただけに、彼がいなくなってしまうということは、ある種の衝撃をもたらしたといえるようだ。特に、これまでの間、なにかにつけて彼との係わりあいを深くしていただけに、その衝撃は強かったように思う。それと同時に、彼に対して、これまでのわれわれの態度が何であったかの弁明もする機会が、突然失われてしまうということも、これまたとり返えしのつかないことと同じになってしまう。もちろん、彼自身のわれわれの態度に対するどのような関心もきけなくなるということは、とても淋しい気分さえするのがたまらないわけだけれど。

ところで、それよりなにより肝心なことが一つある。それは、あれほどなにかにつけて騒いでいたことが、突然、彼がいなくなって「火」が消えたように静かになったが、はたして、あれほどの騒ぎのもとも去っていってしまったかどうかということである。

彼がいなくなって、ほんとうに、数学や英語が勉強しやすくなってはかどっていますか。

むしろ、彼がいなくなっていよいよみんなの「休場」（よけば）がなくなって、宙ぶらりんの気分になっている人もいるのではないですか。

とおくはなれたよその教室の、枠にはめられた「ガラス」を打ち破って、大損害の弁償を負わされた人が出たり、朝早くから「職員室に正座」させられるようなことも起きている。

ひょっとすると、こんなことも、M・I君がいなくなったせいもいくらかあるのではないだろうか。そうだとすれば、相当のエネルギーがM・I君「ぶちかま」されていたことになるよね。しかし、それほどではないにしても、彼に与えたエネルギーは相当なものであったと思う。次の「作文」がその証拠になろう。


「いじめの問題」――（ココロヤサシキ・イジメオ）

ぼくのクラスに、ちょっとかわった人がいます。見かけは普通とかわりませんが、みんなにたたかれたり、けられたりします。そういうI君をみていると、何だかかわいそうな気もしますが、ぼくもみんなといっしょに、I君をいじめる時もあります。

夏休みが終って、始業式の日I君は学校に来ませんでした。長い休みがあって、学校に来るのが慣れてなく、はずかしいのか、それともみんながいじめるからこないのか、I君はずっと休んだまゝでした。

先生は、「病院へ通っている」と、いったけど、ぼくにはそう思われませんでした。やっぱりぼくたちがいじめたんで学校に来ないと思います。

ぼくはI君の心をわかってやらないでいじめてきました。でもI君はみんなと同じように、あそんだりしたかったと思います。今からはI君の気持ちを少しはわかってやってあげたいです。　（原文のまま）

この「イジメオ」くんの、なんて「ココロヤサシイ」ことでしょう。

「やさしい」は「優しい」と書く。この作文には、「憂い」が感じとられます。「先生は、『病院へ通っている』といったけど、…やっぱりぼくたちがいじめたんで…」と、はっきり書かれています。

この「イジメオ」くんは、きっと人一倍深い苦しみの中に、他人の心あたたかい手のほどこしを受けて育ってきたに違いない。そうでなくて、どうして、「他人の痛み」を自分自身におきかえて感じ、考え、こんなにはっきりと、こういう形式の課題作文のとりくみで表現してくるなんて、すごいもんだと思わない!?

M・Iとかかわったことのあるすべての者たちよ、思い出してもみよ!

〃ほんとに心優しい者だからこそ、心憎い者をやっつけずにはいられないのだと〃、そう弁明しようとするのだね、きっと。前回の「イイコト・マツオ」くんの発表の中にも、それははっきり読みとれるわけだ。すなはち、「いじめるのはよいとは言えないが、いじめられる人にもどこかに一つ悪いところがあるのではないか。いじめられてる人になにもけってんがなかったならそれは、はるかにいじめてる人間のほうが悪い。」、と。

いじめは、その「一つの悪」にむかって、発動されているものであって、しかもその場合の行動は「正義」のための行動である、とこの人も言いたいのだろう。

これは、まさに「月光仮面」だ。悪を滅ぼし、善を栄えさせる。まことにもっともなことのように思われる。だが、ここにはおおきな〃落とし穴〃のあることに気付かなくてはならない。

「仮面」の正体は誰か、ということを見破らなくてはならないのだ。

いったいぜんたい、完全無欠の人間なんて、この世に存在していると思うのか。人間というものに、「どこかに一つ悪いところ」のないものなんて考えられるのであろうか。むしろ、「欠点」の多い生きものとして、それを自覚し、なんとかしようと努めているものこそが人間とよばれるにふさわしいのではないか。

他人の「一つ」の「悪いところ」を、にくにくしく思って「やっつけている」人が、ほんとうにいるとしたらその人は自分をなんだと思っているのでしょう。

その人こそ、正義の味方＝「月光仮面」だ、ということでしょう。それがもし、そうでないというのなら、なんと「不寛容」な人であることでしょう。他人の存在なり、一つ悪いところがあるのが許しておけない程のものなのかどうか、ということだ。

「不寛容」がむしろ、新たな「不寛容」を生んではいやしないのか、ということも考えられる。しかも、相手が、自分より弱い立場にいるとみた場合にそういう「不寛容」さを発揮しているのではないだろうか。それは、自分が自分を相手より有利とみての、しかも頼みのつなをみこしての行動といっていいだろう。その頼みのつなというのが、正義の味方という仮面をそこに感じることができるということにほかならないし、それはほかのだれしもが承認するであろう正義の仮面とみたてられるものがあることを理由にしているといっていいだろう。

だが、そういうことでは「鬼が笑う」ぞ！ほくそえんでいるものがそこにいるはずだ。そいつの正体こそ、見破らなくては、真に、正義の名がすたる！次の作文も、「月光仮面」だ！

「いじめについて」――(コドナ・テレビコ・イジメオ)

ぼくたちのクラスにも、よくいじめられている少年Mさんがいる。ぼくたちはいじめようと思っているけど、少年Mさんとあったのは、中学校になってからである。その時は、なにもぼくたちにいわなかったけど、一日一日たっていくうちにだんだんともんくをいうようになった。

ぼくたちがしているいじめはほんとうのいじめじゃないと思っている。それは、よわいものいじめでもない。その人の家が金もちだからということでもない。ほんとのいじめは、テレビでもあってるよわいものいじめじゃないからである。

あるとき少年Mさんが授業中、教室をでていった。ぼくたちが先生に、「少年Mさんが外にでていった」といって先生がさがしにいったこともあった。

ぼくはいじめられたことはだいたいないが、いじめをみたことがある。それをみたとき、かわいそうだなあと思ったけど、ぼくもついいじめてしまう。ぼくたち子どもの時は、あまりいじめはすくなかったけど、大きくなればなるほどおおくなってきた。小学校の時もいじめはすくなかった。（原文のまま）

—つづく—

三、ぼくの、わたしの『ペンネーム』

〝ペンネーム〟。辞典をひいてみると、「本名の代わりに用いる雅号」というふうに出ている。と、こんどは、「雅号」ってなんだろうか、と思えてくる。ついでにこれもひいてみる。と、「—が本名の代わりに用いる風雅な特名」と、出ている。いよいよもって、わからなくなってくる。そこでその際、「雅」とは何ぞやということも調べてみようと、思い立った次第。ところがこの「文字」の「出で立ちは」は古く、古代日本の文化にまで及んでいて、なかなかの味わい深いものがあるのです。それはもう、みなさんで調べていただくことにして、先に行きます。

とかなんとかいったって、やはり、「ペンネーム」をつけて、みんなでたのしむなんて「シャレ」てるって思いません。その「センス」、ことばあそびの感覚が、まさに、さっきの「雅」という「文字」に表されている人間の感覚であると思います。ことばのおしゃれをしましょう。自分のことばのおしゃれ感覚をみがきましょう！ってことかな、

「ペンネームをつけましょう。」「ペンネーム」で「こたえ」てくださいという意味は、それなんです。

ところで、自分には生来の「名前」、すなわち「ネーム」がつけられているのですから、いまさら別の名前でもあるまい。と、そう、思っている人もいたかもしれません。でも、ちょっと待ってください。

あなたたちは、いま一番、人生にとって大事なというか、大きく変化していく時期に来ているのです。そのことについては、「三才、九才、十三才の壁」ということで、以前にもちょっとふれました。

今まであまり気にしていなかった「世の中」のこと、「大人の暮らし」のこと、「友だち」のこと、「異性」のこと、そしてなによりも「自分自身」のことなどが、急に気にかかってくるのです。

まさに「あれも、これも」「あれも、これも」の大さわぎが、別に、自分がひきおこそうと思ってそうするのでは決してないのに、ひきおこされてくるのです。まるで、大波にでもおそわれるかのように、迫ってくるものを感じたりするのです。

だから、じっくり落ちついて、どんな大波がやってきているのか見きわめることが肝心だと思います。

本当は、その大波をくぐり抜けることで人はより一人前の人となるのですから、驚き悲しむことも、あわてふためいて逃げることもいらないのです。

自分をみつめ、他人をみつめ、社会や世の中の動きをみつめ、人と協力して、より親しく人と交わり、新しい生活をみつけ、実践するという、人間らしい生き方をするしかないのです、いま、その第一歩をどう力強くふみしめていくかということに徹していくと意外に、どんなすばらしい未来も来ないでしょう。

その一手の手がかりをさがすきっかけ、それをペンネームえらびにかけたわけです。なぜそれが、どうして力強い一歩をふみ出す手がかりをつくるものになるかって…。アメリカ合衆国の、あの有名な「独立宣言」を起草したジェファーソンの次のことばがそれにこたえてくれるでしょう。いま、それを次に引用します。

——人民のための

人民による
人民の
政治こそ、民主主義の政治だと、・・・
　——自分のための
　自分による
　自分の
　名前、それがペンネームでもあるのです。

※「ペンネーム」に類して、一言——
「ニックネーム」というのがあります。「あだな」というのもあります。力士には「しこな」、俳優さんや女優には「芸名」があるのはよく知っているでしょう。では、いい名前を！

四、「ペンネーム」の紹介（85・12・9）

〈ペンネームの紹介〉まれにみるたくさんの人たちの応募で、いろんなペンネームが集まりました。さっそく、紹介することにいたします。それにしても、あれほど「区別」を強調したのに、まだ、「ニックネーム」をつけて出していた人がいるのには、おどろくどころか、きちがいじみてきます。

「ちがいのわからん人間」というのは、ほんとうに、どうにもならん。もう、「ギャグ」はなりたたんのに。あの、SHIRINIANAO、に勝るものはもはやこのあとにはでるわけないからね。

〈第二学期〉

本名（ペンネーム）	ペンネーム	その名前をつけた、名前のゆわれ、由来
1. まさる		
2. 八郎川		
3. TVスター・まもる		
4. TVスター・つとむ		
5. 奇面組		
6. 釣吉		
7. けんちゃん		
8. 牧島牧場はハイジ		
9. 宗一郎		
10. ふー・虫		
11. クリスマス		
12. ペンネーム		
ア. ミイ		
イ. キツネの子		
ロ. あんぽんたん		
ハ. タヌキのポンタ		
ニ. ムーニーさんだよ		
ホ. マリコ		
ヘ. 光児スペングラー		
ト. 中ちゃん		
チ. チューリップちゃん		
リ. りおちゃん		
ヌ. なぞの女の子		
ル. Who（誰）		
オ. しゃしんやさん		

A. マル秘のようせい		
B. おばけのQ太郎		
C. 紅白VS都はるみVS…		
D. ミスターXと紅バラ		
E. 成田空港と国鉄…		
F. ねずみ男		
G. ゲゲゲのQ太郎		
H. 変なおじさん		
(I). ゲゲゲ		
(J). 板前Q三郎		
(K). □□□□□□□		
(L). つる山ごんたの弟		

1. 光児スペングラー↓吉田スギコ＝一番尊敬する人の名前↑どんな尊敬すべき理由なの？

2. おばけのＱ太郎↓石川　晃＝湘爆リーダー二代目にひきつづき↑それがどうしたの？それで？

3. ・・・・・・・・↓ひとえ・ぶす＝久保田くんからつけられた↑それがどうだというの？

4. ・・・・・・・・↓バスケット女子＝部活で入っていて好きだから↑？

5. しゃしんやさん↓金子金子＝あこがれの先輩↑どんなあこがれる　べき理由があるの？

6. ・・・・・・・・・↓桃太郎＝桃太郎のお話が好きだから↑苗字と名前の区別は？＠ｋ２７．けんちゃん　↓江口洋介＝かっこいいから↑そうか、そりゃいいよ。

8. 令嬢誘拐　↓バレーボールワールドカップ85＝とてもおもしろかったから↑名前って何かわかっとっとか？

9. ゲゲゲ　↓ＪＡＰＡＮＥＳＥ＝日本人だから↑あなただけがそうではないのになんのこと？

10. キツネのコン↓かにのかあさん＝おなかいぱいたまごをしょって横歩きをしているのがいんしょうに残ったので↑（たまごをだいてでしょう）それでどうして自分の名前にしたの？

11. 中ちゃん　↓キツネのコン＝動物でキツネの子がとてもかわいいから↑人の名らしい言い方に

12. ＴＶスターまもる↓神風湯川連合＝サッカー遊びのときのチーム名、きにいったから↑チーム名を一人で勝手に自分のものにして…

13. タヌキのポンタ↓おっぽ＝小六の頃のあだな↑それがどうだというの？そして名前らしくするには？

14. ＴＶスターまもる↓きたろう＝きにいっているから↑どこが？そして苗字と名前は？

15. 釣吉　↓よしふみ＝　↑なに「よしふみ」にする気か、どうして…

16. 牧島牧場ハイジ　↓久保田明日香＝小二．三のころ夢にでてきたかわいい子、私の子どもができたときこの名をつけようと思って↑かわいい子！？

17．ムーニーさんだよ↓早川あおい＝「あおいちゃんパニック！」のあおいちゃんの名↑どこがいいのか？
18．ミイ　↓小松崎美夜＝本にのっていた名前↑だからどうだって言うわけ？
19．・・・・・・・↓若林たつや＝若林みたいにカッコよく、上杉みたいにやさしい人がいれば↑なるほど
20．ペンネーム　↓剣　桃太郎＝マンガからとりました。↑どうしてとることにしたのか？わけは？
21．ゲゲゲのQ太郎　↓一石二鳥＝いっぺんに二つもできるなんて特（得）するから↓二頭を追うものは一頭も得ず、ともいうけど、いい。
22．成田空港と…↓謎の美少年（下利羅）＝なんとなくうかんだ。↑オマへは「カンチョウ」もんだ
23．ミスターXと…↓尻野穴夫＝不ケツだから↑「おしりだって洗ってもらいたい」、そんなにふけつかおまえは
24．なぞの女の子↓相本マリン＝マンガを読んでいてこの人がでてきたから↑どうしてそれをとったのか？
25．クリスマス↓来馬忠則＝百科事典の中の面白い名前↑それで、どうだって言うの？
26．りおちゃん↓なぞのバスケット少女＝いくらレギュラーになれなくても、名の知れない人になれるように↑なんのことかちっともわからんが・・・
27．ねずみ男↓坂元急死＝由来なし、ただおもいついたからてきとうに↑失礼無礼人間め！
28．紅白VS↓尾模井魔酢＝　↑なにをどう思うのか？
29．ムニュムニュ↓ムニュムニュ＝ムニュムニュがすきだから↑なんのことだい・赤ちゃんことばみたいに
30．あんぽんたん↓桜嶋大子＝別に理由はないけど、ふとっているから↑だれにそんなこと言っているのか？
31．宗一郎↓教宗寺宗一郎＝　↑教宗寺の小僧さんかい？お寺さんにはことわったか？
32．フー虫↓教宗寺フー虫＝　↑もう一人、小僧さんがいるのかい？
33．ねずみ男↓どぶ中。ねずみ

34・□□□□□□□↓日光・バルコニー＝太陽のように熱く、バルコニーのように温かく生きたいから↑わかった

35・マル秘のようせい↓切通少女＝自分の住んでいるとこ↑それは「切通」だけだろう。理由にならんがね

36・八郎川↓安満かずひろ＝とっさに思いついた↑そいつは誰の名で、どうしてだ！でもいいよ。

37・マリコ　　↓すぎうらマリコ＝テレビをさんこうにしてきめた↑どういうさんこうになったんだい

38・つる山ごんたの弟↓山下一等兵＝そんなことをするのがいたから↑どんなことか、それがどうしたんや

39・板前Q三郎　↓桜井しんじ＝マンガでそれがきにいった↑「それ」って何だい。どこのどんなところが気に入ったのか？

40・変なおじさん　↓河本刃＝マイルド欽どんにでてきておもしろかったから↑そうか、喜劇役者の卵ってわけか

41・まさる　　↓池田まさる＝まさるのことを忘れないために↑そうか、いい心掛けだったけど落ち込むなよ！

42・・・・・・・・・・↓くにこ虫＝　　↑どんな漢字の名前にするのか？

これも一種の「遊び」です、ことばあそびさ。だから、「かたる」「かたらん」はその人の自由なのです。でも、せっかくのことだから、ときには「全員参加」によることだってあってもいいと、僕も思う。特にこの場合、そういう気がしないでもなかった。でもそれは、とてもこわいことで、とてもいい方法が浮かんでこないです。「自由参加」の「全員参加」だなんて、どう考えたってむりなことかっていうとね、「ペンネーム・遊び」って、どういうことかという理解を、どうやって全員に、一度にやることができるかというのがむずかしいからなのね。

いままでにも、なにかにつけて「ことば・遊び」をしてきているのですが、その様子からもまた「全員参加」を実現するなんてことが容易でない状況にあることは予想できるのです。残念なことですがね、一面では。

ところが、いつも「ジィーッ」と見守っておられる田崎先生も、これだけはなんとか「全員参加」を実現しなければ、と思われたかもしれません。そこで、不参加者が「確認」され、参加を「要請」されていくことになる。すると「ペンネーム・ごっこ」はその気軽

さ、自由さをたちまちのうちに気がかりなものにと変えてしまう。「そのわけ」を弁明しなくてはならなくなってしまうというわけです。それでもその弁明に、一理の意義があるのならば、故ないこともないわけだ。けれど、そうなったら、「ペンネーム・ごっこ」はもはや遊びでなくなってしまう。

ほんとうは、いつものことだけど、したいものだけでしたなんていわないでいつもみんなの参加を待っているのだけどそうもいかないこともあって、発車している状況にあるのが実情なんですね。

そこをなんとかしたいと、田崎先生は、きっと思われたに違いない、ぼくだって思うんだから、ましてだ。

そうして、いまたくさんの「ペンネーム」とその「理由」を読み、書き写しながら感じ、考えさせることが一つあります。それは、「なぜか」という疑問、それにこたえる「理由」の意識の自覚がどうなってんだろうか、ということです。

「由来」とは、その名によって来た理由、すなはち、どうしてそんなペンネームにしたのですか、そのわけをかいてくださいということに他ならないのです。「理由」の「意識」が「自覚」されているのかどうかは、その表現できまります。

変ないいがかりみたいなことをかいている人もいて、ほんとうに、どうしたらいいか困っちゃうよ、でも、すてきな「名札」に入れてもいいみたいなのがある。でも、名札は名札だ。

（’85・12・17 記）

五、要望から主張へ（原案）――生徒会役員改選にむけてのとりくみから――

（1） 学校生活全般についての反省と要望

生活面

・名札がすぐはずれるからはずれないものを（2）

・校門チェックをなぜするのか、もっとやさしく（7）
・カバンのひもをいちいち直さないで
・机・椅子をもっといいのに
・そうじのとき棒ぞうきんがいい
・髪の長さなど自由にして、各自責任をもつ
・廊下は板張りにして、窓をつけて
・女子の標準服にはスカーフが似合う（4）
・便所をきれいに、きれいな便所にして・・・
・遊び場・すべり台
・給食を運ぶリフトをつけて
・給食のごはんに牛乳はいや、献立の組み合わせを考えて―

行事面

・もちつき大会
・クリスマス
・各種のスポーツ大会
・修学旅行
・文化祭―全員でやれるよう

（2）　生活面、行事面の要望をまとめたら（話し合いの雰囲気を想起して）

第一に感じたことは、学校行事に対する要望が強いということ。

学級や学年でやれる小さな行事でもいろいろ工夫してやれば、もっともっと人と人との交わり方や、協力し合い、友情を深めていくことができ、学校生活全体がもっと明るく、楽しくなっていくのではないか。多くの人がそうなることを希望としているということ。文化祭はぜひいっしょにしたい。

第二としては、そうしたら校門チェックなどをされないですむようになるのかということ。それと、いまされていてとてもいやだということ。特に、草とり、ごみひろいはひどい。それに理由をきかない、きいてくれないのはひどい。もっと「やさしく」してほしい。とりわけ、カバンの中をみたり、ひもをいちいち直したりするのは、止めてほしい。

第三のこととして、教室など床をふくのは全部棒ぞうきんにしてほしい。そうじはしやすいし、早くできる。やる気にもなるし、結局きれいに早くできることにこしたことはないと思う。それから、きれいな便所を作ってほしい。一方をきれいにしてもう一方がくさくてきたなくてはいい環境とはいえない。第四に、給食の献立について特にごはんのときの牛乳はいただけない。もう少し組み合わせを考えてほしい。それに、給食を各教室に運ぶのに「リフト」をつけて、各階まで上げてほしい。その方が運ぶ手間と衛生上もいい。

最期に、第五の問題として、身なり、服装に関すること。特に、女子の標準服は、やっぱり「スカーフ」が似合うというより「スカーフ」にしなくてはおかしいのです。セーラー服なのに、チョウネクタイなんて「いや」ですよ。それに髪の長さだって、もっと自由にして個人が責任をもってきちんとすればいいことだと思います。

（以上の外にもいくつか要望がありましたが、とりあえず、この五項目にまとめます。）

①（学習も大事だけど）友情と協力を大事にしいろいろ行事を工夫して成功させよう。
②お互いに注意し、助け合って生活するよう工夫して、校内チェックをされないようになろう。
③もっとそうじの仕方、道具を工夫し、早くきれいにし環境をきれいにしよう。
④給食の献立にも関心をもちからだにいいものを食べるようにしよう。
⑤もっと自分の身だしなみに関心をもち、スマートなみなり、着こなしをしよう。

(行事の工夫と参加、お互いに注意し助け合うシステムづくり、そうじの合理化と美化、献立の組み合わせ、スマートなみなり着こなし)

(3) 五つの主張のめざすものは何か。(スローガン)

(4) 要するに、みんなが協力し合って、それぞれの学級学年の生活を有意義に送ること。そのための、人と人との交わりを豊かにする。だから、明るく楽しい学校生活をみんなで作っていくようにがんばらなくっちゃ!!

1の5学級新聞・号外

・生徒会役員改選立候補者紹介

生徒会・副会長候補
久保田（くぼた）　昭文（あきふみ）

をどうぞよろしく!!

（1の5の学級推薦で立候補いたしました。）

スローガンは、より明るい、より楽しい学校生活の創造です。
みなさんといっしょにいろんな活動に積極的に参加し、みんなで協力し、友情を大切にする生徒会にしたいと思います。

責任者・原　正徳

六、テストプライバシーの異化

1. 「取組と反省」の分析と考察から「取組と反省」の中の子どもたちの問題意識は「六つ」指摘できるようであった。

第一に、テストに向けての計画と実践のこと。

第二は、毎日の授業中の疑問、質問に対する解決・未解決の意識のこと。

まずはこの二項目についての意見が多かったということである。

次に多かったのが、第三、第四になるのですが、余り勉強しなくて…」というのと、何をどうしたらいいのか見当がつかなかった、というもの。

第五に、得意科目と不得意科目との整理、集中に関する意見が少数としてあった。

第六に、二人だけの小数意見であるが、「友だちと勉強する時間を作ってわからないところを教えあうようにしたい」「朝自習の時間にもっと真面目にとりくむようにしたい」である。

それにもう一つ。兄から勉強の仕方を習ってやったというのと、兄・姉のいない子の不敏さのことである。

この分析の結果、第二、第6の意見に強く惹かれた。

それは、学校における日常的活動のすすめ方を改めていく必要を意味していると思うからである。また、第三、第四の意見が出てくるたびに、これは「テスト」＝「プライバシー」という観念に対し、子どもたちから軽妙な「ジャブ」を仕掛けられているように思える。

「テスト」は明らかに「授業」ではなく、「学校行事」として「予定表」に位置づけられてあるのだから、すべての行事同様、もっとオープンに共同活動に持っていけるように工夫が必要ではないのだろうか、と思った。

それと同時に、誰かが言っていたように、「体調」を崩さないようにすることは、やはりあらゆる問題に取組むための基本問題だと思う。その上に立って、一定水準の目標を達成するにはどうしたら良いかという課題が問題になる。多くの子どもたちが異句同音に反省の言葉を書き出しているように、「普段の生活」のあり方を工夫するというのは、その通りだ。だがそこに大事なことがあると思う。それは、自分が今、どの教科の学習にどんな「問い」をもってのぞんでいるかということ。それから、何らかの知識を「身につける」には、「ドリル」が必要だということ。この二点は欠かせないのではないかと思う。

2．二つの対策課題を追って

学級には「学習部」という専門部があり、六名で構成されていた。その部の日常活動としては、明日の時間割に従って、各教科の先生のところに行って「学習連絡」を受け、教室にある「学習連絡板」に「チョーク」で「メモ」をする。そして帰りの「学活」で、その委員が再び口頭で全員に伝える仕組になっている。

時々、その連絡板のメモに「教科書とノート」と書き込まれていることがあった。

「鉛筆はいらないのかね？」と言いたくなる・そこをどう変えていくか。

第一の課題は、教科の中の「学習課題」を「ことば」にして、その「問」と「答」の間をいろいろ「イメージ」作りすることが大事なことではないだろうか。「学習委員は「連絡板」にそれぞれの教科の「学習内容」を自分たちで確かめた上で、そこに書く。

それから、漢字の練習も単なる繰り返しではなく語の意味を味わうことの大切さ。英語は、発音とスペルを一緒に。数学は計算の手段と方法の発見と繰り返し。理科はそれぞれの条件の抽出。地理は白地図とその中の「モノ・コト」の位置関係。歴史は「モノ・コト」の年表化だ。

次は新しい活動としての取組である。

3．学習の仕方・技術論

それは二学期の「テスト時間割」の発表とともに始まる。上段にテストの行われる科目名を、その下段には氏名を記入するための空欄を設けた用紙を準備してのことであった。

「今度のテストから、学級みんなで協力して、テスト準備の取り組みをやりたい」、と宣言する。いい成績を上げるには知識が身についていいなければならない。それが問題。それをテストが済んでから知ったのでは、もう遅い。それはみんな解るだろう（みんなの中に笑顔がみえる）

テストの前にテストをするのではなく、腕試しをやるのだ。腕を試すには格構の相手がいなくてはやれない。だからみんな相手に不足はないわけだ。それではどうするか、ということになる。

腕試しとは、自分の考えを他の人に聞いて貰って、自分の考えと同じか違うかを聞き分けることをやるのだ。どうだ、簡単だろう。

「じゃ始めに誰が言うんですか？」

「そうだよ！ねぇ！」（ハハハハ！）

「ハハハハ・・・・・」

よし、それでは、今度のテストで自分はこの科目で百点めざそう！というのを決めて貰おう。今、「用紙」を配るから、・・・・。

その科目の下に自分の名前を書いて、今すぐ出してください！

全員から提出されたのを一覧にしてみると、「テスト科目」の下には、学級全員の名前がきれいに分散されているのであった。

次に、誰がどの教科をめざしたかを発表しますから、それぞれのグループを作るように移動します。こうして新しい学習グループが誕生していく。

それでは、明日までにそれぞれの「学習課題」（何が大事な問題か、ということ）を箇条書きでいいから、相談して決めること。グループの代表者を決めて、その人が提出に来てください。

これが新しい取組の発端だった。翌日から出来上がった順に、相談結果のまとめの検討を始めた。

「これがどうしたの?」「いつ?どうして?」「なにがどうなったの?」、と「メモ」の意味について質問していく。

「年代を覚える」「何の年代?」「誰が何をしたこと?」「それはどうして起こったの?」「いつからいつまでの間のこと?」子どもたち

の「まとめ」の項目すべてについて「問い」を発し、「テスト範囲」の「学習対象」に、ある纏まりの構造（関連の意識）を見出させようと意欲し、目に見える表現の形を自分たちなりに作り出させようとしたのであった。

「いつ・どこで・なにが（だれが）・どうした・どうなった・それはなぜか」を自分で『教科書』に『問う』こと。そこから、新しい『問いの形』をつくり出していくことを目指したわけである。

各グループは、新しい「問いの形」に整理して、再び提出する。提出された「学習課題」を「二教科1枚のプリント」にして、「テスト教科」の全課題プリントが完成し、学級全員に配布する。自分たちの仲間が書いた「文字」表現は、何としても珍重されるのであった。

三学期には、更に新しい取り組に発展して行くのである。次に、それを紹介したい。

4．連帯する知を求めて

冬休み明けに、一年生も「実力テスト」が何教科かにわたって行われた。しかし、学級としての取組は、後の「学年末テスト」一本に絞ることにした。それで早目の取組を始めることにした。

もう、入学以来10ヶ月。日頃の学習時に何くれとなく活躍を示したことのある者の名はそれぞれ記憶しているに違いない。そういう子をみんなで選び出して、対策を立てよう。きっと、そういう子は「前裁きの旨い子」に違いなかろう。

授業中に、活躍した人、今もしている人がたくさんいるでしょう、君たちの中には！

よく活躍している人を「教科別」に聞いていきますから「教えて」ください。

そう言って、みんなが選び出してくれた子が「七名」いた。（「七人の侍」がいるんだ）

みんなの希望によって、四教科（数・理・英・社）に取り組むことになっていった。今回は、七人の「小先生」がリーダーになって、グループを編成することになった。みんなは、「リーダー」と共に、それぞれの教科についての「まとめの学習」に取組んでいくことになった。それぞれの学習課題の探求と同時に、必要な例題・練習題をマークして出してくることにした。

グループ編成が一段落した折りしも。子どもたちの中から誰言うことなく聞こえてきた。

〝どうして中学校は、テスト・テストってテストばっかりすっとやろうか・むずかしか問題ばっかり出して、…〟

〝それは聞き捨てならんね、〟

といって、「昆虫」の話をした。

昆虫という「虫」はいないよね。(怪訝な顔の子もいる)脚が六本で羽が四枚。眼があって(頭部だね)、胴体があって尻尾がある。これらの呼び名は、「トンボ」を採ってきて残酷にむしりとって、みた、それらの断片につけた名前だ。だからそれらを逆に寄せ集めても決して生きてるトンボにはなり得ないわけだ。トンボについての知識の一部でしかあり得ない。

そういう知識を覚えるのが「学習」だと思って、していると、面白くないのは当り前のことだ。

例えば、建物の名前を憶えよう、というのがあっただろう、以前。じゃ、その建物のどこがどうすばらしいのか。それはどうしてなのか。その建物自体に対する感動がなかったら、単に名前だけ憶えても仕方ないことではないか。すぐに忘れてしまうだろう。建物だって、現代に生きている建築物なんだから。

トンボだって四枚の羽を操る魔法の使手なのだ。生きているんだ、ということを学んでこそ「知識」は生きるっていうものだ。

今回の共同学習の取組の中で、圧倒的に賞賛の的になったのは、「社会」についてのまとめをした、千代美だった。彼女は四月の「自己紹介」で「私は社会が好き」といっていた子だった。ここにきて、名実ともに「社会の千ちゃん」の異名をもらうことになった。

「地理・歴史」の「重要事項」と「基礎事項」のまとめが一目瞭然だったこと。それに「歴史年表に」にした整理が注目を集めた。

加奈の「英語」もすごい反応だった。それは、内容項目別にそのグループのメンバーが区分して担当した「証」だった。

「疑問詞つき疑問文」「疑問詞なしの疑問文」「新出形容詞」「一年英語一般動詞」という標題の下に、例文、練習題が書き出されていた。さらに「英語をマスターするには…」まであるのだった。①単語をばっちり覚える。②文章の書き方＝肯定・否定・疑問。③教科書を読む。④教科書の中のチャート・練習題をやる。⑤学校でしたプリントを見直す。それぞれ例題つきだった。

「理・数・国」も「英語方式」だった。

その「要点・まとめ」を読むと、これまでとりくんだ学習過程が一望できる鳥瞰図になっている。各事項別のまとめは、まるで拡大鏡で展望する観である。「前後の脈絡」がよくわかるのであった。

ここには、自分たちの力（最善の力）に応じた、自分たちの「言葉」による教科書言語の「分析・総合」という思考活動＝翻訳作業が行われたことを伝えているのだと思った。

二学期同様、これらを「印刷」してみんなに配布したときの確かめ合う子どもたちの嬉しそうな喜び合う表情は、忘れられないものがある。

それにしても、「前裁きの旨い子」たちとその仲間たち。それを「モノ」にしようとする意思と、それを実行していく意欲し持続的志が、「プリント」にありありとみてとれる。これは、まさに、「連帯するために学ぶ」という子どもたちの「学習の型」ではないかと思う。

「テスト」の「行事化」の取組は、ほかならない子どもたちの学習活動という一つの「学級文化」の「型作り」となっていったといってよいのではないだろうか。

※「小さい先生」たち・「数学」＝圭美さん「理科」＝太くん、「英語」＝美和・貴光・博之・加奈のみなさん、「社会」＝千代美さん。

以上の「七名」の代表から成っていた。

第7章　学校文化祭への取り組み

一、文化祭にどう参加していくか

学校の文化祭といえば、十一月三日を中心にし、その前後期が当てられている。学級が主体となって「舞台出演」か「教室展示」かの二様式で実施される。

一年生にとっては初めて出合うことになる行事である。十月初めの「学活」では、結局「不調」に終わった。『お化け屋敷』だの『プラネタリューム』だのと、でてきましたよね。でも、お化けのお面作りと、お屋敷作りとを余り区別して考えないで言っているみたいでしたね。多分、「お化け屋敷」に行ったことがあるのでしょうか、いくつかの案がでたあげく司会の子が「どれにしますか」と発言したとき、突然、あれは、「もうやめた！」っていう気持ちで言ったんじゃないでしょうか。

お化け屋敷なんか作るのは、大変なことになると気付いたんでしょう。たしかに、『お化け屋敷』の恐怖感の演出をやってみたいという思いは面白そうですし、「お化け」そのものの「創作」にも興味をそそられることもあるかもしれませんね。

でも、子どもたちの意識は、文化祭の「祭」の方に傾いていて、楽しみたいという気分が優先して、製作の苦労を忘れているのではないでしょうか。「創作」こそが、「文化」にふさわしいことなのに。もっと、日常の中に新しい発見をして、それを形にしていくようなことが欲しいですね。

去年の文化祭で、三年生でしたけど、学級の「朝自習」の時間の問題を「創作劇」にしてとり上げ、新学期の小さな葛藤を描き出そうとしましたけどね。そして、別のグループの者同志が仲良くなっていった、ということがありました。

そういう人と人を結びつけるというか、仲立ちをしてくれるもの、それが文化っていうものじゃないでしょうか。

やっぱり、一年生担当っていうようなものを何か探して、提案しないといけませんか、ね。時間は過ぎて、追っていますから、ね。小学校五・六年生の頃にでも、「中学校の文化祭」だからって、見学に来ているわけでもないですから、ね。「祭」と言えば、「お神輿」や「太鼓」を連想して行くでしょうから。さきの「お化け屋敷」から「プラネタリューム」も、その意識の流れでないでしょうか、ね。

昨年の「創作劇」の試みは、自分たちの日常生活の生活舞台の批判的再構成ですよね。一年生だって、自分たちの普段の生活をしている暮しの舞台を掘り起こしてみるっていうことはどうでしょうか。自分たちの日常生活の生活舞台を批判亭に再構成するための、それに気付いていくことを願っての試みとして、ですね。

いい手がかりでもありますか。子どもたちが住んでいる、「わが町」の歴史について調べてみるというのは、「どうでしょうか」。もし、それについての取組なら、東長崎町の「歴史年表」というのが、『東長崎町誌』という著作の中に入っているので、それが、一つの「手がかり」になると思いますよ。

どうして知っているんかというと、前の学校で、同僚だった松尾彰先生という社会科の先生が、以前、東長崎中学校にいたとき、自分たちも協力して、『東長崎町誌』という著作の編集に参加し、教材として利用したという話をされて、わざわざ「実物」を持ってきて見せてもらったからです。私が、東長崎中学校に転勤することになったときのことでした。多分、校長室の棚の中に「一冊」置いてあった、と思いますから、行ったら見てください、と。念を押された。(だが転勤して、行ってみたが、それはどこにもなかったのだった…)

ところが、幸いなことに、この四月、松永君が「おじいちゃんが亡くなった」という作文を書いて出したとき、「祖父は町長だった」と。それできっと松永君の家にはその『町誌』っていう「本」があると思うんです。じゃ、それをやってみることにしましょうか。

ということで、「郷土の掘り起こし」に取り組んでいく算段を始めることになったのであった。

1. 文化祭に、1年5組は、なにをもって参加するか。

これまでの話し合いで：―
「協力」という「テーマ」をかかげて、
「東長崎の歴史」について調べ、それを整理して
なんらかの形に「表現」（かきあらわし）て、教室
にかざってみせる（展示する）。

2. 「東長崎」のどんなことについて、その「歴史」を
調べたら、「東長崎の歴史」という、展示の「主題」
にふさわしいものができるでしょうか。

（自然）
東長崎の自然景観、地理的特色、動-植物、
開発と自然保護（普賢山、滝の観音
牧戸橋、

（社会）
東長崎の産業（農業、林業、水産業、その他の
地場産業）（古賀人形、古賀植木
商業、交通、戸石漁協
現川焼

（人々のくらし）
衣・食・住、祭りと年中行事、芸能、民話-伝説
郷土のことば
教育、社会教育、文化財、東長崎が生んだ人々

「東長崎」というのは、この地方の「呼び名」で、そ
れ自体としてはそれほど重要な意味があるわけではな
い。おそらく、長崎市の「東部」に位置する、「ある」
といった程度のことだと思う。
しかし、それをわざわざ「東長崎」と呼ぶには、そ
れなりの理由があったからだろう。
まずは、その名の由来を調べる必要があるようだ。
次に、その東長崎と呼ばれる「地方」というものは
どういうものでなりたっているか、形成されているか
ということについて考えてみる。
すると、大まかには、この東長崎という地方-場所
を成り立たせているものは、「自然」―したがって、
どんな特色をもった「自然」が、どんな「環境」とし
ての「歴史」をつくってきたか、ということがある。
そして、「社会」。この地方が、どういう「社会」
を形成しながら今日に至ったか。さらに、その中での
人々の「くらし」はどう変化していったか。
こうした、（東長崎の）「自然」・「社会」・「人々」の「歴史」
について取り上げていくこと
が肝要だと思う。

3. 「東長崎」の「自然」「社会」「人々（人間のくらし）」
それと、その名の由来の「4つの分野」（領域）のど
んなことについて、それぞれ調べていくか。

1. 「自然」（社会；人間のくらしの環境条件）
2. 「社会」
3. 「人々のくらし」
4. その名の「由来」（東長崎の歴史年表の作成）

4 これらの「4つの分野」（領域）のどんなことを
「だれが」それぞれ「分担」し、調べ、それをかき
あらわしていくか。

学級全体を、「4つの分野」にわけ、「調べる人」
「かく人」にわけるなど---。

5 さいごに、「だれが」教室のどこに、どんなふうに
「かざりつけ」をして、展示するか。

学年とのつながりで、（全体とのつながりで）学級
から実行委員が出ていますが、学級のまとめをする人を

（文化祭への展示参加）

「東長崎の歴史」にどう取り組むか—「東長崎町年表」を読んで—

●東長崎の歴史の〝謎〟として、なにがあるか

（話題）	（だれが）	（なにを、どんなに）
⑴「東長崎」—その「合併」の歴史（明治四年・廃藩置県以後の「地区併合」の実態を明らかにする。今後、それが何の必要によってひき起こされたものか、そのわけを調べる。）		
(2)「神社仏閣の再興」と「踏絵の検視」の歴史（天主堂・伝導所とキリスト教弾圧について調べ浦上、二十六聖人との関係を明らかにする。その一方で、寺社の建立の由来や年中行事について調べ、明らかにする。）		
(3)「大洪水、暴風雨、火事、疫病」など災害の歴史（7・23、長崎大水害という災害に見舞われたばかりであるが、以前の災難を調べ、明らかにする。また、今後、それらの災害に対して、どのような対策がとられてきたかを調べる。）		
④「長崎街道—矢上番所」と交通の歴史（「矢上番所」が交通の要所としてどのような様えをなしていたのか。その後の、道路の開発、交通の発展について調べる。）〈道—橋—などの発展の歴史〉		
(5)「焼物—現川焼、瀬古皿山焼」の歴史（まるで「幻の焼物」の如く出現し、消えていった実態を調べ、その栄枯盛衰の様子をたしかめる。）		
(6)「古賀炭坑」は本当に「石炭」を掘り出したのか。それへの功績と、閉坑の理由は？		
(7)「戸石塩田」の「構築」と塩の「配給」、そしてさし止め廃止の「てんまつ」は？		
(8)「古賀村立図書館」はどこに「創設」されて、その後どうなったのか。		
（9）「古賀人形」づくりの歴史（「古賀人形」づくりは、いつごろどのようにしてなぜ、はじめられたのか。誰がはじめられたのか。今は何代目として受け継がれているのか。）		
(10)「古賀植木」の歴史（どうしてはじめられたのだろうか。誰がはじめたのでしょう。「販路」は？		
(11)「牧島」の歴史と自然、戸石漁協の歴史		
⑿「東長崎の自然」—地理的条件など（位置、区分、面積、地形、動・植物など、東長崎地域の「地図」づくり）		
(13)「東長崎地方」のことば＝「方言」		
(14)「東長崎地区」の「犯科帳」（どこのどなたが、どんな犯行をなして、どんな刑をうけたのか—。）		

※「東長崎の歴史」に、ふさわしいどんな歴史的「事実」が、この「地域」に眠っているのか。まず、それを「発見」することから、「東長崎の歴史」をもって、文化祭への参加をめざす、「われわれ」の「しごと」は始まるといえよう。

それにしても、この「東長崎」の地は、まことに「史実」に富む、豊かな地域であることは、「東長崎町年表」を一読しただけでも明らかである。それにしても「年表」を読むかぎりでは、「謎」に満ちた「地」であるともいえるようです。それだけに、興味つきない「歴史」の面白味を味わわせてくれる「地」であるともいえるでしょう。問題は、どこにどんな「関心」をもつかです。

そういえば、「東長崎町年表」そのものが、「東長崎」の「町内」かぎりのもので、その時、その時期の、日本や世界史的な事実として「どうであったか」の記述がないので、それらのこととの関連で読むと、また、面白味が湧いてくるのではないかと思うのですが、……。

いま、ここに「東長崎の歴史」に関する「十項目」内外の「歴史の謎」を「話題」として取り上げてみましたが、「興味ある」「話題」を対象に、仲間といっしょに、その「歴史」を調べてみるのは、「またとないチャンス」ではないかと思う。「東長崎の歴史」をもって文化祭にのぞむと決めた君たちの「ちえ」に「拍手」を送るゆえんであります。有終の美を飾るよう切に願って、ここに「話題」を供す。（85・10・15・芳悟）

文化祭・展示参加

『東長崎の歴史』へのとりくみのまとめ　一の五・氏名（　　　　）

○あなたのグループは、「東長崎」の『なんの』歴史について調べ、発表することにしましたか。
グループの発表主題について書きなさい。

・（主題）＝

○その発表主題は、どんな内容で構成されていますか

(1)

(2)

(3)

(4)

(5)

○あなたは（あなたのグループは）、その歴史のどんな『謎（なぞ）』にいどもうとしたのですか。

○『謎』はとけましたか。そしたら、次にどんな『謎』がうまれてきました。

○資料の収集・調査は、いつ、だれが、どのようにして、なにを参考にしましたか。

文化祭展示作品総集編

『東長崎の歴史館』

一九八五・十一・一（金）

東中文化祭・一ノ五教室

（学級文集1-5）特別号

目次（展示の内容項目）

一、東長崎の地図と合併の歴史（年表）

二、東長崎における災害（台風洪水・疫病・火事）の歴史

三、交通の発達、道の歴史

四、焼物ー現川焼の歴史と由来

五、古賀炭坑の歴史と由来

六、戸石塩田の歴史と由来

七、古賀人形の歴史と由来

八、古賀植木の歴史と由来

九、牧島の自然と歴史、戸石漁協の歴史と仕事

十、東長崎地方、三地区方言の比較（矢上・古賀・戸石）

NO.1 の謎 "どうして「合併」の歴史がくりかえされるのか。（つくりかえされた「歴史のたしかめ」）

東長崎合併の歴史

年代	東長崎	日本	世界
一八七一	長崎県第十三大区 矢上、日見合併	廃藩置県	ドイツ帝国統一
一八七三	日見、矢上、古賀、養々津 大草五か村合併	徴兵令を公布する、第一国立銀行を設立、地租改正条例を公布 琉球日本領になる　征韓論おこる	三帝国協約（独、露、墺） タイプライター　発明
一八七四	八か村合併 （日見、矢上、古賀、戸石、養々津、大草、田結、江の浦）	板垣退助ら「民撰議院設立建白書」	日清天津条約
一八八〇	日見、矢上合併	国会期成同盟ができる	
一九五五	矢上、戸石、古賀　三か村合併　東長崎町誕生	国産ロケット実験成功、砂川事件起きる、左右両派社会党統一 自由民主党結成　[illegible]	第一回アジア・アフリカ会議 ワルシャワ条約、ジュネーブ会談 マレーシア連邦成立
一九六三	長崎市に編入合併	陸上自衛隊ミサイル装置	英・米・ソ部分核停条約を結ぶ ケネディ米大統領暗殺される

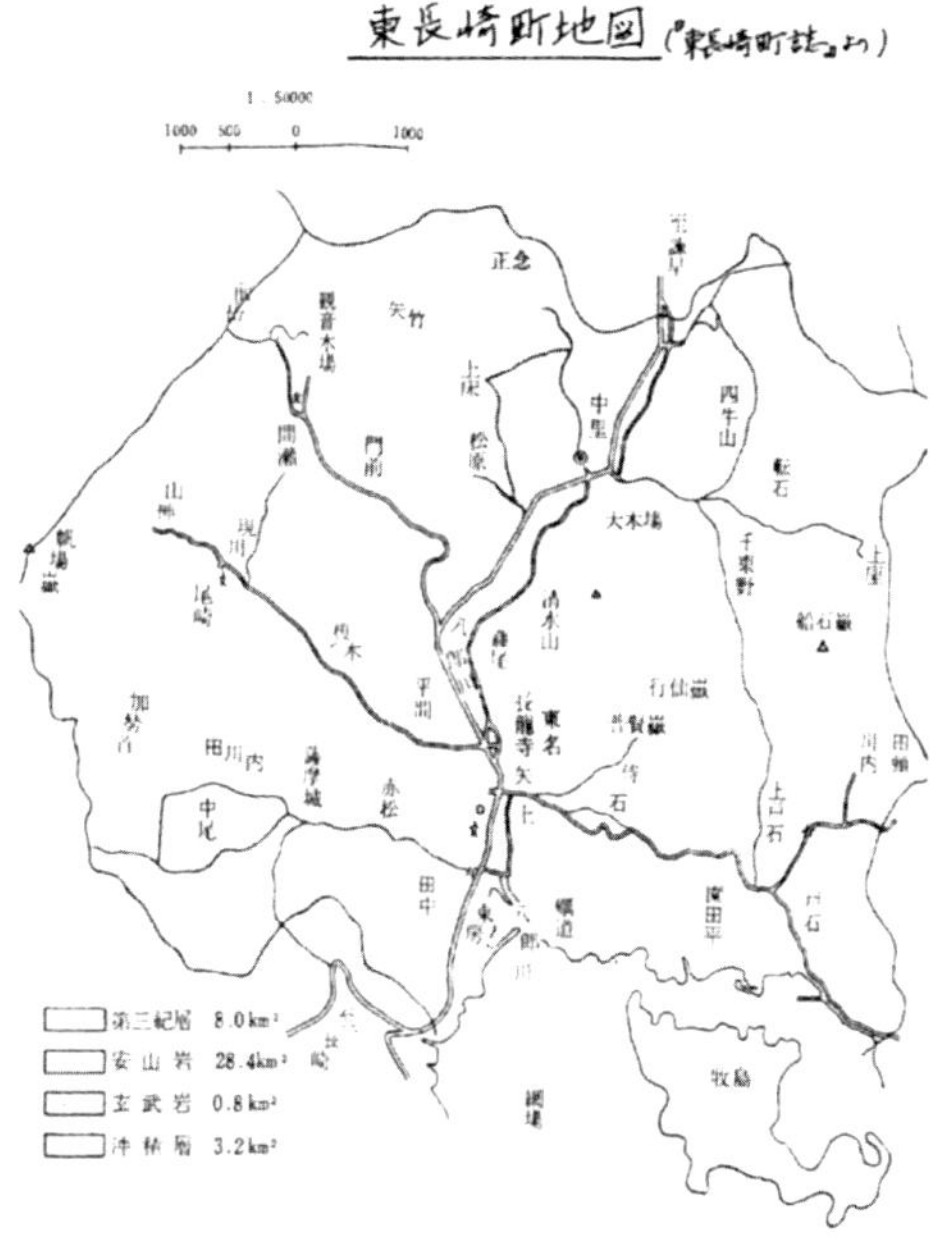

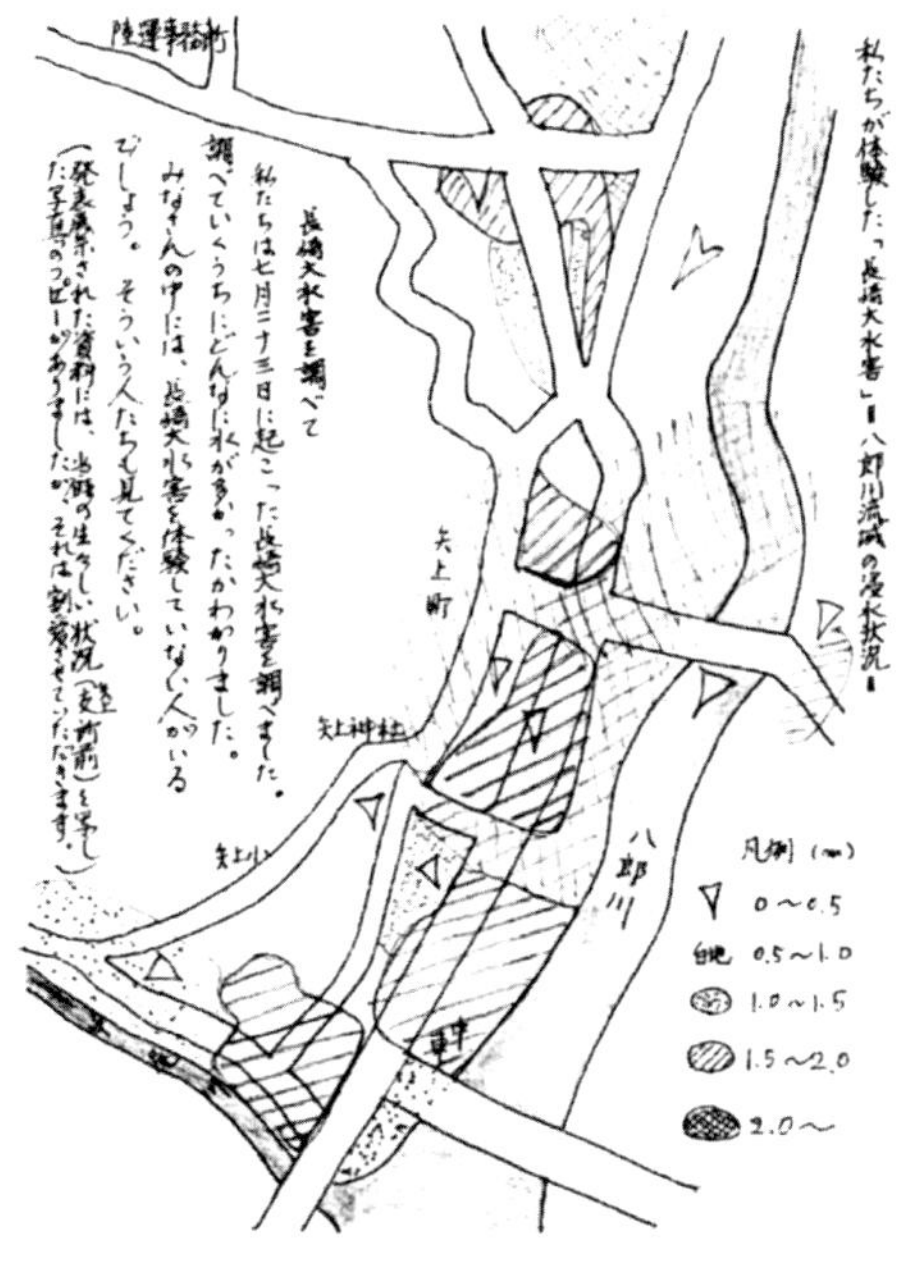

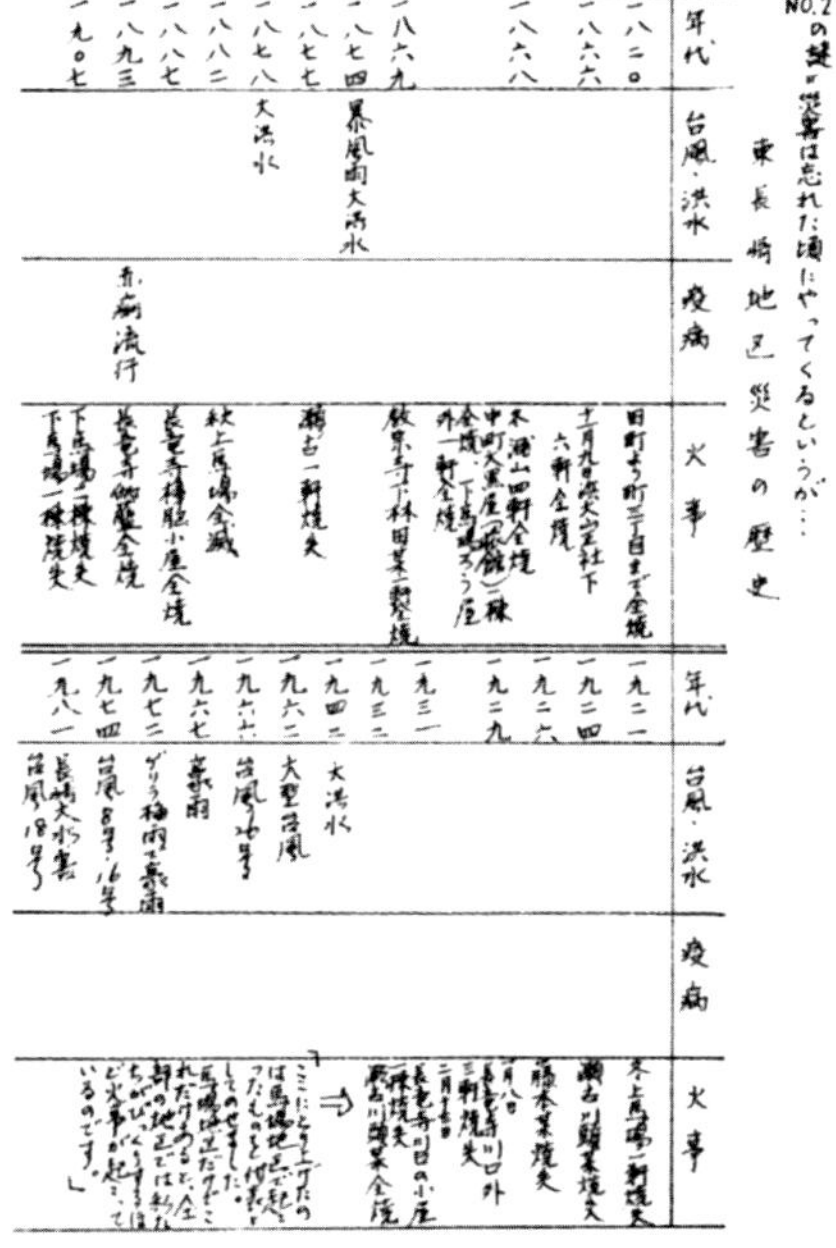

NO.2 の謎 "災害は忘れた頃にやってくるというが…"

東長崎地区災害の歴史

年代	台風・洪水	疫病	火事
一八二〇			田町より町三丁目まで全焼
一八六六			十一月九日[illegible]社下　六軒全焼
一八六八			木瀬山田軒全焼　中町大黒屋（旅館）一棟全焼、下[illegible]ろう屋外一軒全焼
一八六九			飯東寺下林田某二戸焼
一八七四	暴風雨大洪水		
一八七七			瀬古一軒焼失
一八七八	大洪水		
一八八二			秋上馬場全焼
一八八七			長堂寺精脱小屋全焼
一八九三		赤痢流行	長堂寺御堂全焼
一九〇七			下馬場二棟焼失　下馬場一棟焼失

年代	台風・洪水	疫病	火事
一九二一			木上馬場一軒焼失
一九二四			瀬古川[illegible]焼失
一九二六			藤本某焼失
一九二九			三月八日　長堂寺川口外三軒焼失
一九三一			二月十五日　長堂寺川口の小屋一棟焼失
一九三三			飯東川[illegible]全焼
一九四二	大洪水		
一九六二	大型台風		
一九六六	台風20号		
一九六七	豪雨		
一九七二	ゲリラ梅雨で豪雨		
一九七四	台風8号・16号		
一九八一	長崎大水害　台風18号		

⇒「ここにとりあげたのは馬場地区で起こったものを[illegible]としたものです。馬場地区だけでこれだけあると、全部の地区では私たちが思っているよりずっと火事が起こっているのです。」

NO.3 の謎「番所」は関所。通行の自由はどうなっていたのかな?

〈長崎街道のはじまり〉

街道のはじまりは、慶長時代にさかのぼる。慶長六年（一六〇一）に各駅に伝馬を置き、朱印状持参の者の荷物を運ばせたという。その頃、伝馬一頭の荷は三十貫まで、問屋の経費にあてるために一駅について五千坪の地租は免除ということにした。

元和元年（一六一五）には「武家諸法度」というものができて、参勤交替が義務づけられる。東海道を中心に往還はげしくなり、宿場が生まれる。五十三次が整ったのは寛永のはじめである。東海道について、中山道（板橋―守山間、六十九宿）、日光道中（千住―鉢石間、二十三宿）、甲州道中（内藤新宿下諏訪間、四十四宿）、奥州道中（白沢―白河間、二十七宿）ができた。

これらの街道は、幕府にとって重要なもので、これを五街道といった。この五街道以外は「脇街道」と呼ばれた。脇街道には、伊勢路、佐渡路、美濃路、山陽道、日光御成街道、例幣使街道、水戸道、佐倉道、鹿島稲荷道、それに長崎道であった。

長崎道は、長崎と小倉間二十五宿である。

長崎から日見、矢上、諫早、大村、松原、彼杵、嬉野、塩田、武雄、小田、牛津、佐賀、境原、神埼、中原、轟木、田代、原田、山家、内野、飯塚、木屋ノ瀬、黒崎、小倉の順である。

□長崎街道より

〈矢上番所〉

（番所見取図）

「今と昔の生活の違い」―ある一つの視点―

今は矢上橋もできて、買物なども楽になったと思います。矢上で一番新しい橋は「矢上大橋」で、東望―戸石までつながれ、戸石・東望に行きたいときはすぐにいけます。

昔、東望―戸石に行く時は、船を使っていたと思いますが、その当時、車もない時代でしたので（船で行かない人は）歩いて行ったと思われます。

この通り、橋のおかげで便利になったと思われます。今は昔と違って、機械など、昔になかった物が発明されてきた。21世紀は、ほとんど発達していくのではないでしょうか。（道跡と橋も。）

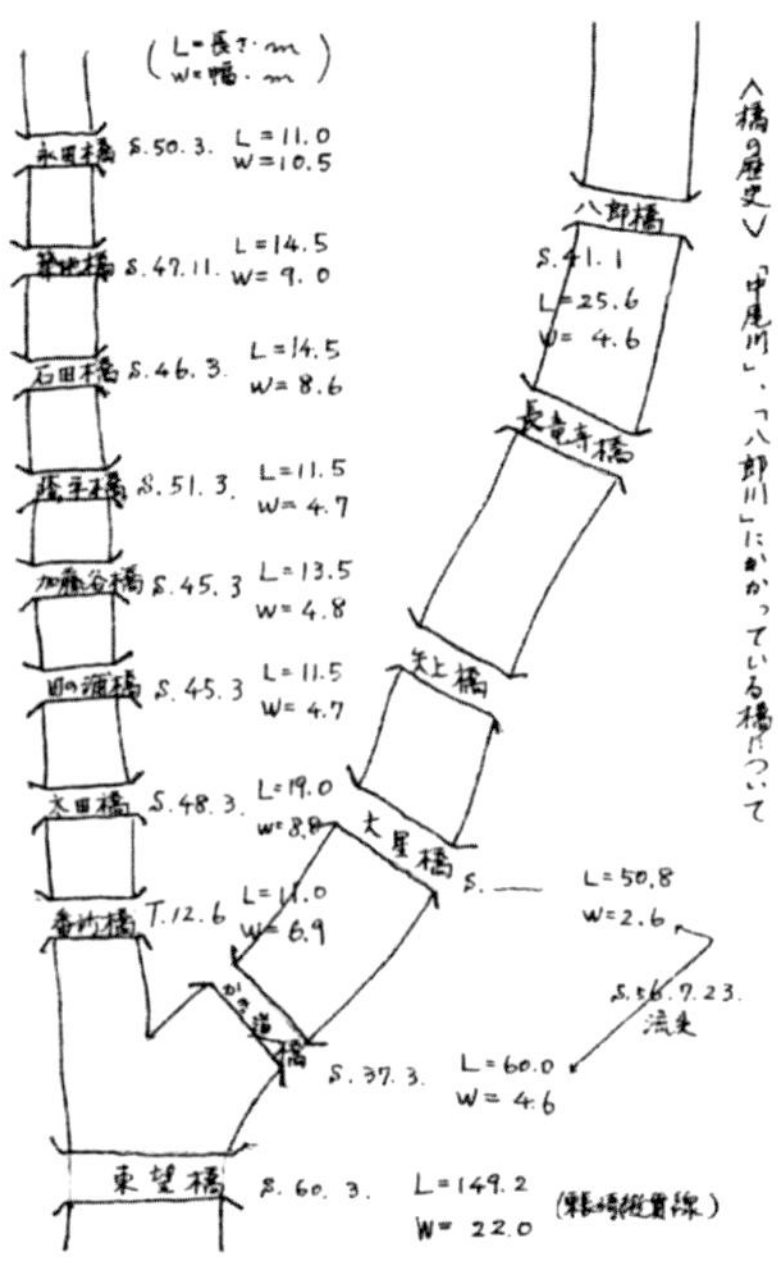

NO.4 の謎＝焼物の里「現川焼」ってどんな焼きもの?　いつはじまって、どうして消えていったのだろうか。

現川焼の研究

(1)「現川焼の特徴や技法」

現川焼の特徴は、形状、絵模様等よりもむしろ洗練された各種の刷毛目であって、かりにその手法が、他窯（武雄系）の下手物より移入されたものとしても上手物に施されたばかりでなく、他の雑器の装飾としての使命を完全に果すに適当し、また上手物としては端正な形状や、すっきりした模様の主役として、また、助演者として寸分の抜かりもなくあかぬけした一種の力強い因果として芸術的にまで発展した流麗な刷毛目の優れた味にあると言われている。

技法については、仁清、乾山、その他の名陶工はおろか、世界のどこにおいても未だかって企てられたことさえない。それを表わす化粧土と共に三百七十年、他ようかがい知ることのできない神秘的存在として、原始的生命を維持して、特徴すべき幽玄なものである。

各地で、年来、幾度も模倣を試みられ、明治年間には、現川その土地において産を興げ、現川焼を復活させんとして不成功に終ったこともある。（明治二十八年から三十一年頃まで馬場大丈、槙野勝次の諸氏が試みた。）

(2)「現川焼の古窯跡について」

現川焼の古窯跡のある現川は、長崎県西彼杵郡東長崎町に属し、農家の点在する山間部落であって、往時、現川町や大ノ村とも呼ばれた面影もなく僻地にすぎなかった。明治以前は西国の大藩、佐賀鍋島藩の肥前の藩主の部落内にあって、西洋や中国文化の輸入港であった長崎への通路に当り、政治軍事の要点で、相当の交通量があった処である。一説によると、キリシタンの侵入を防ぐため、諫早藩の武士が駐屯したとも伝えられている。諫早日記過去帳にもこれらの諫早藩士の名が見える。

現川は矢上の西北四キロの地点にある。矢上から県営バス、タクシーを使えば十分位で古窯跡附近に達する。現川窯は次図に示すように単一の窯ではなく窯群であって、現在残る窯址で原形が認められるのは観音窯ばかりで尾似家窯がその窯の胴を僅かに残しているばかりである。他の窯址は耕地と化し、地上に散布する陶片によってそれと思われるばかりであって、今の処、全体として四窯あったとうかがい知るよりほかはない。

現川古窯を見学するには、現川分校が見える少し手前の右手前に小店があり、その横手の小路を少し登ると、天念権現社がある。左に曲がると間もなく有名な窯焼墓地に達する。その墓一帯、上手の原野が観音窯の物原である。

窯場	特色	創造	期間	備考
長与皿山	長与三彩	一六六七	二〇〇年位	
現川焼	刷毛焼	一六九二	五〇年位	↑
瀬古皿山		一六九五	八〇年位	

（「現川焼」写真。）

日曜日に、グループで諫早のかさおこしの２階に出向き、たくさんの現川焼を見せてもらって、写真に収め、それを展示してくれた。

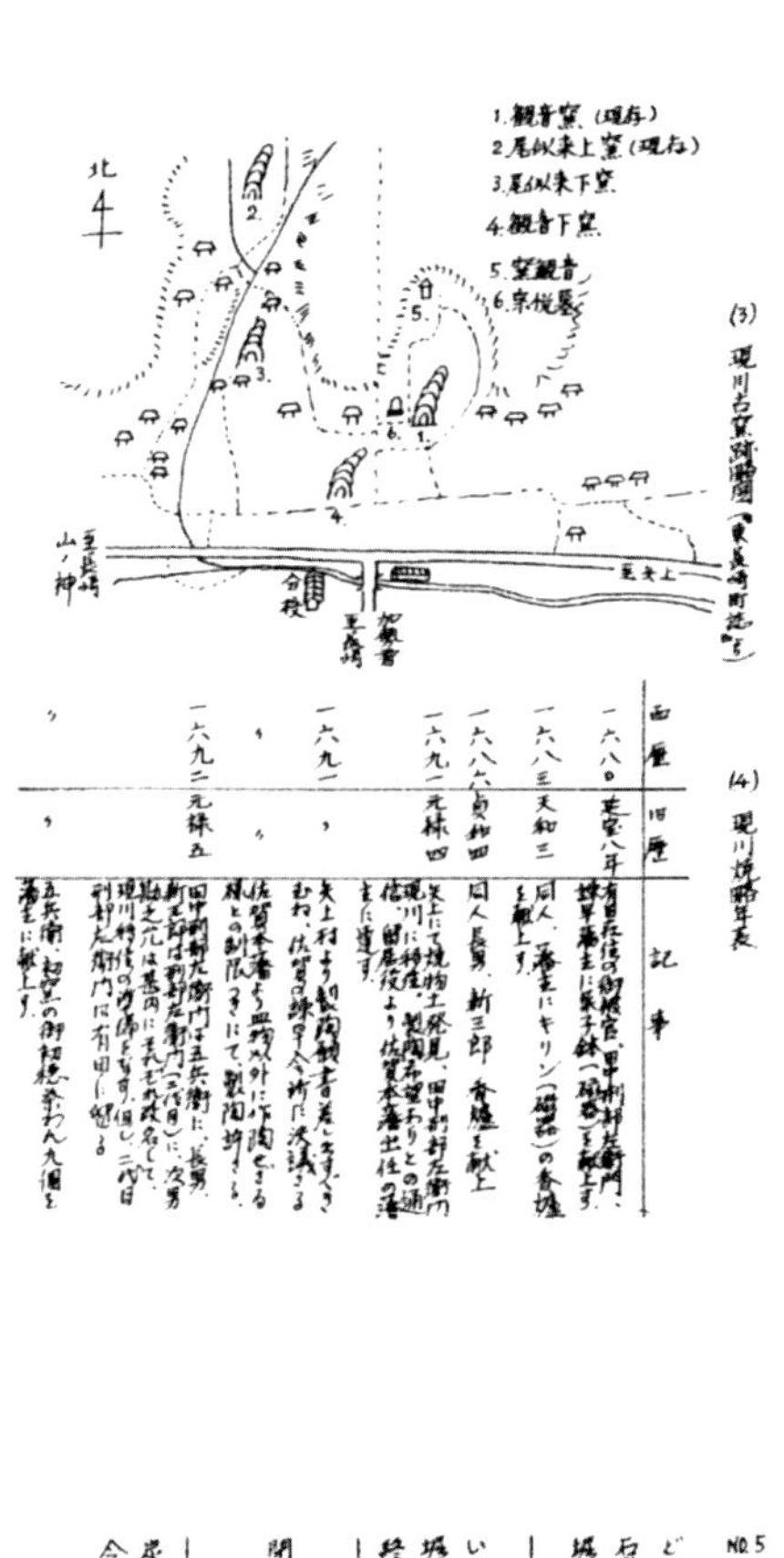

(4) 現川焼略年表

西暦	旧暦	記事
一六八〇	延宝八年	有田在住の御被官、田中刑部左衛門、諫早藩主に菓子鉢（磁器）を献上す。
一六八三	天和三	同人、藩主にキリン（磁器）の香爐を献上す。
一六八六	貞享四	同人長男、新三郎 香爐を献上
一六九一	元禄四	矢上にて焼物土発見、田中刑部左衛門現川に移住、製陶希望ありとの通信、田屋役より佐賀本藩出住の藩主に達す。
一六九一	〃	矢上村より製陶願書差出すべきむね、佐賀の諫早へ[illegible]に決議さる
〃	〃	佐賀本藩より皿物以外に作陶できる様との制限つきにて、製陶許さる。
一六九二	元禄五	田中刑部左衛門は五兵衛に、長男新五郎は刑部左衛門（二代目）に、次男勘之允は甚内に夫々改名して、現川焼物の陶師となす。但し、二代目刑部左衛門は有田に帰る。
〃	〃	五兵衛、初窯の御初穂茶わん九個を藩主に献上す。

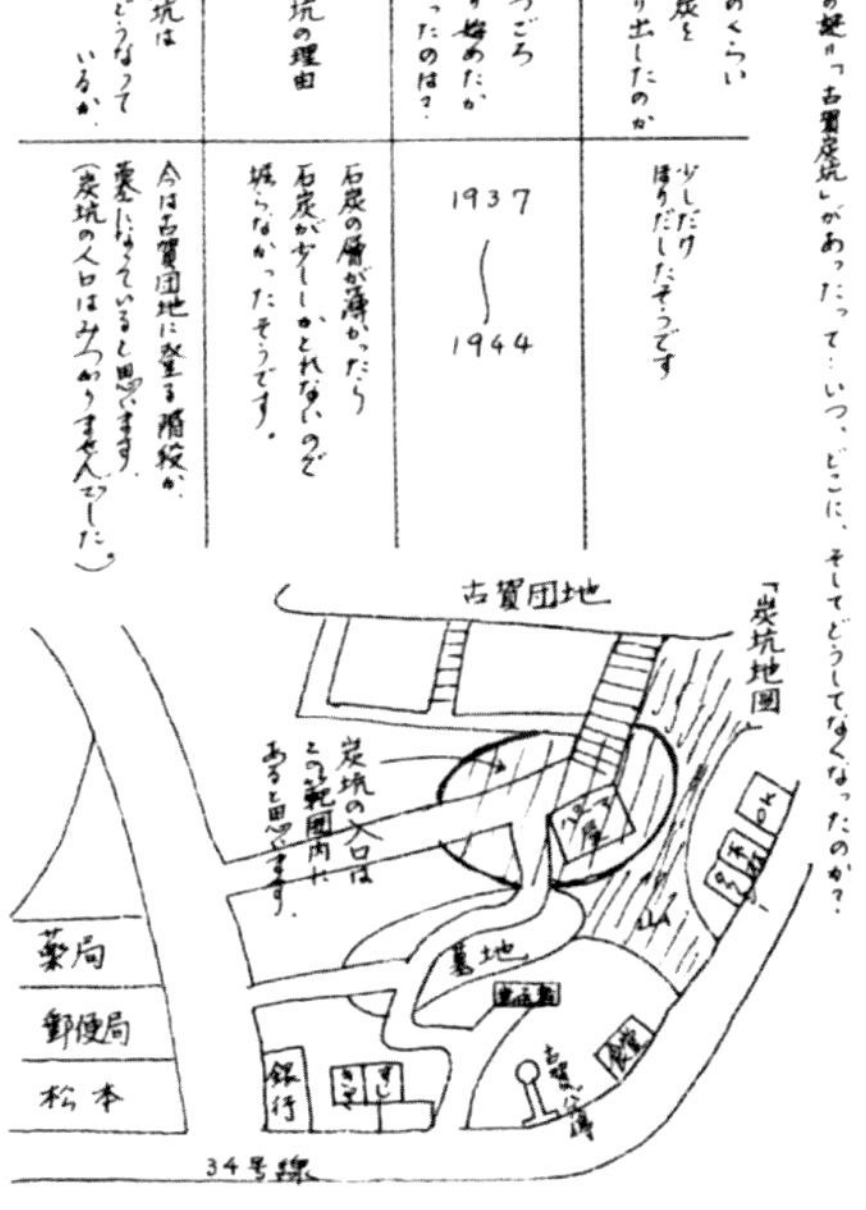
NO.5の疑り「古賀炭坑」があったって…いつ、どこに、そしてどうしてなくなったのか？

どのくらい石炭を掘り出したのか	少しだけ掘りだしたそうです
いつごろ掘り始めたか終ったのは？	1937〜1944
閉坑の理由	石炭の層が薄かったら石炭が少ししかとれないので掘らなかったそうです。
炭坑は今どうなっているか。	今は古賀団地に登る階段か、裏山になっていると思います。（炭坑の入口はみつかりませんでした。）

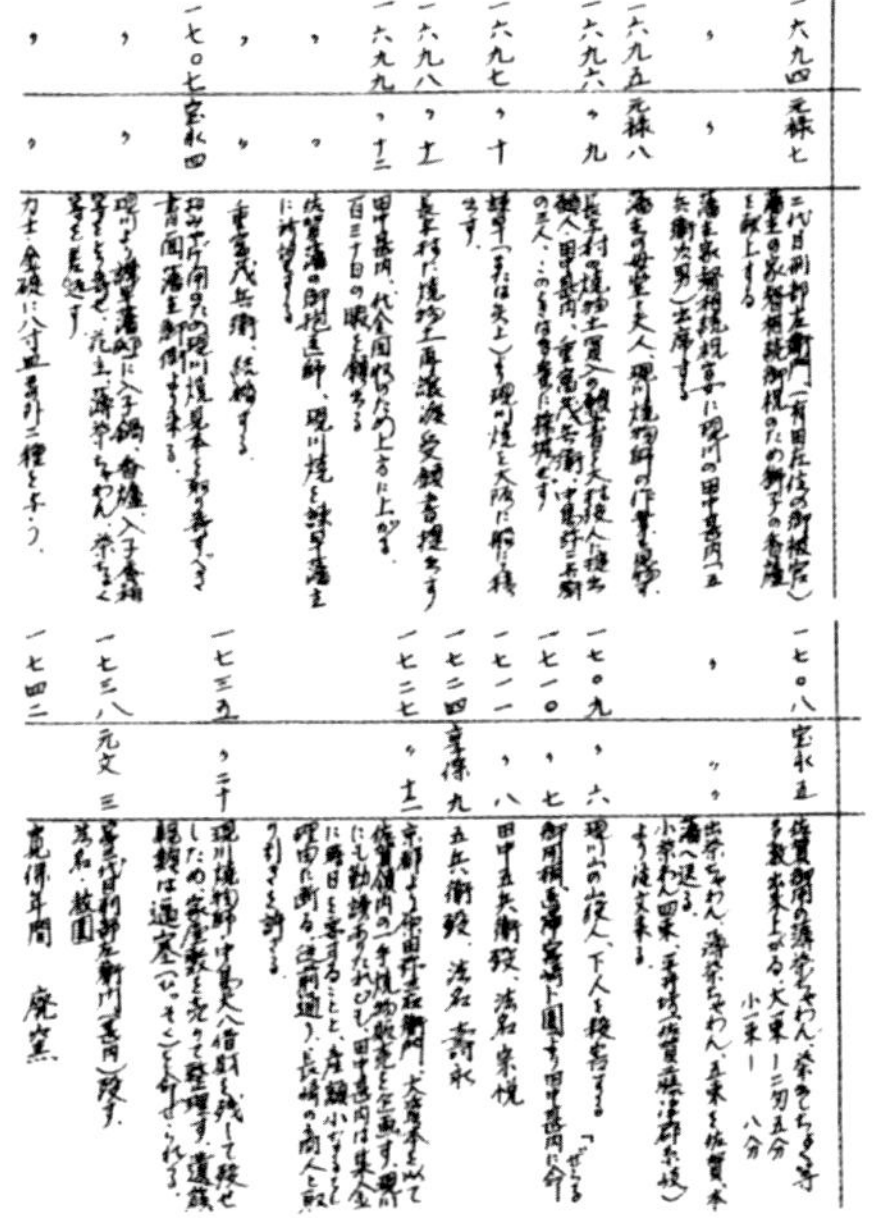

西暦	旧暦	記事
一六九四	元禄七	二代目刑部左衛門（有田在住の御被官）藩主の家督相続御祝のため獅子の香爐を献上する
〃	〃	藩主家督相続祝宴に現川の田中甚内（五兵衛次男）出席する
一六九五	元禄八	藩主の母堂夫人、現川焼物師の作業を見学。
一六九六	〃 九	長与村の焼物土買入の願書を大村役人に提出。願人、田中甚内、重富弐右衛門、中島弥三兵衛の三人。[illegible]
一六九七	〃 十	諫早（または矢上）より現川焼を大阪に船にて積出す。
一六九八	〃 十一	長与村に焼物土再渡海受願書提出す
一六九九	〃 十二	田中甚内、代金回収のため上方に上がる。百三十日の暇を願出る
〃	〃	佐賀藩の御抱え師、現川焼を諫早藩主に[illegible]
〃	〃	重富弐兵衛、[illegible]
一七〇七	宝永四	[illegible]
〃	〃	現川より諫早藩邸に入子鍋、香爐、入子香箱[illegible]
〃	〃	力士・金旗に八寸皿[illegible]二種を与う。
一七〇八	宝永五	佐賀御用の清水茶わん、茶わかちょく等を数多く上げる。大束一 二匁五分 小束一 八分
〃	〃	出茶ちゃわん、清水ちゃわん、五束を佐賀本藩へ送る。小茶わん四束、[illegible]より注文来る。
一七〇九	〃 六	現川山の役人、下人を投獄する[illegible]
一七一〇	〃 七	[illegible]
一七一一	〃 八	田中五兵衛没、法名 宗悦
一七二四	享保九	五兵衛没、法名 斎永
一七二七	〃 十二	[illegible]
一七三五	〃 二十	現川焼物師[illegible]借財を残して[illegible]
一七三八	元文 三	三代目刑部左衛門（甚内）没す。法名 教圓
一七四二		寛保年間 廃窯。

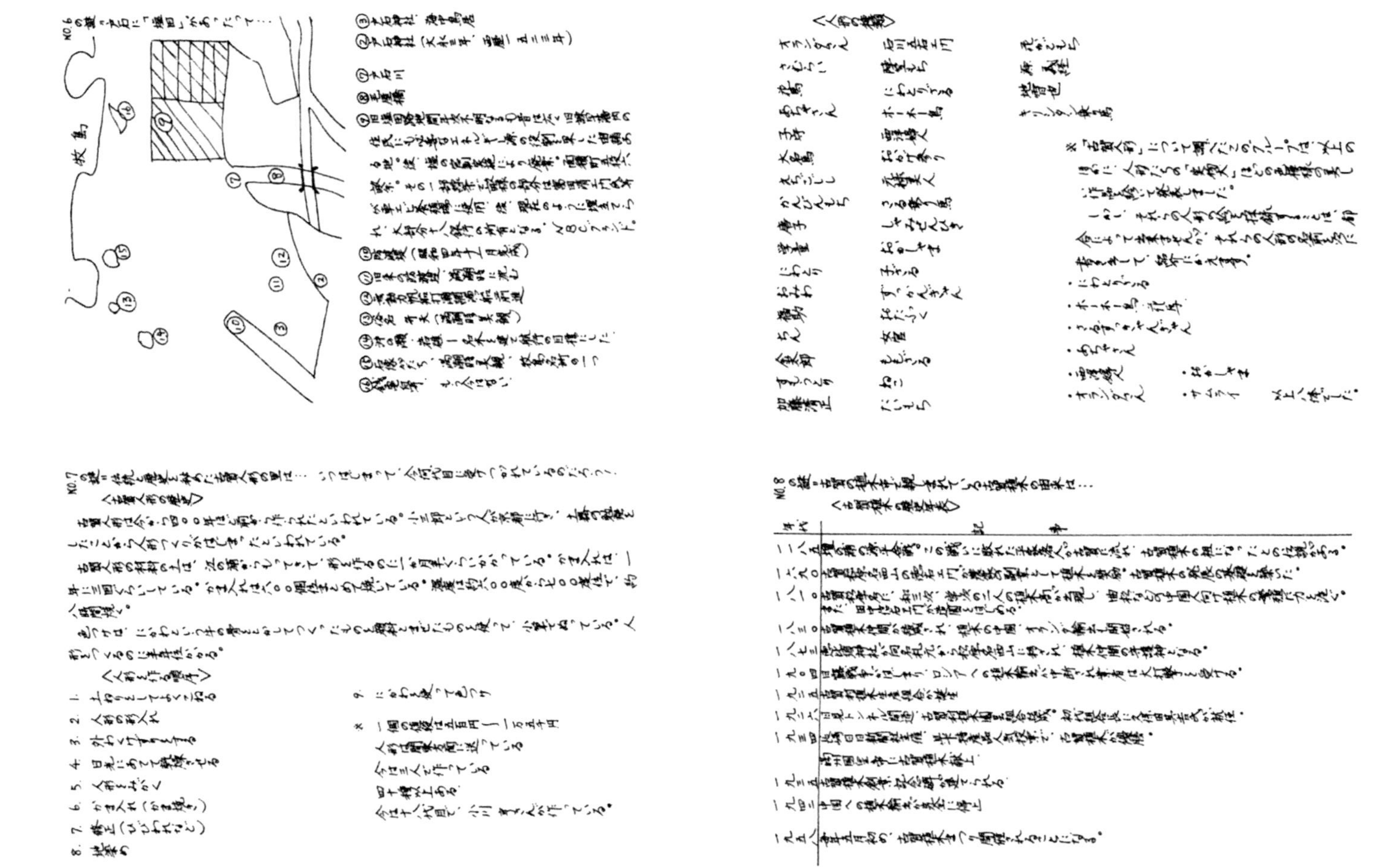

NO.6の謎＝戸石に「塩田」があったって…

③戸石神社、海中鳥居
②戸石神社（大永三年、西暦一五二三年）

⑦戸石川
⑧毛屋橋
⑨旧塩田跡地　開年次不明なるも昔は広く旧諫早藩内の住民にも必要なエネルギー源の役割を果した由緒ある地。後、塩の専売制実施により廃業。西彼町長役六郎氏、その一部跡地を諫早藩の郡分は諫田清エ門氏等が事業と養殖場に使用。後、現在のように埋立てられ、大村分十八銀行の所有となる。NBCグランド。
⑩防波堤（昭和四年十一月完成）
⑪日本の防波堤、満潮時に沈む
⑫[illegible]
⑬愛宕　弁天（満潮時美観）
⑭沖の瀬、岩礁一石木を建て航行の目標にした。
⑮岩陰がたち、満潮時美観、牧島名所の一つ
⑯戦竜岩、もう今はない。

＜人形の種類＞

オランダさん　石川嘉右エ門　花かごもち
さむらい　陸奥もち　源義経
鳩鳥　にわとりざる　地蔵尊
あちゃさん　ホーホー鳥　キリシタン乗馬
子守　西洋婦人
大鳥　おかげ参り
えちごじし　元禄美人
かんぴんもち　さる乗り馬
唐子　しゃみせんひき
学童　おかしゃま
にわとり　子ざる
おみわ　ずっかんぎゃん
猿駒　おたふく
ちん　女官
金郎　ももざる
すもうとり　ねこ
加藤清正　たいもち

※「古賀人形」について調べたこのグループは、以上のほかに、人形たちの「実物大」ほどの画像様の美しい作品を絵いて発表しました。
しかし、それらの人形の絵を採録することは、都合によって出来ませんが、それらの人形の名前だけを書きまして、紹介にかえます。

・にわとりざる
・ホーホー鳥・花笛
・さるずっきゃんぎゃん
・あちゃさん
・西洋婦人　・おかしゃま
・オランダさん　・サムライ　以上八体でした。

NO.7の謎＝伝統と歴史を秘めた古賀人形の里は…　いつはじまって、今何代目に受けつがれているのだろう！

＜古賀人形の歴史＞

古賀人形は今から四〇〇年ほど前から作られたといわれている。小三郎という人が京都に行き、土器の製法をしたことから人形つくりがはじまったといわれている。

古賀人形の材料の土は、江の浦からもってきて、形を作るのに一か月ぐらいかかっている。かま入れは、一年に三回ぐらいしている。かま入れは六〇〇個位まとめて焼いている。温度は約六〇〇度から七〇〇度位で、約八時間焼く。

色づけは、にかわという牛の骨をとかしてつくったものを顔料とまぜたものを使って、小筆でぬっている。人形をつくるのに半年位かかる。

＜人形を作る順序＞

1. 土わりをしてよくこねる
2. 人形の形入れ
3. 外わくけずりをする
4. 日光にあてて乾燥させる
5. 人形をみがく
6. かま入れ（かま焼き）
7. 修正（ひびわれなど）
8. 地塗り
9. にかわを使って色づけ

※ 一個の値段は五百円～一万五千円
人形は関東方面に送っている
今は三人で作っている
四十種以上ある
今は十八代目で、小川　さんが作っている。

NO.8の謎＝古賀の植木市で親しまれている古賀植木の由来は…

＜古賀植木の歴史年表＞

年代	記事
一一八五	壇の浦の源平合戦。この戦いに敗れた平家落人が古賀に流れ、古賀植木の祖になったとの伝説がある。
一六九〇	古賀松原名西山の隠岩エ門が農業の副業として植木を栽培。古賀植木の発展の基礎を築いた。
一八一〇	古賀松原名に、和三次、常次の二人の植木商が出現し、曲松などの中国人向け植木の栽培に力を注ぐ。また、田中伝右エ門が造園をはじめる。
一八三〇	古賀植木仲間が結成され、植木の中国、オランダ輸出が開始される。
一八七三	西山須佐神社が向名礼九から松原名西山に移され、植木仲間の守護神となる。
一九〇四	日露戦争がはじまり、ロシアへの植木輸出が中断され業者は大打撃を受ける。
一九二五	古賀村植木生産組合が誕生
一九二六	日見トンネル開通。古賀村植木園芸組合設立。初代組合長に久保田良吉氏が就任。
一九三四	長崎日日新聞社主催、県下特産品人気投票で、古賀植木が優勝。
	満州国皇帝に古賀植木献上。
一九三五	古賀植木創業記念碑が建てられる。
一九四二	中国への植木輸出が完全に停止
一九五八	毎年五月初め、古賀植木まつり開催されることになる。

〈古賀植木の由来・伝説〉

（いつごろ）いまから八百年ぐらい昔（一一八五）

（どうして）源平合戦に敗れた平家落人が古賀附近におちのびてきた。落人たちは山野を開墾し、農業を営むかたわら、変わった種類の樹木があれば掘り起こして持ち帰り、家の庭に植えて山里での暮しの寂しさをいやしてきた。これが古賀植木の始まりだと、代々語り継がれている。

（だれが）松原西山というところの、西山徳右エ門さん。徳右エ門さんは国内各地をまわり、植木、盆栽を導入し、果木を作り、長崎・平戸・天草方へうり出したのが植木の始まり

（なにを）扇木類ー針葉樹ー黒松、赤松、黄金樟、梅金松、五葉松、ヒマラヤシダ

常緑広葉樹ーモッコク、椿、山茶花

サンゴ樹ー泰山木、月桂樹、マテバシイ、ウバメガシ

葉が落ちる樹ー吉野桜、八重桜、梅、楓

公園、街路樹ープラタナス、百合木、柳、青桐、百日紅、イチョウ

灌木類ー針葉樹ー貝塚伊吹、キャラボク、真柏、コノテガシワイチも

常緑広葉樹ーモクセイ、つげ、柾木、紅カナメ、青木、三つ手、沈丁花、シャリンバイ、ヒイラギナンテン、つつじ類、バラ類

葉っぱが落ちる樹ー垂枝海棠、ボケ、白木蓮、紫木蓮、コデマリ、ドウダンツツジ

蔓性樹ー蔦、藤（各種）

その他ー棕櫚竹、観音竹、蘇鉄、竹類

（どうなった）古賀植木まつり。昭和三十三年「古賀植木まつり」がスタート。五月晴れの五月初旬を会期にえらび、松原停留所から松原公民館までの道路上に即売用の植木盆栽を陳列した。

NO.9の謎＝牧島という名の由来と自然、戸石漁協の歴史としごと

I. 諫早領牧場についてーおじいさんからきいた話ー

むかしのさむらいは、馬を大切にしておりました。馬は、むかしの戦さでは戦車や自動車の役目をしましたので、よい馬をたくさんもっている国は戦さも強いということになります。

また、戦さのないときでも馬はいろいろ使われました。今では自動車のようなもので遠いところへ早く行くときには馬が一番便利でした。だから、むかしの諫早の殿様も、よい馬をたくさん持っていたかったのです。牧島はその諫早の馬の牧場でした。牧島という名前も、そのためにつくられたものです。

（「戸石百年の牧島ー馬の牧場」より）

II. 牧島の町の名前

。出浦 。下水の浦 。中の浦 。島の前 。臼の浦 。横座 。曲
。平床 。宗津 。津島 。小和田 。黒瀬 。戸ヶ瀬（弁天） 。御膳場

III. 学校の歴史

明治六年	屋崎に学校を作る
〃七	大風で学校が倒れる。宝輪寺で勉強
〃十一	校舎大事、戸石神社で勉強
〃十三	中等戸石小学校となる
〃十八	江の浦・田結・戸石の三か村組合立中等小学校となる
〃十九	むかいで学校ができた
〃二十四	牧島に分校ができた
〃二十五	戸石尋常小学校となる
〃二十六	ご真影がきた
〃二十九	裁縫の勉強がはじまる
〃三十四	牧島を分教場とした
〃〃	戸石神社で勉強する
〃三十六	屋崎に学校ができる
〃四十一	牧島分教場を新築
〃四十四	校舎増築
〃四十五	高等科ができた
大正四	牧島分教場を増築
〃五	校舎小大四大修理
〃七	校舎増築
〃十二	運動場をひろげた
〃十四	西側校舎を作る
昭和六	ご真影来る
〃九	牧島分校運動場ひろげる
〃十六	戸石国民学校となる
〃十八	中央校舎を二階建にし上に二教室作る
〃〃	運動場をひろげる
〃二十二	戸石小学校となる
〃〃	新制中学校になって、上に六教室つくる
〃二十八	学校に水道を作る
〃三十	東長崎戸石小学校となる
〃三十三	図書館と温室をつくる
〃四十八	戸石小学校百年祭が行なわれる

IV. 牧島の交通の歴史

。牧島の交通ーつり橋ができる前は船で渡っていたけれど、昭和35年につり橋ができてからは、乗用車や二トン車以下の車がようやく通れた。

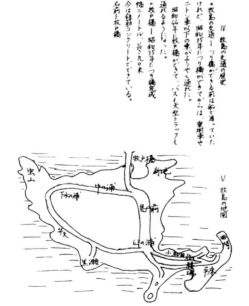

昭和44年に牧戸橋ができて、バスも大型トラックも通れるようになった。

。牧戸橋ー昭和35年につり橋完成

幅二メートル、長さ九〇米

今は鉄筋コンクリートでできている。

名前も牧戸橋

V. 牧島の地図

牧戸橋
新地
出山
中の浦
下水の浦
島の前
弁天
臼の浦
小和田
曲崎
黒瀬
御膳場
平床

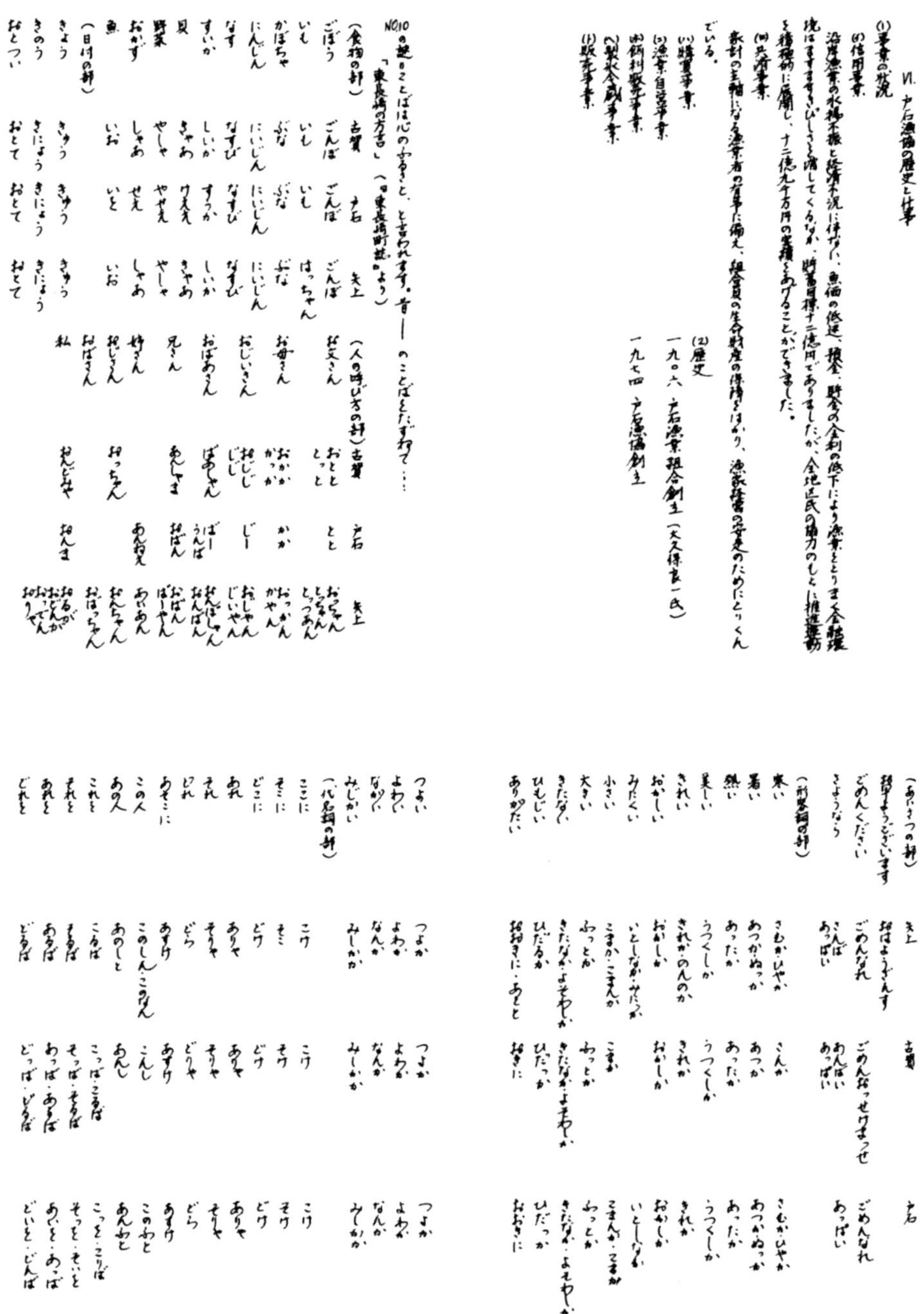

VI. 戸石漁協の歴史と仕事

(1)事業の状況

(イ)信用事業

沿岸漁業の水揚不振と経済不況に伴ない、魚価の低迷、預金、貯金の金利の低下により漁業をとりまく金融環境はますますきびしさを増してくるなか、貯蓄目標十三億円でありましたが、全地区氏の協力のもとに推進運動を積極的に展開し、十二億九千万円の実績をあげることができました。

(ロ)共済事業

家計の主軸になる漁業者の有事に備え、組合員の生命財産の保障をはかり、漁家経営の安定のためにとりくんでいる。

(ハ)購買事業

(ニ)漁業自営事業

(ホ)飼料販売事業

(ヘ)製氷冷蔵事業

(ト)販売事業

(2)歴史

一九〇六 戸石漁業組合創立(大久保喜一氏)

一九七四 戸石漁協創立

NO10の題 ことばは心のふるさと、と言われます。昔――のことばをたずねて……

「東長崎の方言」(「東長崎町誌」より)

(食物の部)	古賀	戸石	矢上
ごぼう	ごんぼ	ごんぼ	ごんぼ
いも	いも	いも	はっちゃん
かぼちゃ	ぶな	ぶな	ぶな
にんじん	にいじん	にいじん	にいじん
なす	なすび	なすび	なすび
すいか	しいか	すうか	しいか
貝	きゃあ	けええ	きゃあ
野菜	やしゃ	やさえ	やしゃ
おかず	しゃあ	せえ	しゃあ
魚	いお	いを	いお
(日付の部)			
きょう	きゅう	きゅう	きゅう
きのう	きにょう	きにょう	きにょう
おととい	おとて	おとて	おとて

(人の呼び方の部)	古賀	戸石	矢上
お父さん	おとと・とっと	とと	おとっちゃん・とっちゃん・とっつぁん
お母さん	おかか・かっか	かか	おっかん・かやん
おじいさん	おじじ・じじ	じー	おじゃん・じいやん
おばあさん	ばあやん	ばー・うんば	おんばしゃん・おんばん
兄さん	あにしゃま	おにばん	おにばん・ばーやん
姉さん		あんねえ	あいあん
おじさん	おっちゃん		おんちゃん
おばさん			おばっちゃん
私	おんどみゃ	おんま	おる・おどんが・おってん・おりゃ

(あいさつの部)	矢上	古賀	戸石
おはようございます	おはようござんす		
ごめんください	ごめんなれ	ごめんなっせすっせ	ごめんなれ
さようなら	さんば・あっぱい	あんばい・あっぱい	あっぱい
(形容詞の部)			
寒い	さむかひゃか	さんか	さむかひゃか
暑い	あつかぬっか	あつか	あつかぬっか
熱い	あったか	あったか	あったか
美しい	うつくしか	うつくしか	うつくしか
きれい	きれかのんのか	きれか	きれか
おかしい	おかしか	おかしか	おかしか
みにくい	いとしなか・みだっか		いとしなか
小さい	こまか・こまんか	こまか	こまんか・こまか
大きい	ふっとか	ふっとか	ふっとか
きたない	きたなか・よそわか	きたなか・よそわか	きたなか・よそわか
ひもじい	ひだるか	ひだっか	ひだっか
ありがたい	おおきに・あとと	おおきに	おおきに
つよい	つよか	つよか	つよか
よわい	よわか	よわか	よわか
ながい	なんか	なんか	なんか
みじかい	みじかか	みじかか	みじかか
(代名詞の部)			
ここに	こけ	こけ	こけ
そこに	そこ	そけ	そけ
どこに	どけ	どけ	どけ
あれ	ありゃ	あれや	ありゃ
それ	そりゃ	そりゃ	そりゃ
どれ	どら	どりゃ	どら
あそこに	あすけ	あすけ	あすけ
この人	このしん・こやん	こんし	このわと
あの人	あのしと	あんし	あんわと
これを	こるば	こっば・こるば	こっを・こりば
それを	そるば	そっば・そるば	そっを・そいを
あれを	あるば	あっば・あるば	あっを・あっば
どれを	どるば	どっば・どるば	どいを・どんば

〈第二学期〉

あとがきにかえて ー文化祭への取り組みをふりかえると…

1. 初めての文化祭にどう参加していくか。(舞台か展示か。それ以前として、文化祭とは何か。)

・十月四日以前と、十月四日(学活)の話し合い。

十一月一日の「文化祭」にどうとりくむか。

・十月五日(道徳時間)の話し合い。

「プラネタリューム」「迷路」「ゆうれい」、そして「休憩所」。それから「〜の歴史」へと。

なんの歴史にとりくむか。各班別の提案。そして、「東長崎の歴史」に決する。

・十月八日(学活)学習資料「文化祭へのとりくみーこれまでとこれから」

展示資料としてどういうものを集めてくるか。「東長崎の歴史の展示主題をどこにどう求めるか

・級友・松永くんに『東長崎町誌』という「本」をかしてもらう。

・十月十一日(○の時間)学習資料・『東長崎町誌』ー「東長崎町年表」

東長崎におけるどんなことのどんな歴史にとりくむかの「話題」をひろう。

・十月十五日(学活)学習資料「東長崎町年表を読んで」

この東長崎の地にどんな歴史的謎がひそんでいるか。自分はどの「謎」にいどむか。⑭の謎からえらぶ。

・十月二十二日(学活) 新しい研究グループの編成とグループ討議

なにを、いつ、どういうふうに、だからどんな資料を、どこで手に入れ、どういうものを作る。

グループ討議のまとめ→提出→赤ペン→代表者へ。それから、各グループによる製作活動へと……。

・十月三十一日(朝の学活)「東長崎の歴史へのとりくみのまとめ」(アンケート形式による)

2. 発表主題は何か。内容形式はどうなっているか。「謎」は何か。「それ」はとけましたか。資料収集、調査はいつ、だれと、どんなふうにしましたか。参考資料をかきなさい。

文化祭への取り組みで生まれた仲間、「研究グループ」の紹介(敬称略)

第一の謎・グループ(福田、松永、山下敏、鳥越)代表・鳥越隆幸

第二の謎・グループ(塩塚、岩崎、横田)代表・塩塚奈美恵

第三の謎・グループ(井手、岡本、坂田、作本、山田、山中)代表・井手京子と作本泰

第四の謎・グループ(鶴谷、山下修、山下裕、本田浩、井手尾)代表・井手尾剛

第五の謎・グループ(本田幽、渡辺、長龍寺)代表・長龍寺浩司

第六の謎・グループ(山崎、浦山、若杉、上戸敏)代表・上戸親忠

第七の謎・グループ(坂元、山佐、赤瀬、原)代表・原正徳

第八の謎・グループ(土井、馬場、松島、久保田、山内、森本)代表・森本美和

第九の謎・グループ(中島、尾上、田中京、上戸瑞、泉、小畑)代表・中島裕子

第十の謎・グループ(松尾、田中康、西川)代表・田中康代

3 文化祭、後日譚二題

・参考資料、調査資料を手に入れるのにお世話になった方々へのお礼状

十グループのうちの半分、五グループがそれぞれ代表者が仲間と相談して「はがき」を出しました。

・初めての「文化祭」ー想い出の「記念写真」。それはまた、学校と家庭を結ぶ小さな絆。

ーおわりー

『東長崎の歴史展にとりくんだ仲間たち』

(1) 東長崎の地図と合併の歴史（男子）
山下ト　松永　馬渡　樋田

(2) 東長崎における災害（台風・洪水・疫病・火事）の歴史
左から、岩崎・塩塚・樋田

(3) 交通の発達・道の歴史
岡本　山中　作本　井手　山田　坂田

(4) 焼物・現川焼の歴史と由来
山下ユ　木田　井尾　山下ヒ　鶴谷

(9)の(1) 牧島の自然と歴史

中島　尾上　田中ツ

(9)の(2) 戸石漁協の歴史と仕事

小畑　泉　上戸チ

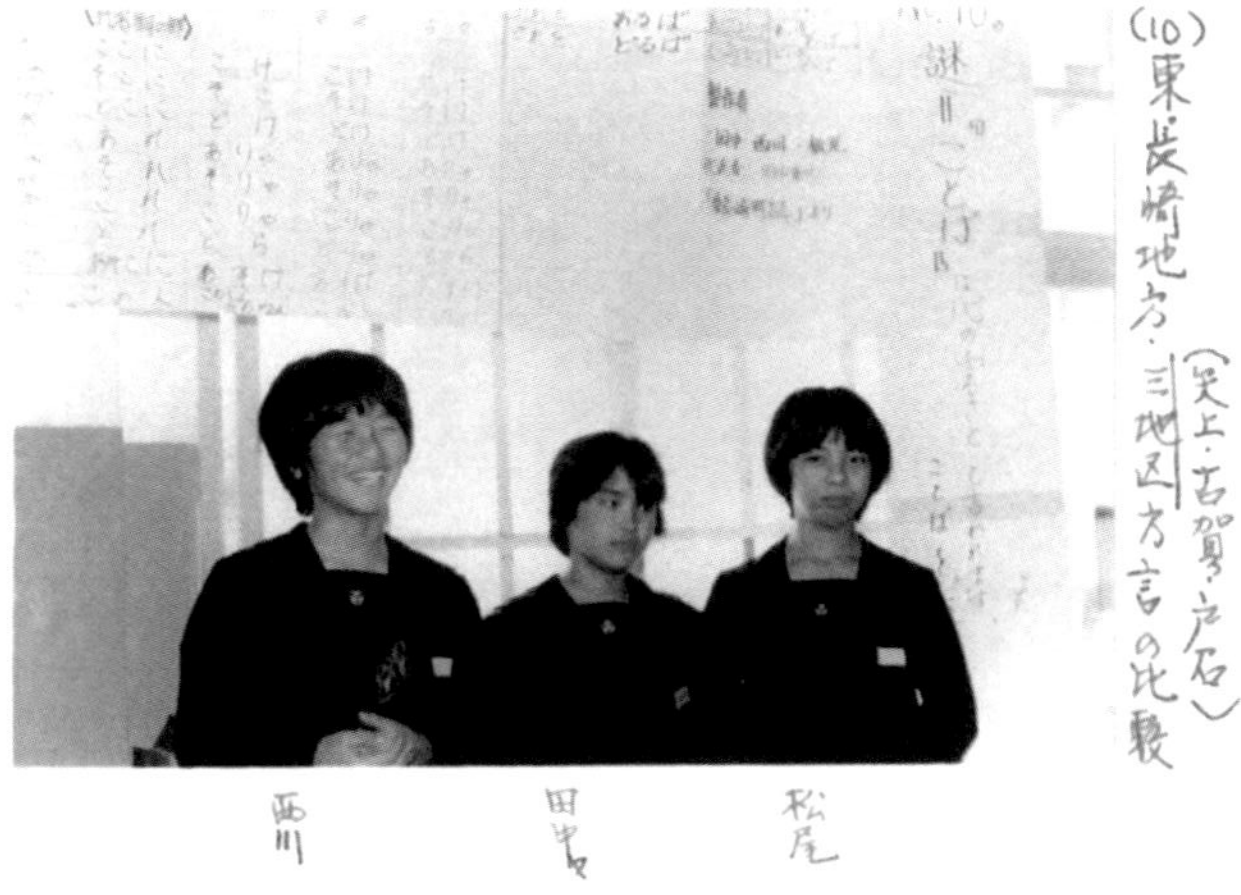

(10) 東長崎地方（矢上・古賀・戸石）三地区方言の比較

西川　田中ャ　松尾

文化祭展示作品総集編『東長崎の歴史館』一九八五・十一・一（金）東中文化祭・一ノ五教室（学級文集1-5）特別号

四、文化祭『東長崎』の取り組みについての一考察＝「労働が見えなくなった」と言われるけれど、…

文化祭『東長崎の歴史展』にとりくんで何がわかったか。その前に、どうして郷土の歴史についてのとりくみをしようとしたか。まず後者の問題として、子どもたちにとって、文化と祭と文化祭という概念はどう理解されているだろうか、ということ。「おばけやしき」「プラネタリューム」を作りたいという意見はその手掛りになるのではなかろうか。それともう一つ。子どもたちの学習課題の一つである「社会科」が、「地理」の分野と「歴史」へ変ったという状況があった。しかし、だからといって郷土の歴史を学ぶというか、調べることにしたのではない。むしろ子どもたちの生活圏としての自然や社会、地勢や人口動態といったものについての自覚を通じて、自分たちの存在を確かめるために、郷土の歴史を主唱したらどうか。

矢上地区と古賀地区と戸石地区という地域の小学校から一つの中学校に集まってきているわけだから、それぞれの地区の特色ともいえるものをお互いに分担し合って、調べて発表することにすれば、さらに交流が深まるのではないだろうか。

その結果、見えてきたものが、祖先の人々のこの地方での暮しを支えていたであろう数々の生産労働であったということなのだ。いわば、子どもたちにとっての小さな「歴史感覚の芽生え」ということになった。

子どもたちは実地に「こと」に当るという体験を通して、それぞれのグループが事前の話し合いを通じ、また訪ねた所の世間の人々との会話を通じ、コミュニケーションの実際に触れたわけだし、他の地区出身の者にとっては「他者」としての郷土を知る機会にもなったわけである。

展示後、それぞれのグループの代表たちは、お世話になった地域の施設の方々にお礼の「はがき」をしたためてポストに投函することにし、成果を伝えた。

第8章　誕生日の子の紹介

一、八月生まれの友だちに飲ませてあげたいものがある…《学級文集・1-5》第十二号（発行　'85・9・5）

誕生日を迎えて、〈山下　祐介＝47・8・1生〉

○ぼくは誕生日を迎えて思ったことは、だんだん年をとって大人になっていくことがうれしいです。十三歳になったので勉強も自分からすすんでやりたいと思います。

誕生日を迎えて、〈岡本　美紀＝47・8・12生〉

○十三才になったので、おやばなれをしたいと思っています。

誕生日を迎えて、〈渡辺　秀将＝45・8・23生〉

○・・・・・（どうぞよろしく）

［おわび］……八月は夏休みだったけど、九月と二十一日の二回もの登校日があったのに、誕生日の子の紹介をしなかった。八月生まれの人がいるとわかっていたのに、それを確かめなかったばかりに、機会を失ってしまった。ごめんなさい。おくればせの紹介になってしまって、申し訳ないと思っています。お許しください。

〈山下君へ贈ることば〉

○誕生日おめでとう。裕介君、たっきゅう部に入って少しは上手になりましたか?これからもクラブをがんばってください。(鳥越)
○これからもクラブや勉強がんばっていこう。たんじょう日おめでとう。(浦上)(岩崎)
○十三才の誕生日おめでとう。これからもよろしく。(若杉)(本田誠)
○裕介君、誕生日おめでとう。裕介君は十三才になってどんな気持ちですか。でも十三才になって年齢の差は関けいなく仲よくしてください。(赤瀬)
○ゆうすけくん、一つ私より上になったね。でも前よりもこのごろすこしくらくなった。だけん十三才になったけんすこしはあかるくなれ!!(山田)
○たんじょう日おめでとう。元気に勉強などをがんばって下さい。(坂元)
○たん生日おめでとう。これからもぼくやまこちゃんと仲良くして下さい。(長龍寺)
○ゆうすけくんはちょっと悪口を言われてもおこらず心の広い人だなあと思いました。十三才おめでとう。(上戸哲)
○おめでとう、十三才。(上戸頼)(井手)
○誕生日おめでとう。では、さようなら。(?)
○山下裕介君は、とてもおりこうで、ぼくは、いつもそんけいしています。(井手尾)
○十三回目のお誕生日おめでとう。少しおっちょこちょいで、少しひょうきんな裕介、これからもがんばってください。(田中良)
○八月の誕生日のみなさんおめでとう。山下裕介くんは誠君や長龍寺君と仲いいですね。これからも仲よくしてください。(坂田)
○十三才おめでとう。なんでもがんばってください。(山崎)
○十三才の誕生日、ちょっとおそいけどおめでとう!勉強・スポーツがんばって…(作本)
○裕介くん・・・たん生日おめでとう。山下くんとはようち園でいっしょだったけど、おぼえているかな?アルバムをみてびっくりしました。これからもヨ・ロ・シ・ク!(森本)

○たんじょう日おめでとう。たっきゅう部がんばって下さい。（山下浩）（本田淳）
○おめでとう。いがいに早生まれですね。じかくもてました？これからもがんばろう。（田中康）
○誕生日おめでとう。これからも友達とケンカをしないように。（尾上）
○たん生日おめでとう。また席が近くなったのでこれからも仲良くしよう。（山佐）
○誕生日おめでと！前、よくおそくまで教室にのこって先生がきておこられたこともあったね。お兄ちゃんていうより弟のような感じがします。これからは席も前だし、たよりにしています。（馬場）
○おたんじょう日おめでとう。これからももっと勉強・スポーツをがんばって下さい。（塩塚）
○裕介はいつもペコペコしているので、すこしはおこってみてください。（久保田）
○誕生日おめでとう。十三才になってどうでしたか。なにかいいことはありましたか。（泉）
○たんじょう日おめでとう。（原）（松永）

〈岡本さんへ贈ることば〉
○かもたんじょう日おめでとう。十三才のきぶんになった気持ちはどうですか。これからもなかよくしてください。（横田）
○カモはいつも明るいですね。その明るさを忘れずいつも明るくいてね。誕生日おめでとう。（中島）
○お誕生日おめでとう。十三才ですね。これからもいい友だちでいてね。おねがいします。十三回目の誕生日どうですか？（西川）
○みきちゃんお誕生日おめでとう。みきちゃんとは部活がいっしょですネ。これからも、勉強にスポーツに遊びにガンバッテネ。（山内）
○おたんじょう日おめでとう。十三才になった気分はどうですか。私はまだまだなので、うらやましいです。これからも、いままでより仲良くなろうね。（松尾）

○おかも、たんじょう日、おめでとう。さっそくですが、おかもに注意したいことがあります。したぎは、きるように…ね。いつまでも声のたかいおかもでいますようにしたぎをきるように、なんて、おねえちゃんぶって、すまんね――――。（松島）

○お誕生日おねでとう。いつもニコニコしてバスケットがんばってるね。これからもその明るさを忘れず、元気いっぱいがんばってください。（馬場）

○十三才おめでとう。（松永）（泉）（山佐）（山下浩）（本田誠）（本田淳）

○かもおたんじようびおめでとう！早くも十三才。これからも良いお友達で…（塩塚）

○クラブはバスケットのようだから、これからもがんばってください。（久保田）

○みき、十三才の誕生日おめでとう。私ももうすぐで十三才になります。これからもよろしく。（尾上）

○かもは夏休みに誕生日でどうですか⁇私の誕生日はまーだです。ばいばい。（岩崎）

○みきちゃん、十三才のたん生日おめでとう。十三才の気持ちは？みきちゃんは〝勉強をがんばりたい〟っていったね。勉強がんばってね。（井手）

○おかもたんじょうびおめでとう。十三才だね。かもとは部活もいっしょだね。毎日（カナ？）きついれんしゅうがあってたいへんだけど、これからもがんば‼ネ！（森本）

○おめでと！なつやすみじゃあまりあえないけど…やっと十三才。とにかくおめでとう。（田中康）

○誕生日おめでとう。バスケットがんばってください。（作本）（山崎剛）

○岡本美紀さんは、バスケットクラブですね。レギュラーめざしてがんばってください（坂田）

○十三才の誕生日おめでとう。このクラスの中で、女一人だけの八月生まれだね。これからもがんばってください。（田中良）

○みき、十三才になったらべんきょうするて、いってほんとにするの～。うそよっ。みきガンバッテ、なっ‼（山田）

〈渡辺くんへ贈ることば〉
○十五才のたん生日おめでとう。はずかしがらずに元気にがんばって下さい。（坂元）
○たんじょう日おめでとう。これからも仲良くしてください。（長龍寺）（作本）
○辺さんはプラモデルが好きなようなので、十五才になったプレゼントにプラモデルを買ってもらってあそんでください。（上戸哲）
○たんじょう日おめでとう。ポッポーを言って下さい。（上戸頼）
○これからもなべさんロケットをしてください。『ポッポッーはっしん』おめでとう。（？）
○早く一ノ五に帰ってきてください。（井手尾）
○たんじょう日おめでとう。（原）（山下敏）
○渡辺くんもうとしですね!!でもわたしたちよりとしということです!!でも、がんばってね。（山田）
○十五回目の誕生日おめでとう。これからもみんなと仲よくしていこう。（田中良）
○渡辺君は、これから明るくなってください。（坂田）
○渡辺くんはいつも一人だけどくじけずがんばれよ。十五才おめでとう（山崎）
○十五才のたんじょう日おめでとう。これからも元気でがんばれ！
○おたんじょうびおめでとう。渡辺くんは私たちのお兄さんです。これからもよろしく。（森本）
○十五才で、一人だけちがうけどおめでとう。おたがいにたすけあおう。（田中康）
○十五才になったのでうれしいでしょう。これからも元気を出して朝の会にもさんかしてください。（本田誠）
○たん生日おめでとう。勉強・スポーツをがんばってください。（山下浩）
○渡辺くんは十五才になってうれしいでしょうね。これからも勉強がんばって下さい。（井手）
○渡辺くんは十五才ですね。誕生日おめでとう。私はまだ十二才です。（岩崎）

○渡辺くん、十五才の誕生日おめでとう。もう十五才になったのだから、はずかしがらずに一の五の教室に入っておいでね。（尾上）
○たんじょう日おめでとう。他の二人とはちがってひとりだけ十五才。これからもよろしく。（山佐）
○渡辺君たん生日おめでとう。みんなとなかよくしようね。（泉）（松永）
○いつも一人で帰っているからぼくともいっしょに帰りましょう。（久保田）
○おたんじょう日おめでとうございます私たちより年上の秀将くん。一つ年をとったのだから、これからはえんりょしないでください。（塩塚）
○四月に来たときもじもじしてたけど、一学期の間にだいぶんしゃべる回数がふえたように思います。私たちとは年が二才もちがうけど、同じ年令の友だちのようにして仲よくしようネ！早く五組になれてください。（馬場）

〈まとめて、誕生日を迎えた人たちへ〉
○おかも、裕介君、渡辺君、お誕生日おめでとう！はやいねぇ。つい最近入学したと思ったら、もう一年の三分の一過ぎていくもんね。八月って、誕生日迎えた人って少ないんだな。いつも多いのに。まあいいけど…。とにかくおめでとう。（土井）
○山下裕介君、岡本美紀さん、渡辺秀将君、お誕生日おめでとう。（小畑）
○たん生日おめでとうございます。夏に生まれて暑さにへいきですか。これからも長生きしてください。（鶴谷）

［あとがきにかえて］
○それぞれに宛て、たくさんの人が温かい励ましとお祝いのことばを贈ってくれました。このご協力に感謝します。
○奇しくも鶴谷君が、「夏に生まれて暑さにへいきですか」といってますけど、それだけに（暑い夏に耐えてうまれてきただけに）、〃飲ませてあげたいものがある／オレンジ色の太陽を／うかべた赤い飲みものを〃、という歌の気持ちが察せられるでしょう。
○みんなの「贈ることば」の中にも、たくさんの『赤い飲みもの』が揃っているのをみることができます。また、誕生日を迎えた人の〝ことば〟には、それぞれにふさわしい十三才を自覚させる一条の明るい光が輝いています。

○特に、「おやばなれ」ということについては、それ自体大変なことであるわけです。そのことは、別のことばでいえば「自立していく」ということでしょうが、とりもなおさず「生きていく」という決意にほかならないのです。「自分から勉強するようにしたい」と、裕介君もその決意を表明しています。八月生まれに幸あれ！

（'85・9・4）

二、九月生まれの友だちと…かけていきたいとこがある《学級文集・1-5》第十四号（発行　'85・10・4刊）

誕生日を迎えて

〈尾上　智可子〉（47・9・10）

私は十三才になって、一番でしたいのはいつも部活で、あそぶひまが少ないので、あそぶ時間がほしいです。私のねがいはバトミントンをずっとつづけていきたいです。

〈浦山　周一〉（47・9・19）

十三才になったので、勉強をほとんどしていないので、もっと勉強をするようにしたいと思います。それと、あと少し、身長がほしい。

〈山佐　博之〉（47・9・26）

十三才になってとてもうれしいです。これからは勉強やスポーツにがんばりたいと思います。

（尾上さんへ）

・おたん生日おめでとう。（山下　裕介）

・おたん生日おめでとう。十三才になって良かったですね。何を一番してみたいですか。そのしてみたいことを近いうちに実現してね。

（塩塚）

・十三才の誕生日おめでとう。バトミントンがんばってる?がんばらなければダメよ。バトミントンは強いから…これからもヨロシク

ネ!! 勉強、スポーツがんばろう。（作本　美奈）
・お誕生日おめでとう！いつも気軽に〃おんちゃん〃って呼んでるけど、お姉さんこういう呼び方をしていいのかな!?これからも、学校、塾にでよろしく…バトミントンがんばってください（馬場　圭美）
・おんちゃん、誕生日おめでとう。おんちゃん、九月生まれは女子一人ね。給食の牛乳重かったね。やっと、いっとき当番まわってこないね。（岩崎　文）
・おんちゃん、誕生日おめでとう。プレゼント、あまりいいものあげられなくて、ごめんね。これからも、ともだちでいてください。（横田　カオル）
・尾上さん、おたん生日おめでとう！十三才だ!!ふうん、もう中学生になって六か月たつんだね（早いなあ）まあ、これから仲よくやっていきましょう。（田中　康代）
・尾上さん、13才おたん生日おめでとう。とても人に親切な尾上さん、これから勉強にもクラブにもがんばってください。（坂田　千代美）
・おんちゃん、たんじょうびおめでとう。いつも明るいおんちゃんでしたがこれからも明るくね。そいと、いつまでも仲良くしてネ！（森本　美和）

（浦山くんへ）
・たんじょう日おめでとう。（山下　裕介）
・たんじょう日おめでとう。勉強、スポーツ、がんばってください。野球ぶ、ファイト（上戸　頼忠）
・浦山くんはすぐおこるから、もうちょっとガマンして、おこらないで下さい。（久保田　昭文）
・たん生日おめでとう。これからも野球部がんばってください。（長龍寺　満司）

・おたんじょう日おめでとうございます。これからも野球部がんばってください。（塩塚）
・誕生日おめでとう。九月で十三才になりましたネ。部活の野球をがんばって下さい。また、勉強もネ！（作本）
・13才のお誕生日おめでと。。。私より年上?.れすか。んー?.野球部できついでしょうが、一生けんめいがんばってください。お兄ちゃんのように！これからもヨロシクおねがいします。（馬場　圭美）
・誕生日おめでとう。席が近くだけど、よっちゃんと私に〇〇〇といわんで下さいな！
・おたん生日おめでとう。野球部がんばってください。（田中　康代）（坂田　千代美）
・浦山君、たんじょうびおめでとう。部活がんばって下さい。これからもよろしく！（森本　美和）

（山佐くんへ）
・たん生日おめでとう。（山下　裕介）
・山佐くんは頭はいいので、スポーツでもがんばって下さい。（久保田）
・山佐くんは勉強ばかりでなくて、スポーツの方もがんばってください。おくれて、十三才のたん生日おめでとう。十三才になってうれしいですか。これからも、何でもがんばってください。（作本　美奈）
・おたんじょう日、おめでとうございます。山佐君は頭がいいみたいだけど、これからも、もっと、スポーツ、勉強にがんばって下さい。（塩塚）
・お誕生日おめでとうございます。山佐君とは、あまり、しゃべるきかいもないし、ほとんど、知らないと思います。けど、これからもおなじクラスメートとして、よろしく!!（馬場　圭美）
・誕生日おめでとう!.頭がいいからいいですね。（岩崎　文）
・山佐くん誕生日おめでとう！

もうちょっと、大きくならんばぁいけん。山佐とは、実力の合計おなじやったけん、くやしかった。なんで英語99てんとらんかったとなぁ一点でも多ければ山佐にかっとったとに、ばかやろーーーーう。

国子たちにおにぎりて言われんごと、その逆三角形を、もうちょっとまるめたりしてみんね、かわいそうに。わらっちまうぜ、キャキャキャッ！最後に、もうちょっと頭わるうなってよ、おねがい・・・・・（松島　加奈）

・山佐君、おたんじょう日おめでとう。山佐君はその身長で（ごめん）、とても頭いいんですねえ。すごいなあ…ま、これからもスポーツ、勉強、がんばって下さい。（田中　康代）

・山佐くん、13才のおたんじょう日おめでとう。頭がいいからこれからもっとがんばってください。（坂田　千代美）

・たんじょう日おめでとう。山佐君は頭がいいからうらやましいですよ！いつまでも頭のいい山佐君で…！（森本）

（あとがきにかえて）

「中秋の名月」（九月二十九日・日曜日）が来たら、すぐさま十月に入り、教室の中にはにわかに色濃く、冬支度をはじめたようになってきました。一足飛びに秋は深まっていくかのようです。「湯ざめ」・「寝びえ」などしないよう。だから油断が禁物です。

さて、「誕生日」の「ことば」による交歓も、この九月生まれの友だちとの交歓で「6回目」を迎えました。いま十二か月のちょうど半分が終わったわけです。たくさんの友だちの紹介をして来ましたが、まだまだたくさんの友だちがこれからも毎月紹介されていくわけです。

いままで、こうしてそれぞれの感想や決意、それに励ましや慰め、共感などを写しとって「文集」にして来ました。ある時は、そうした中に、他人の「文章」を引用したりもして来ました。

でも、この九月生まれの友だちへの「ことば」には、いままでにない表現があって、「はっ」と感じさせられるものがあって、嬉しく思いました。

いつもいつも、同じ言い方ばかりというか（ワン・パターン）、たてまえばかりの〝おじょうずなあいさつ〟で、こうもみんなの頭の働きぐあいが似ているのかと思っていたのでした。そこに、なんと、心と心をかよいあわせることのできるような、ふだんの生活の中からでてきた「その人ならでは」の表現がでてきました。

それはどれかって？そんなにあわてないで、じっくり読んでみてください。このぼくさえ感じられるというのに、君たちにそれがわからんということはないでしょう。

どれほどていねいでも、命令や勧誘は一方的表現で、人の心に心地よいはずはない。と、いえばよいかな。（了）

三、十月生まれの友だちと見つめてみたいものがある…《学級文集・1-5》第十五号（発行 '85・11・9）

○誕生日を迎えた人たちのことば

（1）十月十日生＝松永　太くんのあいさつ＝13才になったので、これからは、もっと気をひきしめてがんばり、友達とも仲良くしていきたいと思います。

（2）十月十三日生＝上戸　頼忠くんのあいさつ＝部活が毎日あるのであそぶ時間がほしいです。本を読むのがあまり好きじゃないけど、読書の秋ということだし、本を読んでみたいと思う。勉強もがんばりたいと思う。

（3）十月十三日生＝福田　貴光くんのあいさつ＝ぼくは頼忠くんとたん生日がいっしょなのでこれからも仲良くしたいと思います。

（4）十月十四日生＝山崎　剛くんのあいさつ＝スポーツにがんばって、にがての科目をなくしたいです。

（5）十月三十日生＝赤瀬　敏文くんのあいさつ＝ぼくは誕生日をむかえてもべつにうれしいことなどはなくて、一番したいこともべつにありません。もっと勉強をがんばりたいです。

（6）十月三十日生＝原　正徳くんのあいさつ＝ぼくは13才になったので、もっと勉強やスポーツをがんばります。

※十月には、同じ日に生まれた人たちが二組もいたのですね。このクラスとしては珍しいことです。とにもかくにも大勢のお友だちが十月に生まれたのですね、おめでとう。

順番は、出席簿の順にかきました。同じ生まれの人は、ね。悪しからず。

誕生日の人へ！

松永くん…誕生日おめでとう　ふうむし／上戸くん…誕生日おめでとう　おっちゃん

福田くん…誕生日おめでとう　ジャングル黒べえ／山崎くん誕生日おめでとう　ごうちゃん

赤瀬くん…誕生日おめでとう　とっちゃん／原くん…誕生日おめでとう　す・け・べ（松島　加奈）

六人の方々、事故や病気になったりしないで、いつまでも長生きしてください。十三才おめでとう。（中島　裕子）

松永くんお誕生日おめでとう。初めて顔を見た時なんだかこわそうだったけど、今はなんとも思いません。ある友達を少しこわがっているけれど…学級委員がんばってよ！

上戸くんお誕生日おめでとう。よっぱんはおじんって言われてるけどなんで？おじさんじゃないのにね。私もときどきつられて言ったりしたけど…ごめんなさい。サッカー部がんばってね。

福田君お誕生日おめでとう！六年の時友達から福田のことは聞いとったけど、ほんとにおもしろい人。頭もいいし…。まっとにかく、勉強にスポーツにがんばって。

山崎君、山崎とはあまりしゃべらんね。レッツ・ゴーとか言われてもくじけずに。あっお誕生日おめでとう。

赤瀬君誕生日おめでとう。赤瀬とは六年の時もいっしょのクラスだったけど、あんまりしゃべったりせんねえ。勉強やスポーツがんばってください！

原君お誕生日おめでとう。六年の時もいっしょのクラスだったけど、前よりも活発というか○○っぽくなっちゃって…。えーと、湯川先生をあんまりいじめないように！（土井　三絵）

松永くん、上戸よ君、福田君、山崎君、赤瀬君、原君、みんなみんなたん生日おめでとう。勉強、スポーツにがんばってください（坂元　城夫）

松永くんへ、ふうちゃんはぼくといっしょ学級委員だからいっしょにがんばろう。

上戸よ、よっぱん、サッカーの練習きつかやろーおいもテニスばしよっとき、よっぱんのキーパーばみよっとよ。かっこよかぞ。これからもがんばれよ。

福田くんへ、今度の期末テスト勝ってやる。油断するなよ。

山崎くんへ、ごうちゃんはみんなからほらふきといわれないようにしてください。

赤瀬くんへ、とっちゃんはいつもあそぶときには元気がいいからその元気を勉強にもはっきりしてください。

原くんへ、まさし、この前のそうじの時間、おいに水をひっかけたやろーゆるさんぞおぼえとけ。（久保田　昭文）

松永くん↓お誕生日おめでとう。13才か！小5の時から、同じクラスで、仲良くしてくれて、どうもありがとう。中学でも同じクラスになってとってもうれしかったです。これからもよろしくネ。

上戸くん↓おっちゃんお誕生日おめでとう。まだ13才になっとらんやったと！？もうとっくになっとるって思った！おっちゃんだもん…これからもけんか相手として仲よくしてください。

福田くん↓お誕生日おめでとう！頼忠くんとは大ちがいだね。同じ日に生まれても…福田はまだ若い！これからもよろしく。

山崎くん↓お誕生日おめでとう。あんまりしゃべらんけど、よろしく。

赤瀬くん↓お誕生日おめでとう。とっちゃんって呼ばれているんだよねー最初はとっちゃん!?って感じだったけど、今はなんか、赤瀬くんととっちゃんっていうあだなぴったんこだね。。。

原くん↓お誕生日おめでとう。いつもいつもどうも。もう13才？原が13でとか私12っておかしかね！？あのね、〝たまちゃん〟って呼ぶのはかまわないけど、〝ずいたい〟とか〝てきめん〟とか言うのはやめてください。私も原のこと〝ガキ〟って呼ぶよ！かたちだけの中学生でさ、てっぽうもって遊んでるんだもん！早く中学生にならなきゃね！（馬場　圭美）

松永くん。上戸よ君、福田君、山崎君、赤瀬君、原君みんなみんなたん生日おめでとう。（山佐　博之）

松永、13回目のお誕生日おめでとう。12月まで学級委員がんばってください。

上戸よ、13回目のお誕生日おめでとう。クラブ活動がんばってください。

福田、13回目のお誕生日おめでとう。これからもクラスをもりあげてください。

山崎、13回目のお誕生日おめでとう。勉強、スポーツにがんばってください。

原、赤瀬、13回目のお誕生日おめでとう。（田中　良子）

おたん生日の子へ♡

松永君、原君、赤瀬君、山崎君、上戸よクン！おたん生日おめでとう！十月生まれは男ばっかりだねえ…。みんな元気がいいから休み時間はあばれてあそんでいるけど、けじめもつけてください。それでは…（田中　康代）
松永くんへ…ふうちゃん誕生日おめでとう。ふうちゃんは〝とっても〟？やさしいからもてるね。これからもよろしく。

頼忠くんへ…おっちゃんは声にとくちょうがあるね。とってもおもしろいんだ。おっちゃん、部活、サッカーだよね。こりからもがんばってね。それと、いまからずーっとよろしくおねがいします！

福田君へ…福田くんはどうしてそんなに頭がいいのですか？毎日、勉強してんのかな？それとももともと…まっどっちにしてもうらやましーです。それと福田くんは少しスケべなのでなおすようにおねがいします。

山崎君へ…山崎くんとはあまりしゃべったことがないね。もっとお話しましょう。お誕生日おめでとう。

赤瀬君へ…とっちゃん誕生日おめでとう。とっちゃんはおとなしいと思ってたけどあんがいうるさいんだね。これからもよろしく。

原くんへ…原くんはうるさすぎる。もっとおとなしくなって…！誕生日おめでとう。（森本　美和）

◎四月生まれの友だちからはじまった〝誕生日を祝う文集〟も、これで七回目になりました。すると、あと五回。なんと残り少ないことでしょう。13才は、人生の大事な節目〝だと言われています。三歳、九歳に続くものだという意味で、それでは「発達」における「節目」ということです。三歳が、「自我」に目覚め、〝自分で、自分で〟と、自立への第一歩なら、九歳は、「仲間」意識に目覚め、自分とはちがう「他人」に気付き、共に行動することに喜びを発見し、同時にそこにルールとしての社会性を身につけていく。気分としては、あの人といっしょがいいけど、みんながほんとにたのしんでやれるのなら、別のあの人といっしょにしなくっちゃ。こうした自分の感情を抑え、仲間としての集団行動がだんだんとれるようになる。それと同時にどんどんと、抽象的にものごとを考えていくことができるようになっていきます。中学校に入学してきたころの自分を思い起こしてみてください。もうその頃の自分は、行動においても、思考においても、相当な段階に来ていたという思いがあったでしょう。あの、クラブ活動への入部状況はどうでしたか。このとこだけでも、大いなる成長をうかがい知ることができるというものでしょう。

まさに、仲間と共にあること、しかし新しい人間との出合いを含んだ仲間との、よりきびしいルールの元でのスポーツに熱中することを欲した。といってよいでしょう。

そうしているうちに、どんどんと仲間たちが「13歳」になっていくではないか。

この段階は、大概に、「性」に芽ざめる時期だといわれる。それは「感情」と「理性」の働きがぶつかり合い、従って、「悩み」多い時期だと言われています。それだけ、人生における「危機」的な時代を迎えたといってもいいでしょう。しかし、また反面、自分自身の内面における「感情」と「思考」、「理性」と「常識」などの対立に悩み。考え抜こうと努力していくことなしに、これまでの自分の精神は、力強くもならないだろうし、柔らかくも、豊かにもならないだろう。そうであるならば、「13才」を迎えること、性にめざめていくことの意味は、とても大事にされていかねばならないことになります。

人に優しく、いたわる気持ちがうんと強くなって、行動にあらわされてきます。しかし、そのことが、相手に十分よくわかってもらえなくていらいらすることだって、今まで以上に感じられるようになるのも事実でしょう。人間は性にめざめていくことによって、一段と感情のこまやかさと、行動における柔軟さを身につけていくようになっていくのでしょう。

「13才」、だからその時を迎えることのすばらしさがあるのです。優しく、しかも勇気をもって生活にのぞむことでなくては、これまでの自分を大きく豊かにしていくことも、こまやかな心や優しいしぐさを自分の身近な人々に現わしながら生きていくことにはならないでしょう。しかし、そんな生き方がわかればできるっていうもんではないし、そうそう簡単なことでもないことだということはわかるだろう。いや、むしろぼくたちは、そのためにというわけでもないけれど、日々の、数々の生活や暮らしの全体が、おのずとぼくたちをそれにむかわせているのだと考えることもできるのではないだろうか。そうだとすれば、夢々、日一日を怠ることがあってはならんのではないか。

—世の中のことはよくわからんけど、とにかくますます複雑な様相をなし、見える社会と見えない社会の格差はますます大きくなる一方だ。そういう世の中だからこそ、一方で、人間が人間であるということはどういうことかが、一層きびしく求められているわけでしょう。

だから、それでいいのか「13才」！　じゃ、もっと具体的に、「13才」って何なの？

それは、（具体的にということであるから）、なによりも一人一人の「日常」を、徹底的に（あらゆる自分の生活領分にわたって）批判し、検討する中にあって、いいもの、いやなもの、大事にしたいもの、捨てたいもの、そういうものの全体が、いま君の「13才」だ。いま気付いたばかりの、その若い芽にたとえられる心、それが、何ともいえない「13」の「生命」ではないかと思う。

宮澤賢治は、『注文の多い料理店』で、「山猫軒」という「レストラン」を用意して、「まち」の人間の「いなか」の人間に対する「横柄さ」を皮肉ってみせた。どこかの文化祭で「郷土史」展がひらかれ、昔の人々が、いかに「労働」に真面目に正面から取り組んだかということを発表した。そこには、自然に立ち向かっていく人間のきびしい心の目と、汗して得た労働の成果を手にし喜ぶ優しい目が輝いて見えた。いかにも対照的な目だ。

四、十一月生まれの友だちと歌ってみたい歌がある…《学級文集・1-5》第十六号（発行　'85・11・20）

（1）誕生日を迎えた人のことば

○久保田　昭文―47年11月1日　生

○13才になって、うれしいことは、やっと中学生になれたということです。そして、テニスをがんばりたいです。まだ、三回戦までしか行かないので、がんばりたいです。勉強もがんばりたいです。

○松尾　恵―47年11月4日　生

○13才になったので……なんだけど、実感がわかなくて、とにかくあっというまでした。今は、勉強、スポーツにがんばることを目標にしたいです。

今月は、二人だけの誕生日になりました。四月が、ちょうど、この形でした。あの二人の〃おにいさま〃と、〃おねえさま〃はいまごろどこらへんを、どうして、どっちにむかって、どうすんでいっていることだかね。さいきんは、このとりくみにはあまりお顔もみせてくれません。きっと、もう、ずい分と先の方を行っているのでしょう。でも、昔とちがって、いまは「科学・技術」による「文明の力」の時代。遠くにいても、すぐに情報を送り届けることのできる時代。ひょっとすると珍しい人からの〃ことば〃がきけるかもしれんね。

（2）誕生日の人に贈ることば

松尾　恵さんへ！

・松尾さん、お誕生日おめでとう。勉強やスポーツ、頑張ってください。（尾上　智可子）

・めぐ、おたんじょう日、おめでと！　私の後ろの席にいるから、いつもしゃべってるね!!　へへ……これからもよろしく！

（土井　三絵）

・恵へ……恵は頭が（特に国語が）さえてるネ!!　今なみえちゃんが「たんじょう日おめでとうは？」と、いいました。おっとわすれるところだった。おたん生日、おめでとう。

恵は13才になって、ますます目が大きくなった許さんけんね！みとれあと10年したら、私の方がおめめぱっちり美人になってやっけんね！それまでまっとけよ！本当に本当におたん生日おめでとう。

（西川　博子）

・めぐへ　お誕生日おめでとう。もう十三才。しらないうちのもう十三才なんだ。早いな…。今からも、勉強、スポーツ、がんばろうね。（田中　康代）
・めぐお誕生日おめでとう。これからも、勉強（国語）がんばってね。私も、めぐに負けないからね。（塩塚　奈美恵）
・めぐみさん、末永く、心の美しい人でいてください。13才おめでとう。（中島　裕子）
・お誕生日おめでとう。めぐはおとなしすぎる！もっと自分の意見をどんどん言ってクラスみんなと友達になろう！ネ…（馬場　圭美）
・たん生日おめでとう！（福田　貴光）
・たんじょう日おめでとう！（原　正徳）
・'めぐ'お誕生日おめでとう。いつもエチケットブラシかりてるね。これからもよろしくね。（井手　京子）
・13才、おたんじょう日おめでとう。前はしゃべらなかったけど席が近くになったらしゃべるようになったね！これからもよろしく。
・前は、よく松尾さんを、こきつかってごめんなさい。たん生日おめでとう！（坂田　千代美）
・たんじょうびおめでとう。（小畑）（松島　加奈）
・13回目のお誕生日おめでとう。これからも、やっちゃんや、西川と仲良くね。（田中　良子）
・誕生日おめでとう。（本田　誠）

久保田　昭文くんへ！

・久保田君はとても明るいですね。これからもクラス委員などでがんばってください。（長龍寺）
・久保田君、誕生日おめでとう。これからも仲良くしよう。（上戸よ）
・たん生日おめでとう。これからも部活のテニスをがんばってください（山佐）
・誕生日おめでとう。風邪をひかないように、クラブがんばろう。（浦山）
・たん生日おめでとう。テニス部がんばってください。（坂本）
・おたん生日おめでとう。久保田くんはテニス部に入ってるんだね。テニスがんばってください。（尾上）
・おたん生日おめでとう！いつもひょーきんな、けど、クラスをまとめたりする久保田くん、これからもよろしくね。（土井）
・お誕生日、おめでとう。久保田君、久保田君は、頭もいいし、明るいし、いいですね。これからも五組をたのしくしてください。（田中　康代）
・お誕生日おめでとう。これからも気を引きしめて勉強、スポーツに取り組んでくださいね。（塩塚）
・お誕生日おめでとう。久保田は、しっかりしてる面もあるけど、少しおさないところもあると思うので、もう少し大人っぽくなったらなあーって思います。（馬場）
・たん生日おめでとう。二学期末テスト絶対負けないからな（おまえはすでに死んでいる）
・久保田お誕生日おめでとう。クラブがいっしょということで、いろいろありましたね。テニスと学級委員がんばってください（井手）
・久保田君は、顔の色が白いのでうらやましいです。学級委員とクラブのテニスがんばってください。（坂田）
・もう　絶交したのだから、しゃべったり、すけべをしたり、しないでください。大キライ（松島）
・たん生日おめでとう。テニスをがんばってください。（小畑）
・13回目のお誕生日おめでとう。テニス部がんばってください。（田中　良子）
・誕生日おめでとう。期末で福田君をぬくようにがんばってください。（本田　誠）

（ちょっと一言）

十一月生まれの友だちと／歌ってみたい歌がある／秋の枯葉のレクイエム／かなしく光レクイエム

いま、二十一日の「校内合唱コンクール」をめざしての練習をしていますね。「赤い花白い花」という歌と、「二人の子ども」。とてもいいハーモニーをかなでるような歌声を聴かせてもらっています。（ちょっと、時に「日本語」の「音の響き」のよくないというか、聞きとりにくい「ことば」になってきこえるところがありますけれど、…）しかし、一日の生活の終りに、みんなが心おきなく声をはずませ、淡い恋心をメロディーにのせて歌い、感じ入っていくなんて、ほんとに幸せな気分にさせてくれます。

できることなら、「コンクール」は終わっていても、みんなで、一日のほんとうに生活の終りに、歌ってみたい歌を口ずさむだけでも、そんなことができたらと思います。

人は、夕焼けの空をみて、しばし佇み、その変化していく様をみて感嘆し、自然のかなでる静かな美しさに感動さえします。『大草原の小さな家』にも、自然の美しい場面がたくさんでてきます。しかし、実際の景色はもっとすばらしいものです。

作家の椋　鳩十さんは、夕焼けは太陽がはるかなかなたから、今日一日に出会ったもろもろの自然、動物や人間も含めて、とりわけ、高い山や木々の梢にむかって、〝さよなら〟を言っているのだと、いつか言っておられました。

別れはいつも美しい美しいって言っておられました。ことばをもってみると、また美しさはきわだってみえます。たとえ、山肌が木々の葉を色とりどりに染め上げることはできなくても、美しい声で心をなごませ、あるいははずませることはできるのですから。

今月の「誕生を祝う」数々の「ことば」には、「こだま」が飛びかっている思いがします。それどころか、いよいよもって「死神様」が登場してきたり、「魔女」の「呪文」が聞こえてきたりしています。それだけに、なかなかもってこれからどうなっていくのやら、予断は許されない情勢になってきたようです。それはむしろ、お互いの心の交流が盛んになった何よりの証拠でしょう。

そんなこんな気持ちから、「ちょっと一言」、提案じみたことを申し添えてみたくなりました。（了）

五、十二月生まれの友だちにおしえておきたいことがある…《学級文集・1-5》第十八号（'85・12・24刊）

十二月生まれの友だちにおしえておきたいことがある
人は冬の旅に出る　白い荒野をどこまでも　白い荒野をどこまでも
ルールル　ルールル　ルール　ルルルルルー

〃木は冬に年輪をきざむ〃と、言われます。白い荒野の冬の旅！すさまじいほどの希望だ。そしてなにより強烈な実践だ。そうであってこそ、春のあたたかさ―人生の喜びもひと潮というもの。いや、そうではない。人間は、孤独な、自分と闘うというきびしい道を行く以外に、真に人間になるということは出来ぬ、と言っているのでしょうか。〃きびしい道をいけ！〃と、いうわけでしょう。

この十二月に生まれた人は、山下浩くんでした。

十二月二十八日生まれでしたか？冬休みに入ってしまうし、また一月になってするのもおかしいし、本人はもとより、学級のみんなの了解もとって、二学期のうちに〃誕生日の紹介〃と〃メッセージ〃をもらうことにしました。では、さっそく、山下君の誕生日を迎えた感想をきいてください。

山下　浩（47・12・28生）

13才になって、うれしいことはないけど、期末テストがひどく悪かったので、勉強をばんばりたいと思います。

※浩君、「13才になって、うれしいことはないけど」ってこうのっけから言われると、やっぱり悲しい思いになってしまう。その上、「期末テスト」まで「ひどく悪かった」って言っているから、二重に「ショック」だ。でも、「悪かったので、勉強をがんばりたい」と、そう言っているので、いくらか安らぐこともできるようだが、どうやってがんばるんだい。そこがちょっと気がかりだ。「期末テスト」については、ほんのちょっとだけだったけど、「なに」が「問題」か。各教科の「問題」というのは「何か」、ということをいくらか明らかにしていったね。こういうことを、もっと、日常的に、ふだんに「自覚」しながら、「どうしたらいいのか」解決していく。そんなとき、「友だち」がいたら、どんなにいいかわからんと思う。そんな友だちを大事にしなくっちゃね。これから、「勉強をがんばりたい」と言ったら、ますます、そういう「友だち」が欲しくなっていくでしょうから、やっぱり、自分もいい友だちになれるように「努力」しなくっちゃいけないよね。そういう意味で、ほんとに「がんばって」ください。応援します！

(贈ることば)

・13才、おたんじょう日、おめでとう。あまり、席が近くになってもしゃべりませんネ。でも、いつも、明るい浩くんでいてくださ。(坂田　千代美)

・十三才のおたん生日、おめでとう。浩くんはいつも、他の男子にいじめられてるね。いじめられてもまけんごとね。これからもよろしく。(尾上　智可子)

・誕生日おめでとう！これからも、もっと、勉強、スポーツにがんばってください。(作本　美奈)

・誕生日おめでとう。めったに、しゃべらんけど、友達は友達。(松島　加奈)

・浩くんおたん生日おめでとう。たん生日まったくちがう日だそうだけど、〃13才〃という実感はしますか!?まだなりたて（なるまえ）だから、わかないでしょうね！実感なんて…。浩くんは、いつも、係の仕事などまじめにいっしょうけんめいしてますねぇ〜こ

れからもがんばってね！（馬場　圭美）

・浩くん、おたんじょう日おめでとう。浩くんは、お姉さんとそっくりですね。これからもよろしく（横田　カオル）

・たん生日おめでとう。浩君は勉強をがんばるといったので、がんばってください。（若杉　豊）

・浩君へ　たんじょうびおめでとうございますべんきょうもがんばってください。（山下ゆ）

・たん生日おめでとう。あんまりひどいまちがいをしないように。（浦山　周一）

・たん生日おめでとう。正月の近くで生まれてよかったなあ。お年玉も、いっぱいもらわるっとやろ。（井手尾）

・ぼくは、あまりひろしくんと遊ばないのであんまりなにもしらないけど、おたんじょう日おめでとう。（原）

・たん生日おめでとうまゆみちゃん（福田　貴晃）

・たんじょう日おめでとうカゼなどをひかないようにべんきょうをがんばってください。（小畑）

・勉強をがんばるといったのでがんばってください（上戸　頼忠）

・まんじゅうといわれても元気にがんばってください。たんじょう日おめでとう（松永）

・浩はいつもたっきゅうばっかりして、しかしこの前教室でみんないっしょにラグビーをしたのは面白かったけんまたしようぜ!!（久保田　明日香）

・たん生日おめでとう。勉強にスポーツにがんばって下さい（坂元　城夫）

・たん生日おめでとう。おいのほうが２ヶ月２日年上だからこうはいらしくせろ（山佐）

・たん生日おめでとう。もっと勉強がんばれよ。それとMさんと仲良くな。（長龍寺より）

・浩君誕生日おめでとう。ではいまから体育の実技を始めます（本田　誠）

・誕生日おめでとうお。勉強をがんばってください（山浦　寛和）

・ひろしくん少し早いお誕生日おめでとうひろしくんはなぜそんなにまんじゅうみたいなのですか（?）

※このほかに、次の人たちからも「メッセージ」を寄せてもらいましたが、本文は割愛して、名前だけ載せることにします。

・森本・TVスターつとむ・TVスターまもる・中島裕子・松尾・土井・井手京子・田中り・塩塚奈美恵・赤瀬敏之・本田じ・西川・(?)・(?)、以上十四名

―了―

第9章　転入生・山浦寛和（ひろかず）くんをむかえて

―自己紹介と歓迎のことば―《学級文集・1-5》第十七号（発行’85・11・26）

（自己紹介）

山浦寛和君、あなたは、どこからどうしてこちらにやってくるようになったのですか。むこうの学校での生活のようすや、あなたの趣味・特技・親しかった友だちのことなど、どうぞ。

1-5　山浦寛和です。

平戸からきて、お父さんの仕事の関係でここにきました。

むこうの学校での生活の様子は、だいたいまじめにしていました。時々、先生にもおこられました。自分自身の趣味は、べつにないです。特技もありません。親しくしていた友だちは、みんな、ふつうの友だちでした。少々、不良のような人とか頭の良い友だちもいました。

○平戸市ってどんなところだったのだろうなあ。「お父さんの仕事」って、どんなお仕事をされているのかな？「ここにきました」って、どこ町の何番地に住むことになったのかな。

むこうの学校では、「教科の勉強」以外に、どんなことに取り組んだりしていたのかな。「趣味・特技」のこと、今からだもんね。自分のやりたいこと、また、これは面白そうだと思うことなど、自分が生かせそうなものをみつけて、これからますます、充実した生活を実現していってほしい。

どうか親しかった友だちには、折りをみて、近況お知らせの「便り」を出すといいね。そして、こちらでもいい友だち関係をつくっていくよう、お互いに努めよう。みんなに〝どうぞよろしく〟は？もういっちゃった！？

【歓迎のことば】

・早くこの学校になれて、わからないことがあったらなんでもきいてください。（鳥越）
・仲良くしてください。早く一年五組になれなさい（不明）（かき人知らず）
・仲良くしてください。早く一ノ五のみんなとしゃべれるようにしてください。（本田ま）
・東長崎中学校の生活に早くなれてください。きっとすぐなれると思います（中島）
・転入してきてまもないのに・・・友だちをもっとたくさんつくって学校生活をたのしくすごせるようガンバッテください。（不明）
・はやく五組になれてくださいね！（松尾）

・わからないことなどあったら、私たちに聞いてね。みいんな親切ですよ!?（土井）
・早く一年五組になれてください。（山下ひ）
・早くみんなと仲よくなってください。（赤瀬）
・早くこの学校になれてください。（山佐）
・まだ話したことはないけど、これから仲よくやっていこう（長龍寺）
・早く一年五組になれてください。（坂元）
・一年五組に早くなれてください。（西川）
・一年五組全員としたしくなってください。（横田）
・いっしょにやろうよ！Ｌｅｓｓｏｎ４（福田・久保田）
・早く友だちをたくさんつくってください。（岩崎）
・学校になれて、友だちをいっぱいつくってください。（田中や）
・東中にはやくなれて、よい仲間をつくっていってください。（田中良）
・山浦君は、まだ、東中にきたばっかりでなにもわからないようなので、おしえてあげたいと思います。山浦君、はやくこの学校になれてください。（原）
・山浦君は転入してきたばっかりで、私の席の後にきましたね。英語の時間、初めてしゃべったね。これからもみんなと仲よくして、早く東中の学校に慣れてください。（井手）
・山浦君はたしかサッカー部に入ってたっていっていたので、サッカーに入れば良いと思います。勉強・スポーツにがんばってください。（山崎）

・勉強で、わからないことがあったら、ぼくにまかせてください。

（山下　裕）

・こんにちは！山浦君。東中ってけっこう大きいでしょう！?けれど、教室がせまくて…。部活動もあんがい多いです。バスケット、バレー、テニス、サッカー、野球、水泳、その他いろいろ。何に入るのでしょう?山浦くんは、それとも〃きたく〃部?平戸も部活動なんかあるのでしょう。まだ東中に来て、何日しかたってないので、わからないことがたくさんあるでしょうから、わからないことは、みんなにいろいろきいてください。（馬場）

・ぼくはサッカー部です。山浦君も部活にはいるんだったら、サッカー部にはいれば…（上戸よ）

・わからないところがあったらぼくにきいていいぜ。くつ下とかはまだワンポイントがはいっているからはいってないのをはいてくるように。（久保田）

・山浦君はまだきたばかりなのでいろいろとわからないところがあるでしょう。でも、これからは、五組の仲間の一人なのだから、わからないところはえんりょぬきで質問してください。そして早く、この五組のみんなの名前をおぼえてくださいね。たいへんだろうけど…国語の時間、いっしょの班なので、よろしくお願いします。（塩塚）

・この東長崎や中学校はどんな印象でしたか。少しの間はまだなれないかもしれないけれど、たくさんの友だちをつくって、勉強にもがんばってください。（坂田）

・山浦君、平戸からこっちにくることになってさみしかったでしょう。けど、一日も早く、東長崎中学校になれてください。（尾上）

・山浦君、こんにちは。山浦君が一の五に来てまだ二日…。少しはなれましたか。一の五は、さわがしいクラスですが、とってもいいクラスです。おもしろい人がたくさんいます。まだ、山浦君とは一度もしゃべってないですね。早くこのクラスのみんなとしゃべれるようになってください。（森本）

・はじめまして!!山浦君とはまだしゃべったことありませんねえ。はじめ見たときは、なんだかおとなっしそうだなあと思いました。

この組は、以外と明るく楽しい組です。こんな組であと数ヶ月よろしく!!（山内）

・山浦君一年五組へようこそ。なぁんてね。五組には、やっぱ色々いて、体が大きいのに中身は、まだ子どもの人とか。小さいのに中身は大人だとか。あっそういえばちょっと前に、おもちゃの鉄砲で、あそんでいる、「ガキ」が数人いたような気がしたんです。が…。まぁとにかくみんな仲良くしていきましょう。（松島）

・山浦くん、はじめまして。僕は、君をどっかで見たことがあるみたいです。よろしくお願いします。（浦山）

（歓迎のことばにかえて）

コスモス／金井　直（かない　ちょく）

あなたたちは
どんなわずかな風にもさからわない
それぞれの色を大切にしながら支えあっている
誰に見せるためでも　誰にほめられるためでもない
みんな自分だけを相手にしている
自分を信じている
人があなたたちの美しさを持ちたいと願っても受けつけない
人は手出しをすることもできない
あなたたちの中に住みたいと思っても
はいりこむすきがない

みんな自分自身に充ちている
人はせめてひとときでもあなたたちのそばに在りたいとのぞむ
そして胸につけては歩き
びんに活けては部屋をかざる
それでもあなたたちは人の愚かさをわらうでもなく
やはりそれぞれのいのちを一生懸命に生きている

(『日本の愛の詩』土橋治重　編著より)

〈第三学期〉

第四部・まとめ

第10章　学級の人間模様（3）

一、歩き方を探し始めた君たちへ（学級文集1-5）＝第十三号＝（発行'85・9・27）

―君たちの、今年にかける抱負と期待を感じて―

新年と同時にやってくる第一学年の三学期。みんなが、今年の抱負と決意を述べた文章を読む。その中で、数人の人たちが次のように書き記しているのをみた。

「三学期は、一年生にとって最後の学期であると同時に、また二年になるための準備の学期でもある」と。全くそうだと思う。これは、まさに、過度期の意識に外ならないのです。それは、一体全体、自分はどこからどこへ行こうとしているのか、ということについての自覚がことばになって出たものでしょう。だけど、そこに表されたことばは、人それぞれに異なっています。それはとりもなおさず、自分自身をどのような過度期にいるととらえたかによるのであろうと思うわけです。

しかしながら、たとえ表現はそれぞれに異なっているとはいえ、すべての人のそれぞれの表現には、なんとしても「理由」、あるいは「理由の意識」が現れているのです。

このことは、何にも増してすばらしいことだと思う。それは、いかに一人ひとりが、自分の生活を含む全体の生活なり、あるいは一連の流れや人々の心の動きの中で、自分自身の生活の一こまひとこまを、またその全体のあり方をより深くとらえるようになってきたという何よりの証拠だと思うからです。

自分自身をより深くとらえるというのは、「他人」の「まなざし」で自分を観るようになってきた、ということでしょう。

そこで、このことをはっきりさせるために、入学したての頃の「自己紹介」を思い出してみてください。そこにはいまも、えも言われない表現の特徴がねむっているのです。それは、自分のことを、何について「好きだ」「嫌いだ」のすききらいの気持ちにのせての表現で言い尽くそうとしているということです。

「好きだ、嫌いだ」には「理由」はいらない。しかし、「愛し、憎む」にはそれなりの「理由」がある。好きは好き、嫌いは嫌いで結構なことだ。だけど、その嫌いなことが、自分にとって大切であり、必要なことだって生じてくることもある。しかし、それに無自覚であれば必要であっても見向きもしないで過ぎ去ってしまっても無理はない。すべては自分中心に志向され、判断され、好き嫌いの線だけですべてを疑わないということのような言い方であったのでした。

いま、「他人のまなざし」で自分を観る、といったのは、ただ自分が好きなことを好きにしていればいいというのではなく、たとえ自分が嫌いなことであっても、中学生として、そしてこれから一人の人間として生きて行くためにはそれを受け入れ、なおかつ自分のものにしなければならない、そういうものがこの世にあるということ。しかもそのことをかすかなおそれと、やらねばならないとするふるいたつ気持ちが、はっきりと、自分自身に感じ取られるようになってきた、ということだと思うのです。

それは、自分にないもの、欠如しているものをそれとして自覚することだといってよい。

だから、多くの人たちが、三学期は、単に、三学期だけの学習ということでなく、一年の総復習の必要を自覚している。一年の学習を完璧にして二年に進級しなければ、と言っている人もたくさんいる。なにしろ、一年の学習が、なんにまして「基礎」だ、というわけでしょう。そして、ここを抜かしては、これからのどんな学習もおぼつかなくなってしまうという危機感があるからに違いありません。

しかし、「完璧に」するとはどういうことでしょうか。なにをどうしたとき、それが完璧といえるのでしょう。そのことで思い出すことがあります。広告文ではないですが、「実力は基礎学習の蓄積です。」という表現があります。これには、二つの「問」があります。その一つは「基礎学習」とは何か、ということです。それと「蓄積」とはどうすることかということです。言わば、何をどうするのか、というわけだ。実力というものをつけるためには、と。そこで大問題は、実力とは、それはなにかということだ。

一言で言えば、それは、知識と方法ということになる。知識とは、何かについての知識以外になにものもない。そして人間は、それをどうやって手に入れたか、それが方法だ。

では、われわれは、なにについての、どんな知識を、どうやって身につけていこうとしているのか、ということになる。さきの、「実力は基礎学習の蓄積です」とかかわって言えば、しかも要約的に言って、それは、自然と社会と人間に関する問題を解く知識と方法をもつこと、それを獲得してすすむことだといえるのです。

だから、いま、自然の何についての、どんな問題に、また社会の、人間の何についての、どんな問題が、どう問題にされているのかをはっきりさせていくことが、何より、先決問題ではないだろうか。そうしたら、そこにどんな知識が「基礎学習」としてあるのか、ということがみつかってくるにちがいない。そうしたら、それを解決するまでのみちのり方法は、それなりに探し出されていくものだ。友だちもいて、先生もいて、図書、参考書だってあるのだから。

しかし、大筋はわかっても、さて実践となるとまだ問題があります。それは、みんなの中のある人の意見ですが、「学習の習慣をつけるということが自分にとって最大の問題」だ、といっています。ほんとにそうだと思います。人間は、精神だけでなく、肉体をそなえているからです。これもまた、精神にまさるともおとらないくせもので、すぐに怠け、楽をしようとかかっているのですからね。

それにまたある人は、自分は「テレビを視る時間の量が問題」だ、とも言っています。たしかに、あれもしたい、これもしたいと、したいこともたくさんあっても一日は二十四時間と、物理的には動かせないわけだから、そう思うのも無理はない。

いずれにしてもこの人たちは、これまでの自分の生活習慣をなんとか打ち破って、そこから脱出し、前進したいと願っていることは間違いないわけだ。だけど、それをどこでどう実現していくか、ということだ。

そこはどこだ。脱出のための出口はどこにあるというのか。

やはり、それは、さきの「大筋」をしっかりおさえて、自分にとっていまなにがほんとうに必要であるというのか、ということをつかまえることだと思う。

そのこととかかわって、例えば、数学を、英語をがんばりたいと言っている。だが、それはただ「念仏」をとなえているようなもので、ここからは、数学の、または英語のどんな問いもでてはこない。「問」のないところにどんな積極的ながんばりも生じてくるわけがない。学習中なのは、君だ。その君が、数学のどこのどれが自分にとって問題かということすら言えないようでは、どうにもなるわけがない。

どの分野の、どの問題が、自分にとって問題か。そのための知識と方法こそ、その君にとっての「基礎学習」のはじまりだ。自分の「そこ」を「自分」で、追い込みながら「発見」していくこと。そこから、「蓄積」がはじまるのだ。

しかし、すでにある人は、「自分は是非公立の高校に進学し、出来たら四年制の大学までいきたい。」と言う。しかしまた、もう一人の人は言う、「高校なんかには絶対にいかない。中卒で働きに出る。しかし、バカではだめだから、それなりにがんばる。」、と。

この二人に共通していえることは、この社会で生きていくには、なんとしてもそれなりの「知識」が必要不可欠なものとして感じとられているからでしょう。それでも、次のAさんの意見をきいてください。

「私は動物が好きだから、将来は、動物の世話をする仕事がしたい。まずは、ペット屋さんにでも……」と。では、このAさんの意見にはどんな「問」があるのでしょうか。好きなことが生かされる職業につけばそれは幸せなことだといっているのでしょうが、はたして、いまのままのAさんでそれは可能かということです。どうしてかというと、動物の世話をするには動物についての知識とそれを実践する態度が必要ですね。しかも、動物といっても、世界中もさることながら、この日本にだってたくさんの種類がいるわけです。

その中のどの種類についてというように考えていくと、どこのペット屋さんかということになってきます。

動物という具体的生きものはいないのです。ペット＝愛玩動物という動物もいないのです。カバやラクダというように、リスやハツカネズミたちがいるのです。

だから、具体的に、動物についてのきちんとした知識・理解と飼育の方法を専門的に学ばなくては、そのための職業人としてうまく生きていくことはできないでしょう。そこに、いまのAさんにとっての「問」があるといえるでしょう。それにしても、Aさんの意見は、さきの二人の意見より、とても具体的で参考になるものでした。それをさらにここから、学習を結びつけて考えていくといいですね。あるいは、もっと別の方面で、動物たちのことを学ぶ機会をみつけて、精進していって欲しいと思います。

このほか、漠然と、スポーツと学習を両立させたいというような意見がいくつかみられましたけど、これこそ「言うは易く、行うは難し」です。「二頭を追うものは一頭も得ず」ともいうし、さらばとてその逆もある。「一石二鳥」ともいう。だから、両者を射止める方法さえ確立することができれば、それらを成就させえないこともないとは思うけど、なにをもって両立するかによるのではないだろうか。

さて、いくつかの特徴的な問題を列挙してきたけれど、もう一つ、最後に、自分の生活のあり方の総体を反省する表現の問題を取り上げてしめくくりにしたい。

一、なまけぐせをなおしたい。
一、けじめをつけたい。
一、自分をもっときりっとしたい。
一、気をひきしめて生活しなければ、と思う。
一、しゃきっとしたい。

これらは、異口同音に、これからの自分自身の生活態度を、自分自身で、きびしく律して悔いのない生活と同時に、充実した生活の創造をめざすべく、決意しているものに外なりません。そして、これらのことばの内側には、自分で自分自身をみつめる静かな心が、張ちきれんばかりに満ちているのが感じられます。どこからどうして、人はこのようなことばを口にするのでしょう。次の「詩」を読んでみてください。

鹿

午前の森に　鹿がすわっている
そのせなかに　その角の影
弾道をえがいてあぶが一ぴきとんでくる
はるかな　谷川をきいている
その耳もとに。

（三好達治）

さて、五人五洋様の表現をした人たちは、はたしてそれぞれにどのような「はるかな　谷川」をきいてのことだったのでしょうね。しかし、最重要課題はなんといっても「基礎学習」とは何かということだ、自分にとって。その蓄積をいかにするかだ。そのためには、いま自分に欠けているもの、それを具体的に探し当て、それに「名」をつけることだ。そのためには、みんなの中で、深く静かに潜行して、自分の行方を探すことだ。君にとってすばらしい友は、必ずそこにいるだろう。だが言うておく、学習の基礎は、「問」いをもつこと。「問」いはことばだ。

—了—

（一九八五・一・一九　記）

二、逆説としての童話、または童話は童話・だけど童話—「読んだ本・アンケート」を読んで—

たくさんの人が、アンケートに応募してくれて、ほんとにびっくりしました。その一人ひとりの分に目を通し読んでいきながら、その読書体験の多様さと豊富さに、また驚きました。そして、自然と自分自身が中学一年生であった頃の生活や社会、その中における自分やそのまわりの友だち、家族、学校生活での読書体験などが浮かんでくるのでした。

中学校に入学して、英語の辞典を買うのに、学校で引換券をまず、貰うわけです。しかも、それが一クラス五校か六校の割当ですからね。僕は、幸運にもそれが当たって、めでたく英語の辞典を本屋さんに買いに行って、手にしたときの、本屋さんから出るときのニコニコした気分をいまもはっきり覚えています。

そういう時代に比べると、現在の世の中は、比較にならないわけです。なにも本だけのことではありません。ありとあらゆるものが、それぞれに〃ピンからキリまで〃、それこそ多種多様、種種雑多に、あふれんばかりに出廻っているのです。そして人々はまた、こういう時代を、以前にもまして悩み多くすごしているのではないでしょうか。

それでも、みんなが応えてくれた「アンケート」を全体として通してみると、どんな本に親しみ、たくさんの本を読んできたか、そうでないかの比較ができる。しかし、本をたくさん読んだから「いい」とか、少ないから「よくない」とかの比較はできない。どんなにたくさん読んだからといったって、それが「暇つぶし」に読まれたものであれば、それは結局、他人のためのものでしかないことになります。本を読むうちは、自分がその本の中の世界から、どう飛び出し、どう跳び上がろうとしているかにかかっているといってよいでしょう。そしていま、自分が本当に読みたい本にめぐり合っておれば、もうそれは最高でしょう。また、そうでなくてもそういう出合いを探しながら、同じ本と何度も何度も読み返しておれば、それも立派なものだと思う。

また、読書の傾向として、手当たり次第に、次々と、いろんな作者のいろんな本を読む。さらに、文芸作品のみならず「マンガ」や「雑誌」といえども逃さない勢いである。たくさんの人達がそういう読書の傾向にあるとき、もうすでに、一人の著者のいろんな著作を読んでいる人もいるのです。もちろん、その人だって、他の作者の作品も読んではいるのですが、そういう中にあって、同一作家の作品を集めて読むなんて、なんてすてきなことでしょう。それは、その作者の「眼鏡」をかりて、世のこと、人のことを「観る」という「体験」をすることであるのですから、とてもいい勉強=人生体験になるわけです。よくわかった人といっしょに旅行しているようなものだと思います。なんといっても、中学一年生は「初心者」なんですからね。「蜘蛛の糸」、「魔術」、「杜子春」、それらは「白」、「アグニの神」、「三つの宝」というお話といっしょになって『三つの宝』という大きい一冊の本で、出版されたのですね。

「トロッコ」、「地獄変」も同じ作者、芥川竜之介なんですね。

『三つの宝』という本は、昭和三年六月二十日発行、定価五円、となっているのです。僕も時々、それを出してきては「蜘蛛の糸」を読んでは、「砂の女」（安部公房）と比較したりして、二人の作家が、どのように現代をみ、人間というものをとらえようとしたのかを考えたりします。そして、そこで疑問に思い、解けない課題というか、新しい問いを得て、又別の作家へと移っていく。しかし、不思議にも、人はやはり人間が最初に出会った人のところにいつしか舞いもどっていくものなんですね。でも、二度目の出合いはもっともっと自分にとって豊かなものをもたらすようです。そこに、このような読書のメリットがあるといってよいでしょう。

乱読の中にも、なにかキラッと考えるものを感じたら、逃さずそれをつかまえることも大切ということですね。ところで、いつだったかある中学校で、やはり同じようなことをしたときのことだったか？こんなことがあった。――

「私はなにがいやだといったって、これほどいやなものはない。」と、言って次のように言った。

「それは本よみです。」そして、その子は自分のそのことばの「暗示」にかかったまま、どんな本も読もうとはしなかった。だが、からだを動かし、仕事をしたり、運動したりすることには人一倍の興味と関心をもって実行していった。

今度の「アンケート」をみながら、ふとその子のことが頭に浮かんできた。そして、ちょうどこのアンケートをしている頃、僕は僕の一人の友人から一冊の本の名前をきかされたのです。その本の名前は、『歩き方を探す』というのです。林光さんという作曲家の方の著作なんですね。新聞の広告で、僕もみてたのですが、いつしか忘れてしまっていたのでした。僕もさっそく取り寄せてもらうことにして、それがやっと年末頃に手に入ったのでした。

ところがその本がとても面白くってね。なにしろ、本を開くと、開口一番、「プロローグ」というのがあってね、次のような題名になっているのです。「見るちから、よく見える場所」ってね。そして、次のお話がはじまるのです。みなさんも、ちょっと読んでみてください。

＝「童話で世界がなんであるかを学んだ少女がいた。体が弱かったから、学校へもかよわず、外に出ることもなく、ひたすら童話をよみ、人生も、社会も、ことばも、モラルも、美や芸術についても、裁判や法律についても、そのほかもろもろのことがすべてを、童話から学んだ。童話の世界は、それほど広いものだった。両親が死に少女が、兄とふたりきりになり、やがてその兄が、身におぼえのない罪をきせられて、死刑にされようとした時、兄を救おうと行動をおこした妹が手にしていたのは、童話の世界で学んだ知恵だけだった。

童話の中で無実の兄を救うのは、賢明な裁判官だ。彼は被告をひと目見て無実を知り、奇想天外なトリックをもちいて、つくられた証拠をくつがえす。だが、現実世界では、少女が訪ねた裁判官は、べつな証拠によってしか証拠はくつがえせない、それが裁判というものだと言うだけだった。ふたりめの裁判官を訪ねる時少女が願ったのは、童話の中でのように、せめて賄賂を取って無罪にしてくれるのであったら、ということだったが、裁判官は、そんなのは時代遅れだ、と答えただけだった。

ついに少女は決心し、法廷で裁判官を刺すことにした。もちろん、少女はその場で捕えられ、処刑されるだろう。だが少女の行為は法廷を、世論をうごかし、再びひらかれる裁判で、兄の無実はあきらかになるのだ。

少女の計画はみのらなかった。最新式の探知機が、法廷の入り口で、隠しもった少女のナイフを発見してしまったのだ。少女は精神鑑定を受けて収容施設へおくられ、事件はいっさい報道されなかった。」＝

さて、長い引用になってしまったが、この物語はなにを暗示しているのであろうか。著者は、そう問いかけながら、「怒りや悲しみ、喜びや理想、人間の〈幸福をもとめる叫び〉をストレートにぶつけていくことが、こんにち、どれほどむつかしいかということではないだろうか。叫びがとどくか、はじきかえされるかでなく、はじきかえされたことを、いや、そもそも叫びが挙がったという事実そのものが「見えなくされてしまう」と言っています。「見るちから、よく見える場所」をもとめての出発のことばです。

なにが「見えなくしてしまって」いるのだろう。どうすればいいのか、とね。

それはともかく、このもどかしいストーリーそのものには、また別の観点もありうるでしょう。それは、少女の余りにも悲しい結末になってはいるけれども、たった一人の肉親の兄、しかもその兄が無実の罪に問われているとき、どうして手をこまねいていられようか。しかし、その行動を起こすエネルギーはどこにどうして生じてくるものか。ここには、本を読むことの意味と意義が深くひそんでいると思うわけです。

幼少時の自分の直接の体験なり、身近かな人々のくらしを見開いする範囲での「ことば」の「世界」から、どうやって「広い」「世界」へと脱出し、それと同時に、その直接体験の世界をより「豊かなもの」にするか。そこに「読み「書き」のしごとのはたらきがあるのだと思うのです。

そうです、その「読み書きのしごとのはたらき」ということについて言わなければなりません。

さきの物語の少女が、実はなによりもそのことを有弁に物語っているというか、実践していることなのですが、それについていますこし詳しくみていきます。そうすると、その「読み書きのしごとのはたらき」というものが「見えてくる」ようになると思うのです。

少女は、兄を救おうと決心します。そして、そのために、立ち上がり、行動していくのですね。少女のその決心には、実はなみなみならぬものがあるのです。死刑の判決を受けているのですよ。裁判という制度、それを支える法律と権威と権力の前に、それは、少女が立っていることを意味します。しかも、少女は、唯立たされているのではありません。兄は無実の罪ときせられているのだという兄への信頼と確信を持って、それに立ち向かっていこうとして、立っているのです。

その兄への信頼と確信を、この少女はどこでどうして手に入れたのか。それこそ、ふだんの少女の経験の中で感じとったものだと思うのです。少女でなければ感じ得ない意味を、しっかりとつかんでいるのです、きっと。なぜならば、少女は「ひたすら童話を読み、人生も、社会も、ことばも、モラルも、美や芸術についても、裁判や法律についても、そのほかもろもろのことがらすべてを、童話から学んだ。」と、ある。

だから、少女には、兄の無実が「見えている」わけなんだね。そこに、少女の勇気と知恵が沸いて来たに違いない。だけど、実践は悲しい結末となって終わった。

そして、そこに、法律とは、制度とは、…一体なんだろう、という問いかけがおこっているのを感じないわけにはいかない。

もうそろそろ、それぞれが自分の「歩き方を探し」はじめたころ、この少女の物語は、また格別の意味をもってよまれるのではないかと思うわけです。

すばらしい童話は、表現の構造、いわば骨格がしっかりしていて、読む者の心や気分を「きりっと」させてくれます。そしてなによりも、比喩的表現と象徴的表現に富んでいることはその特性ではないかとさえ思う。そういう表現の形式、方法にふだんから慣れ親しんでいくことが、実は、鋭く現実を分析し総合する精神の働きをもたらすことではあるまいかとさえ思う。僕も、昨年は、六月七日(金)から十、十一月にかけて彼に読みきかせる形で、四十四冊とさらに教冊の童話を読んできました。そして、いまもその中でくり返し読み味わっている本が教冊あります。なかでも、みなさんに「紹介」した『さかなはさかな』という童話はことのほか好きな童話の一冊です。なにしろ、物語りもさることながら、また「絵」がすてきなんですね。一度、手にとってみてみてください。そうしたら、だれだって、きっとすきになると思います。

—おわり—

(一九八六・一・十四　記)

三、土曜の午後の感想―二・二三の帰りの学活を代行して―

『時に佇つ』というのは、ある作家の作品の題名です。〃時に佇つ〃ってどういう意味だろう。まず、その、「佇つ」という字をなんと読むか。辞書に「たたずむ」とある。それを作者は「佇つ」（たつ）と読ませる。そのこだわりについて作者はある長命な人の「言うこと」に教えられて、それをたしかめた上で、それを引用しながら、そう読ませるべき根拠をさし示している。そうすることで、作家は自分の表現しようとする心の奥底にある自分の本当の気持ちと、あるいは心いきというものをそのことばに託そうとされたことが註釈としてその本にかかれてある。

「時に佇つ」ってどういう意味だろうか。人は生まれてこの方、それなりの道をあゆみ、いくつもの峠を越え、とある峠に立ってはまた、自分の人生をあゆみ続けていくのではないか。そのことに老若の区別があるわけはない。君らもすでに、いくつもの小さな峠を越えていまも歩きつづけていることにちがいはない。

そうした人生のとある峠で、いま自分が通ってきた道を、その景色を、そして出合った人々と場所を想い、時の流れを感じ、時代の中に生きる自分とその人々の姿を想い起こしてみたとき、自分自身の時代と人間としてのどんな生き方がみえてくるか、ということ。そういう人生に対する、誠実と希望の物語なのです。そういう峠路の重要ないくつかが、人には必ずあるし、それを考えないではやはり先へ進めんのではないか。

「時に佇つ」、だからすきな表現だ。

土曜日は、約束通り十二時半に少々前教室に行った。そうしたら、二組のグループがカードで楽しんでいた。一方のグループはちょうどきりがよかったときだったのか、すぐに止めて下校の途についた。もう一方のグループからは「この回までしたら帰ります」、という声がしてしばらくしたら「さようなら」と言って帰って行った。

もうだれもいなくなった教室の教卓の側に立つと、いままでいた等身大の透明人間たちがうようよ動き出してくる。机がきれいに並んだ列もあれば、椅子と机がばらばらにはなれていて列を乱している列もある。だから乱れた列というのは、椅子を後ろにけったまま、その子はその椅子に手もかけないで、急いで帰っていってしまったというわけだろうか。そうだったら、なんという君は無様な透明人間であることかと、言ったところでどうなるわけでもないが。また、ある子の机の上には黒い学生ズボンが一着、無雑作におかれていて、異様にさえ見える。そしてその椅子の背には灰色のトレーナーが着せてある。まるで、さっきとは逆だ。着物まで載せたり、着せたりのなんという思い入れだ。木製の椅子と机というのに。それに椅子も机の中にきちんと入れられてあるのだから、この座席の子は立ち上がってからその椅子に何らかの手を当ててかえったはずだ。そのときその手にそのトレーナーにさわったことだろうに。やっぱり椅子に着せて帰りたかったのかな。

帰りの学活のとき、浩君が「係りからの連絡」という時に「ロッカーのジャージをもって帰ってください」、と言った。そしてそのことについて、「それはどういう意味ですか。」とわざわざぼくは問い返した。すると、「洗ってくるように、かな…」と、そのときの浩君の返事は、なんとなくみんなにはあいまいにきこえた、それでも、ひょっとしてその必要のあるジャージの持ち主もいるかもしれないと思って、ぼくは、「その段どりをしなさい」と、言った。そしたら、久保田のほかにも動くものはいなかった。

いまこうしてだれもいない教室に立ってみると、浩君がなんの係りで、どういう意味で言うべきだったかは、たちどころに明白であった。

ロッカーの棚、窓の下の台、それに流し場の台、それらの上に放り出されたり、放りこまれたりしている主のない品々たちが、勝手放題の形としてもつれ合っているのだから。それは何という有様か。たためないのか。たたまないのか。他人の領分をおかしていながらもか。しかし、ジャージがむき出しのまま放っぱらかしにされてあるのは概して少ない。ほとんどが置いていないのだ。そうであればあるだけ、たしかに係りから一言として言われるべき事柄だと思った。しかし普段の日のジャージはどういうふうにしてロッカー棚に保管されているのだろう。そういう思いもあって、一わたり棚の様子だけをみてまわった。

いろんな仕方があるもんだ。はちまきでジャージをくくって放り込んでいるのもある。そのままむきだしにぶち込んであるのもある。そうかと思うと、大きめの袋が、多分それらしく思われるものもある。窓の下の台の上になにかふあふあしたものの入った袋がある。それも多分、体操服などが入っているものかもしれない。

そうして一巡してまたもといた場所に立つと、教室の両側に静かにひそんでいるそれらの一つ一つのものから見られているような感じになってくる。それで、見返してやるからみていろ！むき出しのままおいているジャージの主は何人いるのか数をあたってやろうという気になって歩き出した。

するとどうだろう。今まで気付かなかった、ある片側の棚のとある一隅になんと整然としていることか。その場にひきつけられてしまうような場所があったのです。

与えられた小さな空間を、ただそれだけのひろがりにふさわしく、他の領域を一分（いちぶ）も侵すこともなく、されど、自分の領分をちじめることもなく、利用しているのです。そのためのちょっとした工夫、さりげない心づかいがなんとも美しく思われてきて、もう数をあたることなど止めてしまうことにした。

こんなにすばらしい心づかいをしている状況に出合えるなんて、なんというれしさだ。

ところが、教室の後ろの出口に向かって歩くと、ごみ入れのバケツのまわりにボロボロのパンくずが目に付く。なんときたないものか。これでは、月曜日の朝、一番先に登校してきた子がどう思うか。朝からパンくずなんかいらないことだから（すずめの子が来るわけないのだし）、これだけははわいて捨てておこう。そして、かぎを締めた。

人が独立していくということはどういうことだろうか。廊下に出ながら考えた。少なくとも、一人ひとりの子どもが自立してやっていけることを、他人はその子のなにによって判断していったらよいのでしょう。

たしかにあの「ミミコの独立」という山之口獏さんの詩には、他人に束縛されないで自立した行動が論理的にも裏付けられて実現している姿がいきいきと愛くるしいまでにうたわれています。しかし、それはあくまでも幼児の生活の姿であるのです。たとえ独立というものの論理性は貫かれているにしても、です。だったら、いま、思春期を迎えている少年たちのための独立の指標はなんだろうか。

そう思いながらも、ぼくはＡ・Ａミルンの次の詩を思い浮かべた。

僕であること

僕には／小さな住家があるんだ、／いっぱい／
人がいてもさわいでいても／そこの住み家へ／僕はいける。
僕には／小さな住家があるんだ、／そこへは／
だれだって行けやしない。
僕には／小さな住家があるんだ、／そこでは／
だあれも「ノー」（いけません）なんていわない。
そこでは／だあれも、あれこれうるさくいわない。
―だから、／僕のほかには／だあれもいないんだ。

（【母とこの詩集】・集合　博著）

子どもは小さいとき、母親の胸のふくらみの中を自分のすみかにして暮す。だんだんと成長していくごとに、子どもはその自分のすみ家をもっと他のところへひろげていく。

次にみつけるところは、やはり母の、こんどはエプロンのポケットの中か。そこにはときにおいしいキャラメルがあったりして、子どもはよろこびあてにするようにもなる。歩くのがだんだんうまくなると、こんどは自分の服のポケットの中を、自分のすみかにして遊ぶこともできるようになる。珍しいと思うものをなんでも拾ってはポケットに入れて楽しむ。

そうこうしているうちに、ポケットには一番大事なものだけ（宝物）を入れ、第二、第三の宝物は、とある階段の下とか、石がきや庭の片隅、などのちょっとかくれたところなどもすみかにして暮す。

もっと大きくなっていくと、机の引き出しはその子の宝の庫だ、きれいな、かわいい小箱にはその子の一番大事な宝物でいっぱいになる。

教室の片すみに整然とした自分の住み家を、さりげなくこしらえて生活しているつつましい姿は、もう忘れかけようとしていたA・Aミルンのもう一つの詩、「階段を半分降りたところ」というのを、突然想い出させてくれたのでした。

それでも人はどうしたらそういうたしかなすみ家をたのしみながら（他人から言われてするのではなく）暮して行くものなのか、なんて人間というのは不思議なものだろう、とつくづく思いながら帰途についた。

階段を半分降りたところ

階段を半分降りたところに
ぼくの坐る階段があるんだよ。
これとそっくりおなじ階段には
どこにだってない。
いちばん下でもないし、
てっぺんでもないんだ。
だから、ぼくは　いつでも
そこで　とまって　坐るんだよ。

階段を半分昇ったところは
上のほうでもないし
下のほうでもない、
そこはママのお部屋でもないし
町の通りでもない。
だから、いろいろなおもしろい考えが
ぼくの頭の中を駆けめぐるんだ。
それは
ほんとうにどこにだって
ないところ！
どこにもない　いいところなんだ。

（A・A　ミルン）

たった一日のこと

どこで
私は
人間のあの温かさと光りについての

どんなときにも壊れない
感受性を身につけたのか——
不思議に思われてくる。
私の見かたに
まちがいがないなら、
それはまったく
子どもの日の
完全に自然と融け合った
たった一日の記憶から
きたものにちがいない。

美しい夜明けから始まって
その日一日
美しく時間が流れて
美しい夕べになった、
その日一日の記憶から——。

（ロバート・フロスト、米国の詩人——による）

〈一九六三・二・二三日〉

四、〈いい日　旅立ち〉を願って　彼に、そして彼女に！かけがえのない生命を生きるわれわれ自身に対して…

○『21世紀を生きる君たちへ』には、アジアの中の日本としての日本人の生き方が深く追求されながら、一人ひとりの役割を自覚させてくれています。しかし、先日は、その中のほんの一節、「いま学んでほしいこと」―学校・家庭の場で―と、いうところを読んでみただけでした。

・受験戦争の構図…受験戦争に勝ち残った者にしあわせな将来が…と思うのはある部分、幻想だってさ。
・自分を発見する場…人間教育とは、学校とは、通知表とは絶対ということはないのだ。
・子どもの特性…子どもには個人差がある。早くから目立つ子と、おくれて優秀になる子がいる。
・生きる力…コンプレックス、それをバネに自分を磨く。世の中、学校の成績だけできまらない。
・話し合える雰囲気…「私の部屋」をめぐって…猶予期間を有効に使うことの大切さを考えて…。
・親子のルールづくり…「帰宅時間」をめぐって…相手への思いやりと優しさからの行動、表現を！

○この本は、彼に、是非、読んでもらいたい本ですね。そう、二人で話し合ったばかりの放課後、その彼を見た。
彼は、靴のかどを「く」の字、「く」の字にふみつぶして、校門から出て行った。それをみて、二人は思わず「それ」が彼のいまの気持ちをあらわしているのではないか、と気づいた。彼は「くしゃくしゃ」の気持ちをいだいて、どこからどこへ行こうとしているのだろうか。いやいや、彼は、その「くしゃくしゃ」した気持ちを「ふみつけて」、自分の道を見つけ出そうとしているのだろう。

○でも、もう一人の彼をみてると、人間というものは、もちろん自分を含めてのことだけど、いかにも小山内さんが言ってるように「コンプレックス」の塊みたいなものだと思う。要は、だから、それを逆手にとってよし、自分は「ではない人間になろう」と、そう努力していくのだと思う。現に、たくさんの人が、そうした努力を続けているのをみることができます。このことを小山内さんは、「それをバネに自分を磨く」と、そういっておられるのだと思います。そこで、なにを「バネ」にするかは、それぞれに違いがあるでしょうが、やはり自分を見つめなおすところに、「それ」は発見されていくのです。とりもなおさず、それが「発見」される「場所」は「学校」というか、沢山の人が集まるところ、そういう中で「自分」というものはみつかるものです。

○またそこには、よきライバルというものもでてきて、思わぬ楽しい生活も生まれてくることは、みんなもよく知ってのことでしょう。しかし、よく見渡してみると、ほんとに気弱な人がいるものです。

もし、自分は力が弱いなあ、と思ったのなら、どうしてその弱い力を強くしなければとはげまないのでしょう。それでいて、自分はほかに強いものをめざすでもなく（弱いと思うにかかわらず）、ただ表面的に、強いふりをしてみせているだけに気を使っている人もいないではない。

「虎の衣を仮る狐」という「ことわざ」があるものです。「強いものの威力をかさにきて、他人に威張るものを指す」（『故事名言、由来、ことわざ総解説』―中国の古典と詩歌―）

でも、自分では「威張る」つもりはさらさらないが、実は内心、びっくりしているものだから、つよそうにみせたがっているにすぎない。そうすることで、自分の弱さを、他人から必死になって防ごうとしている。そういう人のことを、「虎の衣を仮る狐」といったわけです。力があるかないかは、人はみな先刻承知しているのです。だから、そんな「柄」にもないことを試みようなどと思わないで、自分の弱さを弱さとして、しかとみつめかえていくことで、本当の人間らしさをとりもどしていってほしい。そのための力になりたい。

○彼にこそ、あの『体にいいものを食べよう』の本をかしてやらなくっちゃ！そうだったんだ。別のあいつに。

○でも、沢山の仲間がいれば、すばらしいひともまたたくさんいるものです。なかでもいまもなお想い出させてくるのは、一心にみんなの視線を浴びた中で、凛として立ち、自分のとるべき「次の」行動のなんたるかを、しかとたしかめ「わかりました。」と、「大粒の涙」と共にこたえた「彼女」がいました。

あれは、すでに「親子のルールづくり」であったわけです。とりわけ、自分にできるどんな小さなことだって、相手のためにしてあげるっていうのは、とてもすばらしいことです。だから、そのチャンスをのがさないように、しっかりつかまえることが肝心です。そのためには、自分がなにをしてあげることができるようになっただろうかということと、だれにそれをしてやったらいいのかということを、ふだんからおもい、心にかけていなくてはなりません。

生まれ出たそのとき以来ずっとこのかた「してもらう」ことのみ多く、「してやる」ことなど夢にも思ったこともなかった人も、「自分でできる」ようになったのだから、「次は」どうしたもんかわかるというもんでしょう。ちょうどそこに、「帰宅時間」をめぐる話をもとに、「親子のルールづくり」、それは、相手への「思いやりと優しさ」からの「行動」の大切さに気づかされたものでしたが、とてもいいお話に出合いました。

○学校に来て、ほんの「朝・夕」の生活の場にのぞむだけですが、みんなの生活のようすがある面では日に日に変わっているのがわかります。それと同時に、学級の中での人と人との交わりの豊かさとあたたかさが日増しに強く感じられます。

○この前もちょっと話しましたが。自分にとっていいと思う――希望と意欲のもてるものをするのに、はやいもおそいもないのです。〝おもいたったが吉日〟すぐ、はじめよう！そのことを〝いい日旅立ち〟という。決してもう自分は以前の自分にもどりたくない、もどるもんか、その日を記念とし、旅立ちの日とする、と心にきめて、精を出すというわけだ。

どんな旅立ちの日にするかは、さっきもいったように、それぞれによって異なっていて当然だ。なぜならば、子どもにはそれぞれ「特性」があるからね。「個人差」って言うもののことさ。

でも、そうはいっても「共通」なものがある。それは、みんな「21世紀」に活躍する可能性を秘めた仲間たちだってことだ。それについては、また日を改めて、いっしょに考えよう。まだ、それまでにはいくらか時間の余猶だってあるようだし。だけど、決してまちがってはいけないことがある。それは、「21世紀」って言ったって、どうせ、もう決まっているんだ、という「あきらめ」だ。決してそうではないこと。それは、これまでの君たちの生活の取り組みからもいえることだ。

「平和新聞・千羽鶴」より「東長崎の歴史展」がどんなにすばらしい「出来栄え」だったか。この一つの事を想いえがいただけでも、自分たちが努力すれば学級全体が変わる。そして、他の学級にまでその影響が及ぶことを君たちは手に取るようにつかんできただろう。そこで、次の詩※を、みんなに紹介する。

道程

僕の前に道はない
僕の後に道はできる
ああ、自然よ
父よ
僕を一人立ちにさっせた広大な父よ
僕から目を離さないで守ることをせよ
常に父の気魄（はく）を僕に充たせよ
この遠い道程のため
この遠い道程のため

※『日本詩人全集9　高村光太郎』　草野心平　編
「道程」（詩集「道程」及びその時代）より

（'85・12・5）

五、「Xへの手紙」より　さて、Xとは誰でしょう？《学級文集・1-5》第二十一号（'86・3・13刊）

⦿これは、「三つの作文」と題した「課題作文」の中の一つです。

この1年間に出合った「友だち」について、あらためて「発見」した「いい点」を、具体的な日常の生活状況をおもいだしながら、それを書きしるしてもらったものです。ある人にとって。「友だち」との「出合い」は、まさに「けんか」だったかもしれません。どんなことがほんとに許せないことだったのでしょう。そうしたことの、学級での生活の「事実」を書き出していくことで、その「X」という人が「誰」だかわかるように書く。

　Xくん、あるいは、Xさん、君（あなた）とあえて、ぼくは（私は）こんなに感じたよ。そして、それでどんなにうれしかったか。そういう感謝の気持ちをこめてかく「手紙」、「Xへの手紙」。

そういう仲間がいて、僕がいる。私がいる。それがどんなにすばらしいことか。そういう生活が、この1年間にはたくさんたくさんあったからこそ、これまでやってこれたのです。学級生活をなんとか担当してきた者にとってさえそうであったのですから、まして や一人ひとりにとって、それはたくさんの想い出があるでしょう。そういう中から、特にえらんで、Xというある一人の友だちについて書く。そういう「手紙」にふさわしいものを。ここにえらんで紹介します。

「誰のことか、当ててみて下さい。」

X1．　よくじょうだんでだけどいじめられています。たたかれたり、黒板に文句をかかれてたりします。だけどX君はその人に文句などは言いません。X君のそこがいいと思います。

X2．Xくんとは中学校にきて初めてあった。ぼくの前の席にいて最初はあまりしゃべらなかったけど、日がたつにつれてじゃべるようになってきた。体育大会のメンバーをきめていたとき、Xくんが勝手なことをいって決めていたので、ぼくは腹が立って、それから何ヶ月かぼくの仲間と無視してきた。二学期くらいからだんだん・・・今では毎日学校や家でも仲良くあそんでいます。

X3．X君は、A君やB君などから、いたずらされたり、文句じゃないけど、文句みたいなものを言われたり、書かれたりしているみたいけど、A君やB君に反抗しないでいつも仲良く遊んでいる。ぼくだったら、文句などを言うけどX君はそんなことをしない。ぼくはそんなところがX君はすばらしいと思う。

X4．X君は、国語の宿題はもちろん、それ以上のことをやってくる。いつもおもしろいことを言って笑わせてくれる。なにしろ、漢字が得意で、いつもテストで漢字のところはあっている。そして、体育のときみんなをひっぱってやっている。それから、けん法ごっこをしていて、つきゆびさせたけど、すぐゆるしてくれた。授業でじゃあまりちゃんとしてないけど、（そうみえるけど）テストはいい。家でちゃんと勉強しているんだなあと思いました。

X5．私はXさんとYさんの二人とひじょうになかよしです。もうほんとなかよくて、Xさんと私はトランプYさんはXさんのかみいじり。とにかくみんななかがいいんです。ある時に、Xさんとトランプしていて、ある男の子が手品をしてくれました。その手品のたねあかしをおしえてくれないんです。けど、Xさんはその手品を何回も何回もみているうちにたねあかしがわかって、Xさんもその手品をしてみたら、あたってて、私はそのとき、どうしてそんなにわかるのかなあと、思いました。私にはわからないものを。それで、Xさんには、頭がいいなあ、すばらしいなあと思いました。

X6．Tくんは、差別がなく人にやさしい。たとえば、辺さんがたたかれたりしていると、そこへきて、「やめろ、かわいそうかやろが。」、というふうにとめにくる。（女の人にもやさしい。）

X7．Yくんは暗いが、じゅう道は、たまらなく強い。

X8．Xくんはとてもいい人でした。それはそうじの時間、みんながモップ取りに机をひかないでいっていたのに、一人だけ、ちゃんと机を引いて、それからモップをとりに行っていました。たしかモップは取れなかったと思います。職員室のそうじになると、たまには急いでいかなくてはならないこともあり、机をひくのを忘れることがあります。その時、とってもXに対してははずかしいと思うことが度々ありました。机をひくかひかないかだけでいい人をきめるなんてずいぶん軽率だと思うかもしれませんが、Xくんが机を引いているとき、Xの人格を見ているようでとってもいい人にしかおもえなかったのです。Xくんは男の中で人気ものです。今からもやさしくて明るいXくんでいてください。

X9．Xのぼくにない所は、人をおちょくるのがうまいことと、人が感想文や作文を書いている時、すかしてのぞくのがうまかった。頭がよかった。ところが、Xがあまりおちょくるのでけんかをした。…その後、ぼくとXはしばらく口をきかなかった。しかし、すぐ仲なおりをした。

X10．私の五組での大の仲良しはYさんです。その人は、もので人をあやつったり、人の気にしていることを、はっきりずばりっというところ。この点をなおすとすばらしい友だちになれます。

X11．一の五のみんなといままで四月からつき合ってきたけど、とってもいい人がいっぱいいたと思う。クラスをもり上げて楽しく明るくしてくれる人もいる。そんななかにあって、だれかがおなかがいたいと言ったら、「だいじょうぶ。保健室にいこうか。先生にいってきてやるけん。」とか言って本当にその人のことを心配してくれる人がいました。

X12．私がこのクラスになって出合ったXさんは、とってもやさしくて思いやりのある人です。私がおちこんでいたり、元気のないときなどはげましてくれます。いつもニコニコ笑っていて、ほんの少しだけ泣き虫です。給食のときや休み時間はだいたいいっしょにいます。みんなにすかれる人だと思います。私もとってもすきです。………いい友だちでいたい。

（出題者）――――敬称略

X・1・・・・(若杉)
X・2・・・・(福田)
X・3・・・・(浦山)
X・4・・・・(上戸よ)
X・5・・・・(横田)
X・6・・・・(本田マ)
X・7・・・・(本田マ)
X・8・・・・(西川)
X・9・・・・(坂元)
X・10・・・・(岡本)
X・11・・・・(田中良)
X・12・・・・(森本)

⦿あとがき——課題作文・Xへの手紙に応じてくれた人は、三六名でした。もう一人、出すと言ってきて出さなかった人がいたがどうしたのか。変わり気の早いやつだと思う。やっぱり忘れていたのか、と思う。

さて、たくさん出してくれたわりに、「出題」となると、少しばかりになってしまって、ちょっぴり物足りない思いだ。なかには、沢山書いている人もあったが、自分だけの思いやあこがれ、感じなどばかりで、その人の名を選定するには、そのための生活の場における具体的「姿」がイメージされなければなりません。そうでなかったら、どうして「問題」になりましょう。人は「答」えきれないでしょう。それでもあと八人。どうした。「Xはいったい誰でしょう」の「出題者」の立場になって、「Xへの手紙」を書く、ということでなくてはならなかったのです。はじめてのことでもあって、うまくいかなかったようにも思われますが、実はそうとばかり言えないと思っています。

「三つの作文」は、実は、一つの主題の下に、それぞれの場面での「人間としてのふるまい方」「感じ方」「見方」について書いてもらっているのです。

ずっと言ってきたこと「人の前」に出たときくらい。「立居ふるまい」をきちんとせよ！自分で気付いてせよ、と。

もう少し、自分の心情だけをくだくだというより、人がどのようなときにどうふるまっているかというおもいで、人をみよ！そして、それにことかけて自分の考えや、判断を言うようになれ！

それからもう一つ。実に立派な反省と希望を、生活の事実を誠実にとらえることで、三つの作文を立派に書いた人がいる。「へりくつ」をこねるだけが「一人前」になったということではない。それに見あって、以前には出来なかったことも立派にできてこそ「独立」の名にふさわしいということは、あの「ミミコの独立」が教えていることだ。ここにも、人はなんのために「学問」するかという「問」と「答」がある。（終）

第11章、事件です、事件です

一、「カツアゲ事件」の発覚

「こと」はお正月の「お年玉」を狙った、「強迫」による暴力沙汰だった。三学期も始まったばかりの、一月半ばのことだった。六校時の授業が終わると、「清掃」の時間になる。そして、帰りの「学級活動」で「下校」になる。その「清掃」の終りと「学活」の始まりの間は「五分」しかない。この「五分」の間に「お金の受け渡し」は行われる運びになっていたらしい。しかも、男子トイレの奥まったところでだという。

たまたま、「学活」が始まろうとする時刻に「トイレ」の前を通りかかった「生活指導係」の先生が、子どもの姿が見えたので、近寄っていったところに、一年生の子どもが二年生の子どもから「問い詰められている」ところだったので、そこで「事情」がおかしいと感じられ、「強迫事件」の「発覚」となっていったというわけです。

「二年生の子ども」を「相談室」に連れていかれて、「詳しい事情」が明らかにされていったわけです。その詳細を知らされることはなかったけれど、「有識」?少年を頂点とした全学年に亘る「芋蔓式」な関係組織が明らかにされて、所轄署に「出頭者」が出る「静かな騒ぎ」になった、という。加害者も被害者、被害者も加害者となって、「金銭」を集めまくっていたったというのだ。

一年関係で、この事後処理が終わったのは、二月も終わる頃だったという。

この一連の「出来事」の発端は?いつ頃、どこで始まったのだろうか、と思ったとき　五月の連休明けの頃の「小ぜり合い」にまつわる「ケンカ」のようだった。

一度は、掃除の時間に、教室を見廻りに行ったら、女の子が一人で教室の床を掃いていた。「他の人は?」ときくと、「ケンカしよって言うて、そいば見に行ってしまったのです」という。そうこうしていたら、どやどやと興奮気味に戻ってきた。「終わったと」といって。「聞くと」、「金を貸した者」が友人に「すぐ返す」て言うたけん貸したのに、「奴っ」は「いっちょん返さんとぞ」とはなしたわけです。その友人というのが、自分の仲間内に、「借りた者」の「悪口」を言いふらして、それが「借りた奴」の耳に入り、「自尊心」を踏みにじられたと、憤慨して言いふらした者と借りた者が「ケンカ」になったというわけです。

「言いふらした」子どもの「担任」の先生は、借りたお金を返さんのが悪いので、借りた子どもが謝りに来んといけん、といっていた。だが、「借りた子」は「貸したこの友人」つまりは「第三者」からの「言いふらし」で、「自尊心」を多大に傷つけられたというのをどうしてくれるんだ、と怒っているのだ。「話の筋が」違っているのだ。

しかし、この段階で、「何のために借りたのか」が追求されていなかったことが、何としても不甲斐なさだ。子どもたちの中にはこんなことで神経をすりへらすというやるせなさをもって学校に来ていたことを思うと、切なさがこみ上げてくる。

この「出来事」の処理の後の子どもたちの心をどう癒すことができるだろうか。

なんとか、子どもたちの「気持ち」の転換を計らなければならないと思うこと、然りであった。

そんな気持ちでいたとき、「帰りの学活」で、司会をしていた子どもが、「長岡先生、先生からは何かありませんか」と誘われた。教室の後ろの方の窓際立っていて、「声をかけられた時」、一瞬、窓の外に「小雪」が降っているのを見た。

「あら、雪が降ってる。帰りは寒くなるだろう。もし、雪が積んだら、明日、雪にまつわるお話をしたいと思います。」「それで楽しみにして、ね」と、約束をする。

それが、次の「雪話三題」です。

二、事件を受けて

雪話三題

（1）「雪は天から送られた手紙である」という話

この表題に使った表現は中谷宇吉郎さんという人の書かれた『雪』という本の中にでてくる有名なことばです。中谷宇吉郎さんという人は、「雪」や「氷」の世界を探求された世界的に有名な科学者なのです。その本は岩波新書版として発行されています。次にそのところを利用し、紹介しましょう。

「雪は高層において、まず中心部ができそれが地表まで降って来る間、各層においてそれぞれ異なる生長をして、複雑な形になって、地表へ達すると考えねばならない。それで雪の結晶形及び模様がいかなる条件で出来たかということがわかれば、結晶の顕微鏡写真を見れば、上層から地表までの大気の構造を知ることができるはずである。そのためには、雪の結晶を人工的に作って見て、天然に見られる雪の全種類を作ることができれば、その実験教室ないの測定値から、今度は逆にその形の雪が降ったときの上層の気象の状態を類推することができるはずである。

このようにみれば雪の結晶は、天から送られた手紙であるということができる。そしてその中の文句は結晶の形及び模様という暗号で書かれているのである。その暗号を読み解く仕事がすなはち人工雪の研究であるということも出来るのである。」

ここには、研究の意図、それを実現するための科学的手続き（科学の方法）というものが実にあざやかに、しかもロマンティクにえがかれています。

それから、この「ことば」にはそれが生まれてくる土壌があり、さらに新開地へと発展していくといった一つの「系譜」があるというのです。

まずはじめに、中谷宇吉郎さんの恩師。寺田寅彦博士のことばに、「火山弾はロゼッタストーンである」というのがあるというわけです。そこから、右の「手紙」の言葉が生まれたのだと言われています。それがさらに発展を生む事になります。

イギリスのフランクが、「天から送られた手紙」を受けて、「ダイヤモンドは、地底からわれわれに送られてきた手紙である」、といったということです。

このように「結晶の暗号を読みとく仕事は、寅彦—宇吉郎—フランクという人たちによって、寒冷の高空から高温の地底へと舞台をひろげた。」わけである。ここに、自然を学ぶことの広さと深さがあらためて感じられてなりません。

（2）「利雪文明の可能性」という話に出合って

新聞を読んでいても、いろんなことに出合うものです。その話というのはことしの一月九日の朝日新聞の「天声人語」欄の記事に出ていたことなのです。これがまた偶然な出来ごとが重なって、出合いというのはほんとに不思議なことなんですね。

この一年というのは、毎朝、毎朝、来る日も来る日も天気のこと、気象の変化のことについて、ぼくたちははなしたり、考えたりしてきていました。それというのも、昨年の三月頃だったか『雪と氷の世界から』という新初版がでて、なにしろ雪や氷、雨滴についての面白い話がいろいろ載っていたものだから手に入れた。そのことでいくらか心が動かされたのと、やはり「天気」のことは「あいさつ」がわりに交わされるほどの身近なことであるということではじめたことだったのです。

ところが、その新聞記事の中に出てきている人が『雪と氷の世界から』を書かれたその人だったのです。その人は、さきの中谷宇吉郎さんの学弟子で、樋口敬二さんといわれる人なのです。

次にその「記事」を紹介することにします。

「雑誌　学燈」に樋口敬二さんが『利雪文明の可能性』という論文を書いている。恥ずかしながら利雪ということばを初めて知った。雪を害あるものとしてのみとらえず、利用策を究めようというのが、樋口さんの利雪のすすめだ。寒波と共に豪雪の便りがしきりである。鉄道や道路がまひした地域もあるし、雪おろしのさいの事故死のニュースもある。大雪に苦しむ人たちに利雪文明ということばは縁遠いかもしれない。だが雪利用の歴史は古い。鈴木牧之の『北越雪譜』に、越後の山村の茶屋で、夏、削氷（けずりひ）を食べて暑さを忘れたという江戸男の話がでてくる。冬の間、谷底の天然の氷室に雪をためておいて、それをとりだしたのだろう。屋根つきの巨大な雪山を造る伝統技術も残っている。百メートル四方で高さが四十メートルの雪山を造ったというから、ちょっとした雪製のビルである。昔の人は、夏になると、この雪氷を切って売った。利雪文明の提唱者たちが考えるのは、たとえば雪を利用した発電であり、雪による冷蔵庫造りである。・・・つまり、冬の寒さを夏に使うわけで冷房費がいらないから、エネルギーの節約になる。富山県ではすでに実験が行われているそうだ。・・・雪国にはいま克雪文明がある。そこには雪と闘ってきた人びとの歴史の総体がある。その克雪文明と共に、利雪文明なるものが実現するかどうか。それはわからない。『わからないからこそ、挑戦しようと思うかどうか。そこに、積雪地域が二十一世紀の魅力的散財となるかどうか、がかかっている。』樋口さんはそう書いている。雪国の地方自治体の中に、関心を持つ人がふえはじめたときく。

ここには一つの理屈がある。そして、それを実現していくかどうかは、人びとの意思・意欲にかかっているというわけだ。しかし、もっと重要なことは、その可能性に対する見通し、実現のための「客観的」前提条件を「知る」ということがあります。その鍵を握っている人の一人が、まさに『雪と氷の世界から』の著者、樋口敬二さん、その人ということになります。とすれば、科学する人の心のなんとすばらしいことかと思われてくる。

（3）雪の詩や童話などの話

雪は、水の「三態変化」の中の複雑な現象形態だけど、たくさんの詩や小説になっています。それをみると、雪は人々にある種の感動をもって迎えられているといえるでしょう。日本の詩はもとより、世界の名詩の中に「雪」は様々な主題でうたわれています。

また、これも新聞のかこみ記事の欄に毎日載ってくる短歌「折々のうた」（大岡信編）から拾ったのですが、読んでみてください。

・雪の朝二の字二の字の下駄のあと（田捨女（でんすてじょ））

・降れ降れ雪よ　宵に通ひし道の見ゆるに（閑吟集（かんぎんしゅう））

・雪　イトド深シ　花　イヨヨ近シ（柳宗悦）

また降り積むほどにふりしきる雪の日に、つい口をついて出る詩があります。

雪

太郎を眠らせ、太郎の屋根に雪降り積む。
二郎を眠らせ、二郎の屋根に雪降り積む。

（三好達治）

この詩は、いつしか紹介した「しか」の詩と共に、ある種の心の極限に迫っていく気分があります。

次に物語として、アンデルセンの『雪の女王』。ゲルダという名の女の子が、小さな男の子・カイをさがし求めて雪と氷の森をさまよい、春を迎える夢の世界の物語。昔話の中の『雪女』の話。それに、ファンタジックな女の愛と生涯の物語の『雪のひとひら』。

人はなぜか雪にひかれる。玉ねぎも氷でさらすとその純な香りをただよわせる。人も冷たさにさらされて個性的になる!?

第12章　誕生日の子の紹介

一、一月生まれの友だちにおくってあげたいものがある…遠い国の雪山の　淡いいのちの雪の花（淡いいのちの…）《学級文集・1-5》第十九号（二月四日　発行）

（紹介）今月（一月）の誕生日の人たち…

◎山下　敏郎くん―昭和四十八年一月六日生まれ

＝もうすぐ一年生もおわるので、勉強をがんばりたいと思います。

◎田中　良子さん―昭和四十八年一月七日生まれ

＝のこりすくない三学期を楽しく友達とすごしていきたい。

◎山内　亜紀さん―昭和四十八年一月三十一日生まれ
＝誕生日をむかえて思ったことは、まず、はやく十三才になりたかったのでとてもうれしいです。これからは、いろんなことにちょう（挑）戦してみたいです。

【贈ることば】

・敏郎君誕生日おめでとう、敏郎君は、ぼくたちのグループからでていきましたね。でも、これからもヨロシク。（浦山）
・山下とくん、誕生日おめでとう。これからも、いろいろとがんばってください。（坂元）
・敏郎へ、スケベな性格がきみのいいところだ。（明日香）
・山下敏郎君へ　誕生日おめでとう。これからも仲良くしよう。
（長龍寺）
・田中良子へ、りょうこ、誕生日おめでとう、同じ一月生まれだね、がんばろーネ。（山内）
・良子、誕生日おめでとう。良子とは幼稚園のときいっしょだったね。めがねをとると、あんまりかわってないみたい。これからも、変わらず仲良くしてね。
・亜紀ちゃん、誕生日おめでとう。亜紀ちゃんとは小学校のときはあんまりしゃべってないのに中学生になって仲良くなったね。やっぱり同じクラスになったからだね。これからもずーっと仲良くしてね。（森本）
・田中良子さんへ、十三回目のお誕生日おめでとう、けんかをよくするけど、いつまでも仲良くしてください。（中島）
・田中良子・良子お誕生日おめでとう。これからもよろしくね。

・山内亜紀・亜紀ちゃんお誕生日おめでとう。今まで席がとなりだったので、よくおしゃべりしたけど、席がはなれてしまったね。でもこれからもよろしく。（塩塚）
・山下と、田中良、山内、誕生日おめでとう（山佐）
・良子さん、敏郎君、亜紀さん、お誕生日おめでとう、おれからも元気で、良い友達でいてください。（・・・・）
・（田中良子）・りょうこ、お誕生日おめでとう！りょうこの誕生日って、おそかったんだね。あと少ない一年生、大事にすごそうね！
・（山内亜紀）・あきちゃん、誕生日おめでとう！席が遠くなって、あまりしゃべらなくなったけど、これからもよろしく！
・（山下敏郎）・誕生日おめでとう！としろうは、授業をもう少しまじめにしたら、もっといい成績がとれると思います。（土井）
・りょうこ、十三才のお誕生日おめでとう。これからもよりしくネ！
・あきちゃん、十三才のお誕生日おめでとう。あまりしゃべらないけどよろしくね。
・としろう、十三才のお誕生日おめでとう。席が近かったときはよくしゃべっていたけど、席が遠くなって、しゃべらんごとなったけど、これからもよろしく。（尾上）
・良子、お誕生日お・め・で・と・う。十三才になった気分はどうですか？おんちゃんといつも仲がよくっていいね！うらやましいよ!!今からも、元気な良子でいてね。
・亜紀ちゃん、お誕生日おめでとう。亜紀ちゃんにはずいぶん頭のことでいじめられたけどけっこうたのしかったよ。でもなんでかこのごろ、しゃべらんね。今からもよろしく。
・敏郎くんへ、あのね、私が、男子に書いたのは、初めてなんだぞ。となりの席ということもあって書いてみました、それでお誕生日本当におめでとう。十三才、おめでとう。（若林・たつや）
・敏郎、お誕生日おめでとう。敏郎とは最近あんまし、しゃべらんけどさ、一年生も、もう残り少ないし、仲良くしようね！
・良子お誕生日おめでとう。良子最近ものすごくおとなしかねぇ。しゃべらんけんそういうふうに感じるとかなー!?けど、これからは仲良くしていこうね。

・亜紀Ｃｈａｎお誕生日おめでとう！〝誕生日にはまにあわなかったけど、きっと約束守るね〟！待っていてください。それと亜紀Ｃｈａｎは私にとって欠かすことのできない大切な友達なのでどうかいつまでも仲良くして下さい!!バスケもがんばっていこうね!!おたがいに〇〇〇（・・・・）

・このほか、次の人から三人に対するかんたんなメッセージがありました。

原正徳くんただ一人です。

―了―

――――

（みじかいあとがき）

・一月の最期の誕生日の「子ども」の紹介をしたその翌日、もうすでに「あとがき」にかえる話をしておきました。「誕生日を迎えた子どもたちにちなんで」、というのがそれです。

「かそかなる心はほのめき」＝かそかなるは、かつそてけし、かすかと同じことばの働きで、あるかないかわからないような小さく弱い、いまにもなくなってしまうような心のほのかなあらわれ。その心がどんな心かはっきりしないが、それは「人こひ初めしはじょめなり」という「はじらい」の気持ちではないでしょうか。詩人・吉野弘は、夕焼けという自然の情景を、人の娘の表情をかりて巧にその「はじらい」の情を読む人の心にとどかせてくれているように思います。まるで、自然さえはじらいをみせるのに、いわんや人間においておや、とでも…

〈誕生日を迎えた子供にちなんで〉

(1)

かそかなる
心ほのめき
粧へり

斎藤史(全歌集)より
かそかなる心ほのめき粧へりぼたん雪ふり華やかなるも
『谷川俊太郎・日本の恋歌』より

(2)

島崎藤村
初恋

まだあげ初めし前髪の
林檎のもとに見えしとき
前にさしたる花櫛の
花ある君と思ひけり

やさしく白き手をのべて
林檎をわれにあたへしは
薄紅の秋の実に
人こひ初めしはじめなり

わが心なきためいきの
その髪の毛にかかるとき
たのしき恋の盃を
君が情に酌みしかな

林檎畑の樹の下に
おのづからなる細道は
誰が踏みそめしかたみぞと
問ひたまふこそこひしけれ

(3)

夕焼け / 吉野弘　『土橋治重・日本の愛の詩』より

いつものことだが
電車は満員だった。
そして
いつものことだが
若者と娘が腰をおろし
としよりが立っていた。
うつむいていた娘が立って
としよりに席をゆずった。
そそくさととしよりが坐った。
礼も言わずに
としよりは次の駅で降りた。
娘は坐った。
別のとしよりが娘の前に
横あいから押されてきた。
娘はうつむいた。
しかし
又立って
席を
そのとしよりにゆずった
としよりは次の駅で
礼を言って降りた。
娘は坐った。
二度あることは
という通り
別のとしよりが娘の前に
押し出された。
可哀想に
娘はうつむいて
そして今度は席を立たなかった。
次の駅も
次の駅も
下唇をキュッと噛んで
身体をこわばらせて――。
僕は電車を降りた。
固くなってうつむいて
娘はどこまで行ったろう。
やさしい心の持主は
いつでもどこでも
われにもあらず受難者となる。
何故って
やさしい心の持主は
他人のつらさを自分のつらさのように
感じるから。
やさしい心に責められながら
娘はどこまでゆけるだろう。
下唇を噛んで
つらい気持で
美しい夕焼けも見ないで。

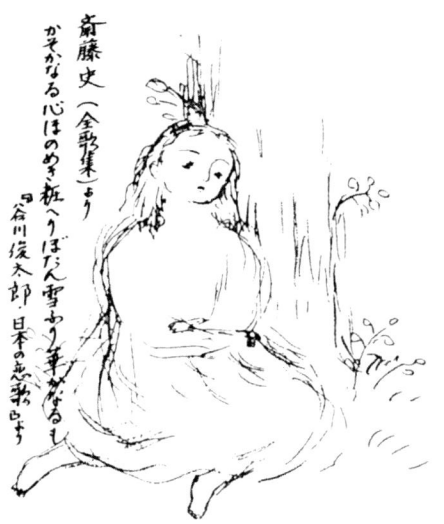

二、二月生まれの友だちとかぞえてみたいものがある…《学級文集・1-5》第二十号（'86・2・28・土・刊）

○誕生日を迎えた人の紹介

・馬場　圭美さん　昭和四十八年二月二日生

「やっとみんなと同じ十三才になれたとひと安心する間もなくもう二年になってしまうとこまできて、なんだかへんな気分です。だけどまた、これから一年間がんばっていきたいと思います。」

・山田　国子さん　昭和四十八年二月九日生

「十三才になって、うれしいとは思わないけれど、いまからいろんなことをしていきたい。」

・松島　加奈さん　昭和四十八年二月九日生

「十二才から十三才になって、とくに、かわった気は、しないんだけど、一つ大人にちかづいたことがうれしいです。それから、友達をほしいです。（今もたくさんいるけどそれ以上に…）」

・坂元　城夫くん　昭和四十八年二月九日生

「十三才になってうれしいようなうれしくないような気持ちです。もうすぐ三年生なので勉強をもっと頑張りたいです。」

・土井　三鈴さん　昭和四十八年二月十七日生

「十三歳になって、うれしいとは思いません。けど、やっと十三歳・・という気持ちです。一年生もあとわずかなので勉強に力を入れたいと思います。」

・若杉　豊くん　昭和四十八年二月二十四日生

「十三歳になってそんなにうれしくないけど、もうすぐ二年生だから勉強・スポーツをがんばりたいと思います。」

○贈ることば

・若杉君誕生日おめでとう。（山浦　寛和）（山佐）（山下と）
・坂元君へ、Qちゃんは水曜日午後五時二十一分から何があるか知っているかな?とりあえず誕生日おめでとう。（山佐）
・坂元君へ…誕生日おめでとう。これからも仲良くしましょう。
・若杉君へ…誕生日おめでとう。ゆたちゃんかっこいいからもてるもんね。彼女と仲良くせろよ。（長龍寺）
・いつもやさしい馬場さんこれからもよろしく
いつもやさしい山田さんこれからもよろしく
いつもぼくをけげる松島さん、これからもよろしく
いつもあんまりしゃべらん土井さんこれからもよろしく
いつも黒板消しをもっている急ちゃん、これからもよろしく
いつもサッカーばかりをしている豊くんこれからもよろしく（久保田　明日香）
・馬場さん、坂元くん、土井さん、山田さん、松島さん、若杉くん、誕生日おめでとう。勉強・スポーツがんばってください。（山崎）
・坂元くん、誕生日おめでとう。これからもよろしく。
・若杉くん、誕生日おめでとう、髪型がかっこよくなったのでモデルでしょう。これからもよろしく（本田　誠）
・馬場さん、山田さん、誕生日おめでとう。あまり話しませんね。
・坂元くん、坂本君はQちゃんQちゃんといわれていますね。
・松島さん。土井さん、あまり話しませんね
・若杉くん、髪型がかっこいいー（泉）、部活をがんばれ（小畑）（泉賢児&小畑康生）

・馬場さんへ　ばあちゃん、はっぴばあすでい、これからも仲良くしてくださいネ、くにこおめでとう。くにことは仲良くしてくれてありがとう。これからもヨ・ロ・シ・ク

かなたんじょうびおめでとう。かなちゃんとは五年の時同じ組で中一になっても同じ組になったのでうれしかったよ、これからもなかよくしてくださいネ。

土井さん　お誕生日おめでとう。これからもよろしくおね（山内）

・馬場さん…圭ちゃん、お誕生日おめでとう！バスケの上手な圭ちゃん、これからもファイトでがんばってね。これからもヨロシク。

・山田さん…邦子誕生日おめでとう。かわいい顔して、活発で、おもしろくって、少し〇〇で…、そんな邦子、これからもヨロシク、

・松島さん…かなちゃん、たんじょうび　お・め・で・と・う。かなちゃんは時々おそろしい女の子に変身するけど、そんなところもかわいいかなちゃん。これからも仲良くしてください。

・土井…「たんじょうび」おめでとうでーす。土井は音楽クラブでがんばってください、そして、背がひくいし、やせているので、もっと、ごはんをたべて、太りましょうね。（作本）

・土井さん、お誕生日おめでとう。これからも仲良くしていこうね。（田中　良子）

・山田国子　お誕生日おめでとう。国子とはよく私も似ているっていわれるけど似ていないよネッ。ニコニコして明るい国子だけどスケベは止めましょうね。

・松島加奈　お誕生日おめでとう。加奈にはいろんなことで相談にのってもらったけどありがとうネ。いつも明るい加奈ですけど、これからもヨロシク。

・土井三鈴　土井とはあまり遊ばないけど、音楽がんばってね、これからも仲良く。

・馬場圭美　たまちゃん、いろいろお世話になりました。これからも仲良く!そして学級委員がんばって下さいネッ（坂田　千代美）

・馬場さん、お誕生日おめでとう。しもやけなおってよかったね。バスケットもおもいっきりできるし…これからもずっと仲良くして

下さい。

国子、誕生日おめでとう。国子もやっと十三歳なんだ、国子をはじめてみたときは「かわいー」って思ったけど今は…ってうそ。今もかわいいよ。これからも部活動や勉強いっしょにがんばろうーね。

かなちゃん誕生日おめでとう。この一年間でいろんな思い出ができたでしょう。もうすぐ二年生だから、ちがうクラスにはなるかもしれないけれど、これからも仲良くしてね！

土井さん誕生日おめでとう。土井とははじめて同じクラスになったのにまえから仲良かったね、やっぱ家の近くやっけんね。これからも勉強がんばって。（森本）

・ばばＣｈａｎへ　ばーＣｈａｎ誕生日おめでとう！これからも学級委員＆バスケがんばって！

国子へ　国子とは、しょっちゅう口げんかばっかしているね、とってもたのしい。これからもいろいろがんばって！

坂元へ　誕生日おめでとう！

加奈へ　加奈、誕生日おめでとう！加奈とにらめっこしてっけど、かわいいから安心しな！

土井へ　土井、誕生日おめでとう！これからもよろしく。

豊へ　ゆたか誕生日おめでとう、サッカークラブっていつもおそくまでやってるねがんばって下さい。（井手京子）

・馬場さんへ…ばあちゃん、お誕生日おめでとう。これからもよろしく。

山田さんへ…くにこ、お誕生日おめでとう。あんまりしゃべらないけどこれからもよろしく。

坂元くんへ…坂元くんお誕生日おめでとう。「Ｑ」っていわれてもくじけないでね。

松島さんへ…加奈ちゃんお誕生日おめでとう。これからもよろしく。

土井さんへ…土井さん、お誕生日おめでとう。これからもいっしょにあそぼうね。いつまでもよろしく。

若杉くんへ…豊くんお誕生日おめでとう。サッカーがんばってね。　（尾上智可子）

・馬場さん・ばあちゃんお誕生日おめでとう、これからも国語の時間いろいろとわからないところおしえてね。

松島さん・かなお誕生日おめでとう、Qちゃんといっしょの誕生日だね。Qちゃん二代目ということで、Q'（きゅうちゃんダッシュ）なんてつけられちゃったね。これからもよろしく。

土井さん・どいお誕生日おめでとう。このごろ給食いっしょにたべんけんあんまりしゃべんないけど、友達は友達だけんね。

若杉くん・ゆたんぽ、お誕生日おめでとう。こんごともよろしくお願いいたします。最後に一言、「ゆたんぽぽん　ゆたんぽ　ぽん」

（塩塚）

・松島さん、馬場さん、山田さん、土井さん、坂元くん、若杉くん、みなさんお誕生日おめでとうございます。これからも仲良しの友達でいてください。（山中）

・二月生まれのみなさん、お誕生日おめでとう！二月生まれの人は多いですね…一ぺんにたくさんのこうはいができました、もうすぐおわかれだけど、今からも友だちでいようね！（田中ゃ・松尾）

・土井三鈴さん…誕生日おめでとう！土井ちゃんとは前から仲良かったけど、これからもよろしく。

松島加奈さん…加奈ちゃん、誕生日おめでとう！プレゼント、あんまりよくなくてゴメンね

山田国子さん…国子、誕生日おめでとう、これからもよろしく。ジュースは？どうなった？

馬場圭子さん…誕生日おめでとう！ばーちゃんとはあんまししゃべらんやったけど…！あと少しの学級委員がんばって!!（岩崎文）

・土井三鈴　土井誕生日おめでとう。音楽クラブに入っていろいろあったけど、これからもがんばろうネ

松島加奈　かな誕生日おめでとう、あんまりいいプレゼントあげれなくてごめんネこれからもなかよくしてネ

馬場圭美　ばーちゃん、お誕生日おめでとう。ばーちゃんはバスケットじょうずですね。けそ、バスケットしていると、しもやけいたくありませんか…。学級委員がんばってネ

山田国子　くにこ、誕生日おめでとう。くにこのかいているでめきんの絵かわいいですね。これからもなかよくして下さいネ（湯横

田）

・土井さん　お誕生日おめでとう、今よりももっとやさしい人になってください。（中島）

・若杉君、お誕生日おめでとう。クラブに勉強にがんばってください。

（日光バルコニー）

・お誕生日をむかえたみさんへ、おめでとうございます。

（福田・浦山・鳥越・上戸て・上戸ょ）

・馬場、山田、松島、土井、誕生日おめでとう。

・若杉、誕生日おめでとう。もうすぐ二年生なので、一年最後の日々を楽しくやろう。

坂元、誕生日おめでとう。一九八二年のプリリン

若杉、誕生日おめでとう。部活さぼるなよ。

馬場、松島、土井、山田、誕生日おめでとう。（山下浩）

・坂元、誕生日おめでとう。Qちゃんはなんこつがいたいち言うけどだいたいなおったので体育はがんばってください。

若杉、誕生日おめでとう。自分はかっこいいと思っているけど、別に関係ないけど仲良くしてください。

松島、馬場、土井、山田、誕生日おめでとう。（赤瀬）

・サッカー部がんばれ。レニアがんばれ（本田淳）（鶴谷）

〈あとがき〉

二月の風はつめたく、肌をさす思いがする。ビュービューと木枯らしを鳴らしながら、二月の風は吹きすさぶ。

二月の街にはそういう風が吹き通って行く。街を歩けば、身も心もさらされるような気がする。そして、同時に我に返るような思いに

かられる。二月の風は、だから大好きだ。／いよいよ次回は最終ラウンド！ごきげんよう。

三、三月生まれの友だちとはなしてみたいことがある…《学級文集・1-5》第二十二号（'86・3・20・土・刊）

〈誕生日を迎えた人の紹介〉

・鳥越　隆幸　昭和四十八年三月二日生
もうすぐ二年生なので、残り少ない一年生の生活をたのしくすごしたいと思います。そして二年生になったら、勉強やスポーツをがんばります。

・塩塚　奈美恵　昭和四十八年三月七日生
やっと十三才になってうれしいです。でももうすぐ二年生になるので何事にもがんばりたいです。

・山中　敏恵　昭和四十八年三月十二日生
やっと十三才になれたのでうれしいです。もうすぐ二年生になるけど、残り少ない毎日をいっしょうけんめい勉強したいです。

・岩崎　文　昭和四十八年三月十九日生
もうすぐ十三才になってうれしいけど、もう一年生の生活も残り少ないので楽しくすごしたいです。

・鶴谷　賢治　昭和四十八年三月二十二日生
十三才になったのでわすれものとかをなくしていきたいです。十三才になったらすぐ二年生になるのでなんかへんです。二年生になったら、勉強をがんばりたいと思います。

・横田　カオル　昭和四十八年三月二十三日生
まだ十三才になっていないけど、あと一週間ぐらいで一年もおわるので勉強やスポーツにがんばりたいとおもいます。

〈メッセージ〉

・三月生まれのみなさん、おたんじょう日おめでとう。（原）
・お誕生日おめでとう。残り少ない一年生を楽しくすごして下さい。（森本）
・鳥越くんへ、いつもへんなことをいうから相手にされんとぞっと。
山中さんへ、おめでとう！
塩塚さんへ、おめでとう。長りゅう寺より
岩崎さんへ、おめでとう。豊より
鶴谷さんへ、いつも面白いつるちゃんおめでとう。
・横田さんへ、せもひくくていちばん年下おめでとう（久保田）
・みなさん、たん生日おめでとう。これからもよろしくおねがいします。（？）
・みなさん、たん生日おめでとう。（坂元）
・鳥越くん―誕生日おめでとう。勉強、スポーツとなんでもがんばってくださいネ。
山中さん―誕生日「おめでとう」あと少ししかない日々をみんなと楽しくすごしましょう。

塩塚さん—誕生日〝おめでとう、奈美恵〟学級委員〝ごくろうさま…あと少しで二年生ネ。
岩崎さん—文ｃｈａｎ、誕生日おめでとうって少し早いかな。二年生になってもがんばってネ。何んにでも…
鶴谷くん—つるちゃんはおもしろい人ですネ！　誕生日はまだだけど、その明るさで、あと少ない日々を楽しんでみよう。
横田さん—カオル、23日で13才でしょう。若いじゃない、このクラスで一番！残り少ない日を大切に！（作本）
・みんな二年生になるので、勉強がんばってください。（山崎）
・鳥越くん—お誕生日おめでとう。あまりしゃべらんかったけど二年生になってもよろしく。
山中さん—お誕生日おめでとう。これからもよろしく。
なみえちゃん—誕生日おめでとう。なみえとはよくあそんだね。二年になってもなかよくしてね。
あやちゃん—誕生日おめでとう。あやちゃんはいつも給食の当番になったら、いっしょにしてたね。二年生になってもよろしく。
鶴谷くん—お誕生日おめでとう。二年生になってもよろしくね。
よっちゃん—お誕生日おめでとう。よっちゃんともよくトランプとかしてあそんだね。これからも友達でいてね。（尾上）
・鳥越くん、卓球が強くなったねえ。たん生日おめでとう。
山中さん、塩塚さん、岩崎さん、横田さん、たん生日おめでとう。

鶴谷くん、残り少ないけど、仲よくしよう。たん生日おめでとう。（山佐）

としえちゃん、十三才のおたんじょう日おめでとう。のこり少ない一年、ガッツでがんばろうね。

なみえちゃんには数学とかでおせわになりました。二年になってもいい友だちでいてください。おたん生日おめでとう。

あやちゃん、十三才のおたん生日おめでとう。あまりしゃべりませんでしたね。でもいい。

よっちゃん、おたん生日おめでとう。部活、あと少しで先輩ですね。ファイト！（？）
・山中＝13才おたんじょう日おめでとう。あまりしゃべったり遊んだりしなかったけど、二年生になってもヨロシク。

塩塚＝13才おたん生日おめでとう。奈美恵はいつも学級の中心になってがんばってくれました。これからも仲良く。

岩崎＝文ちゃん、おたんじょう日おめでとう。いつも文ちゃんは私になにか言ってくるので、私も文ちゃんにいろいろ言っていながら仲よくしてきましたネッ。一年の終わり、楽しくすごそうね。

横田＝カオル、おたんじょう日おめでとう。小さいながらもしっかりしているので、その笑顔、忘れずに、これからがんばって（坂田）

・六人のみなさんおめでとう！　ちょっとおくれれば六年生かもしれませんね…とにかくおめでとう!!

山中さん―おたん生日おめでとう。今から残り少ない一年生をたのしくすごそうね。

なみえ―なみえにはいつもおせわをかけますね。それによくけんかもします。でもなみえはそんな私のわがままも気にせずつき合ってくれてありがとう。今からも仲のよいライバルでいてね。おたんじょう日おめでとう。

あやちゃん―あやちゃん、おたん生日おめでとう。あやちゃんにはちゃんぽんのお礼もあるし、仲よくしてもらってほんとにかんしゃしています。おたん生日おめでとう。クラスがわかれても、仲よくしてね。

よっちゃん―おたん生日おめでとう。よっちゃんとは仲はいいようで、あんまりなんにもなかったね。でも、今からも仲よくしてね。

（若杉　たつや）

・山中さんへ…おたんじょうび、おめでと！　二ねんせいになっても仲良くしてね。

なみえへ…なみえ！　たんじょうびおめでとう！　なみえは、私にとってなんかおねえちゃんって気もするんだ。私のほうが早く生まれたのにね！　これからもよろしく！

あやｃｈａｎへ…たんじょうびおめでとう！　あやｃｈａｎとは、いっしょにおくんちにいったんだよね！　あの時は楽しかった～！　またいっしょにあそぼう！

よっちゃんへ…よっちゃん、おたんじょうび、おめでと！　いちばんクラスの中でおそく生まれたんだぁ、けど、そんなの関係ない

よね！　二年生になってもよろしく！（土井）
・山中さんへ↓誕生日おめでとう。としえもやっと13歳か。ドジせんごとがんばんしゃい。
塩塚さんへ↓誕生日おめでとう。私はなみえに、勉強で勝つ、と言いましたが、無理なので、私の言ったことは忘れてください。

岩崎さんへ↓誕生日おめでとう。まん画本をくださってありがとうございました。いらない本があったら、いつでも私の所へきてください。

横田さんへ↓誕生日おめでとう。まん画本とかいろいろ貸してくださってありがとうございました。このご恩は一生忘れません（中島）
・横田さんへ、よっちゃん、たんじょうびおめでとうさん。もうちょっとしかないけど、ヨ・ロ・シ・ク・ネ。
山中さん、としえちゃん、おめでとう。いつも○○とかよんでてごめん！

塩塚さん、なみえ、おめでとう。三学期の学級委員ごくろうさん！

岩崎さん、あやちゃん、おめでとう。あやちゃんのたなまちがってもっていってごめんね。（山内）
・山中さん　としえちゃん、お誕生日おめでとう。この前六人、前へでたとき、きんちょうしてたみたい。私もだけど…。
岩崎ｃｈａｎ　文、お誕生日おめでとうさん、三年生になってもお友だちでいようね。
横田さん　よっちゃん、お誕生日おめでとう。いっしょの三月生まれだね。文ｃｈａｎどうようこれからもよろしくお願いします。
（塩塚）
・としえちゃん…おたん生日おめでとう。一年最後の日々、みんなと仲良く、楽しくすごしていこう。
なみえ…なみえおたん生日おめでとう！　今は三学期の学級委員としていっしょにがんばってるけど、それ以上の仲になりたいなって思う…なんとなく、これからもずっと仲良くしていこうね
かおる…おたん生日おめでとう。かおるとはいっぱいたくさんの思い出できてうれしかった。もっともっといっぱいつくりたかった

けど、もう一年さいごだし、その思い出大切に、二年生に上がろう！　いつまでも明るく元気なかおるで…

あやちゃん…たん生日おめでとう。文ちゃんはさ、大切なともだちいっぱいいっぱいもってるでしょ、その友だち大切にね！　いつまでも（ばば）

・鳥越君…鳥越君とはいとこどうしだけど、口げんかなんかよくするね。これからは仲良くしよう。（？）

・鳥越君へ、あまりへんなことをいうと離されるので、あまりいわないように（浦山）

・鳥越君、おたん生日おめでとう。つる谷君、おたん生日おめでとう。いつまでもおもしろいことなどをしてください（山下と）

・鳥越くん、鶴谷くん、たん生日おめでとう。勉強がんばってください。（山下ユ）

・鳥越くん、鶴谷くん、たん生日おめでとう。（本田マ）

・鶴谷くん、誕生日おめでとう。勉強がんばってください。（山浦）

・鳥越君、たん生日おめでとう。陸上部がんばってください。

鶴谷君、たん生日おめでとう。これからもよろしく。

山中さん、塩塚さん、岩崎さん、横田さんたん生日おめでとう。（若杉）

・鶴谷君へ…二年生になってもがんばってください。（井手尾）

・鳥越…たん生日おめでとう。陸上部がんばれ。

つる谷…たん生日おめでとう。よく人を笑わせているけどよくネタがつきないね。

しおづか、いわさき、山中、よこた、たん生日おめでとう（？）

・鶴谷君へ十三才のたんじょう日おめでとう。やっと十三才になったね。もうすぐ二年生だけど、もっとぼくたちと仲よくしよう。（本田ジ）

・鳥越くんへ＝鎖国開始

つる谷くんへ＝お誕生日おめでとう。（日光バルコニー）

（あとがき）

この「三月生まれの友だちと／話してみたいことがある…」（文集・第二十二号）をまとめると、この一年ともお別れだ。長い間の協力に感謝したい。いつも、多くの人たちの協力で「感想とメッセージ」の文集の発行が続けられて、確かな「生命」のささやきを、お互いに感じとることができました。ところで、この一年、十三才を迎え続け、全員が「十三才」になってしまったら、終りになってしまったわけだ。最高、十一か月の差だ。もうとっくに歩いていた者がいて、その頃生まれた者とがいまいっしょにいる。その最初の十一か月の差はいつ、どうして、縮まったのだろう。思えば、人間って不思議なものだ。そして、追い越されていくのだからね。

第13章　三月の学年集会における「学級紹介」

一、資料…「これまでの学級の歩み・抄」

（1）

中学校生活のスタートはやはりあの「入学式」であったに違いない、そして、今はなじみになった出席簿の順番がきめられていて、教室の座席がきめられ、下駄箱の自分の場所がきめられて、中学校生活の第一歩が印象づけられたように思う。

しかし、自分が一番最初にしたことといえば、なんといっても、あのオリエンテーションという名の時間で発表した「自己紹介」だったと思う。

それはいまも、「一番最初の発言集」と題して、学級文集第一号となってそれぞれ手元にある。だから、今となっては、いわば入学時の自分自分の心の姿をとどめてくれている「貴重品」となったわけである。

それに加えて、このわれわれのかすかな自分を伝える「ことば」＝「自己紹介」を読んでくれた先生は、『宛名のない手紙』という題の、長い長い感想文をわれわれにかえしてくれた。

・きびだんごをもらった話
・器に盛ってさし出す気分の話
・あるいは、第三の道を行く話
・されど、好きだの嫌いだの「すききらい」の話
・男の子がいて、女の子がいて、そして不思議な「風景」の話
・類稀な春の夜の「星座」の話
・追伸（だからこれで最終回です）

それにもまして、われわれの中学校生活の出発に当たって、五組には、特別の事情が持ち込まれてきた。それは十一組の渡辺君が仲間入りしたことです。一人っ子の渡辺君の事情をきき、なんとか仲間になってやってほしいという先生の話に聞き入るだけで、了解することもなく、共同生活、共同学習がはじまっていました。でも、いまは、「なべさん。なべさん」と、みんなは呼び、渡辺君も、給食はもちろん、休み時間も、おしみなく五組で遊ぶようになりました。そして、なにより、たくさんの「友だちの名」をいうようになったのです。

すべての学校行事に、五組のグループに入っていろんな力をかりながらも、自分の力と意志で参加していけるようになったのを、先生たちも本当によかったと思っておられることでしょう。

さて、中学校生活のスタートに当たってのこととして、もう一つお話することがあります。それは四月の初めから、毎月、誕生日を迎えた者の紹介がはじめられていったということです。いままでたった一人だけ、忘れられて誕生日の翌日になったことがありましたが、休みや休校以外はいつも忘れられることなく紹介されてきました。いつもの帰りの学活だけど、誕生日を迎えた人が前に出て、短い「感想」を一口言う。ただそれだけのことだけど、それがとてもたまらないうれしさだ。後ほど、みんなからの「メッセージ」をもらう。その月ごとの「感想とメッセージ」を集めた学級文集を作る。こうして、学級文集の数も増やしてきている。ときに、きらりと光る表現があってみんなに紹介され、評価されるときもあったのです。四月生まれは、学級での一番先輩とか、お兄さんお姉さんと言われたりしたものです。四月生まれは、男子は本田誠くん、女子は井手京子さんの二人だけでした。

（ルールルルールルー、ナニの誕生日の歌）

（2）

さて、この一年をふり返るとき、体育的行事の想い出は、…。まずその第一に「体育大会」への参加と反省がある。種目別選手をきめたり、応援団や応援旗作成委員が組織され、放課後をにぎわせていきました。「必勝」を期して作った（旗）をマスコットにした「必勝応援旗」がいまなおわれわれをはげますように、教室の後ろの壁に貼りつけられています。体育大会は総合何位の成績だったか定かではないが、お互いに心のうちをより深く理解し合えたいい機会にもなったと思います。そのときの反省のきっかけを作ってくれた先生の弁が面白い。体育大会は（速さ×時間＝距離）の問題だという。競争は時間とのたたかいだから、先の式から、時間を表す式にかえると、時間＝距離÷速さになる。すると、時間をもっとも少なくするには二つの課題があることは明白だ。一つは、速さを大きくすること、すなはち速く走ることだ。もう一つはいかに最短距離で走るかだ。二〇〇M走は距離が定まっているようだけど、トラックの内側の線にピッタリ沿って走ってこそ、その距離はどこまでも二〇〇Mに近づくことになるのです。内側を抜かれるほどに走る者は、はたして二〇〇と何Mを走ったことになるのか、じっくり計算してみてほしい。

それに続くスポーツ面での想い出は、二学期の水泳大会。ここでやっと男子が三位入賞の栄誉に輝いた。

さらに球技大会では、男子ソフト、Bチームがキャプテンを中心にチームがまとまり、すばらしいねばりの好プレーがうち続いて、コート優勝という快挙をなしえたことはいまもなお忘れられないことです。そのチームのキャプテンの統率力もさることながら、チームプレーのすばらしさは、チームみんなの思い出に残っています。

明けて一月十七日の校内マラソン大会には、善戦したが及ばず、総合入賞はできませんでしたが、一人・上戸頼忠君が十位内に入賞する輝かしい奮斗が記念されています。

（3）

さて、次に想い出さなければならないものに文化行事へのとりくみがあります。その最初の取り組みが、一学期末のあの「平和新聞コンクール」への参加でした。「平和新聞編集委員会」が組織されて取り組むことになった。七人委員が選ばれました。そして、新聞の「切り抜き」、原爆に関する記事集め、被爆の証言、写真集など、参考資料を全員で集める体制がとられた。「千羽鶴」という名前の、はじめての学級平和新聞ができた。模造紙三枚分だ。そしてその後、この取り組みに対する批評と、自分の行動に対する反省を書き、次年度への取り組みの資料として文集にまとめられた。八月九日の登校日には、反核・平和を祈念して、超大国の大統領、書記長、首相宛にハガキを出すとりくみを、各自の責任でとりくむ展開をしました。

そして二学期、九月にとりくんだ「人権作文」では、「戦争と平和」に関する自分の主観と主張を発揮するものが七人いました。これはまた学級文集にもとり上げ、みんなに紹介されることになりました。そして、「戦争と平和」七人委員会が作られ、十二月八日を中心に「平和壁新聞・続千羽鶴」を発行してきました。そして、「世界人権宣言集」を廻し読みすることもしました。

生活暦では、八月九日が先に来て、十二月八日が後に来ますが、歴史的出来事の順序としては、十二月八日に太平洋戦争が始められ、何年か後の八月九日に原爆にみまわれ、その年の八月一五日、その戦争は敗けたのです。その第二次世界大戦の反省として「世界人権宣言」が生まれたことを知った。そして、この日本も民主主義国家として生まれ変わっていったというのでした。その基本的しくみや生き方を学ぶのが生徒会で、十二月にはその生徒会の役員改選が行われました。五組でも学級会をひらき、生徒会や学校に対する要望や意見を出し合い、それを具体的要求としてまとめ、久保田君を副会長に推薦し、改選にのぞむことになりました。惜しくも、破れはしましたが、われわれの考えをまとめるいい機会にはなったわけです。久保田君には、合唱コンクールの実行委員をして働き、続いて立候補と、目まぐるしい日々であったと思うのですが、やはり、学級にいい仲間がいて助け合い、支え合ってくれるものがあったから、活動できたのだと思います。

それともう一つ、忘れられない想い出として、文化祭への参加があります。われわれ五組は、いろんな意見をだし合った末にやっと「東長崎の歴史」展にとりくむことになりました。はじめに十問の謎があって、それぞれの謎にいどむグループが組織されていったのです。

- 第一の謎＝町村合併の歴史
- 第二の謎＝災害の歴史
- 第三の謎＝長崎街道・交通の歴史
- 第四の謎＝現川焼の歴史
- 第五の謎＝古賀炭鉱の歴史
- 第六の謎＝戸石塩田の歴史
- 第七の謎＝古賀人形の歴史
- 第八の謎＝古賀植木の歴史
- 第九の謎＝牧島・戸石漁港の歴史
- 第十の謎＝東長崎地区の方言＝ことばの歴史

以上が、「東長崎の歴史」展でとりくんだ課題でした。それで何が一体わかったというのか、これがいまのわれわれの問いです。歴史を調べていくごとに明らかになっていったものは何だったと思いますか、みなさん。

そこには、生産する村、すばらしい、祖父母たちの働く共同体があったということです。いろいろな生活労働の事実があったということです。いまはもうなくなって見えなくなってしまっているが、それで村の日常生活が支えられていたのです。しかし、いまはないけれど、われわれの生活にいまも昔も必要なものは、われわれの見えないところで生産されていたのです。たとえば塩。戸石塩田で、それは昔作られた。それを使って生活していた。けれどもいまはどこか遠いところで作られ、お金で買って使われるようにいまはなった。そういう生活のあり方のみえない変化がわかるということ。これが最大の収穫ではなかったかと思う。われわれは、その収穫のお礼としてではないが、文化祭が終わってから、お世話になったそれぞれの町の人々にグループでお礼のはがきを出すことにした。それはとてもよろこばれることだった。いま、グループ別、謎の歴史展の記念写真がアルバムの一頁をかざっている。

二学期は、まだこのほかに「ペンネーム」をつくったことや「読んだ本」のアンケートのことなどもあるが、省略して、そろそろまとめに入りたい。

（4）

三学期は、なんといっても「新年の抱負を三学期の決意」という作文にはじまる。それには、三学期が、単に一年の終りではなく、次の学年への準備の時期でもあるというとらえ方がある。どこからどこへという自覚とでもいってよいだろう。もう一つは、だから、一年の学習の総復習にとりかかり理解を完璧にしなくてはという。一年の学習は、中学三か年の「基礎学習」だというわけだろう。これを読まれた先生からは、「歩き方を探しはじめた君たちへ」という返事が来た。そしてその中で、「基本」とは、「基礎」とは何かをそれぞれの教科で明らかにすることが訴えられた。そしてとりあえず、各教科の学習課題にどういう「基本問題」があるのか、それぞれの教科について、その前さばきのうまそうな人たちにたのんで「課題」を洗い出してもらうことになった。そこでまた七人の賢者があらわれ、惜しみない努力を発揮してくれることになった。しかし、だからといって、急にみんながよくなるわけではない。ちょっとだけ、だれかそのチームの中で、半歩、前進してチャンスメーカーになって、チーム全体の力をそこに結集していく。これはただそれだけのこと。それでうまくいくかどうかはそのチームの各人の力量次第で、その人の責任ではない。それでも、チャンスメーカーをかって出た立派な人たちがいて、一学期にも二学期にも見られなかった生活をやれたことは、なによりの友情のあらわれだと思う。

いまはまだ一年が終わったわけではない。学年末テストはすんだけど、いま一年の最後、一番時間的には奥まった深いところにいる。いわば一年のまっただ中にいるわけです。それでまもなくいまある学級も、となり同志の仲間とも別れ別れになっていく。だからわれわれはいまのうち、これまでに出合った自分の隣りにいる一人ひとりについてきびしく問わねばならない。君と出合ったのは何だったのかと。君はどんな人間で、ぼくは一体君にとってどんな人間だったのかと。そういう問いも残したまゝでは人は別れられないのだ。それをしないでは、別れにならないのだ。われわれの学級にいたA君は、九月の初めのある土曜日に、突然、転校していってしまったのだ。人はこの期に及んで、自分や他人に問うことなしに、すれっと生きられるものか。

（おいのこさんをいわいましょうの歌）をはやして…。

〈終〉

以上で、一年五組の学級紹介を終わります。

歌は、NHK・みんなのうた　武藤たずる作詩、いずみたく作曲　「十二の誕生日」と、わらべうたは日本のこどものうた、羽仁協子編、より、「おいのこさんをいわいましょう」でした。

※「学級の歩み」抄を、十一人の「学校紹介実行委員」によって、「45行」の「叙事詩」にまとめる作業にとりくむ。担当は、それぞれ「歩み」抄の本文の「上段」に記されている。

二、学級紹介「実行委員」の選出と実行委員会の役割分担

奇しくも、五組の学級紹介の順番が、学年最後の集会に当たっていた。そこで、すぐ思いつくのが、この一年を振り返って、自分たちはどんな「学級生活」を送ってきただろうか、そんなことをまとめて「発表し」、「学級紹介」に代えることにしたらどうか。そういうことになって、「実行委員」を選ぶことになった。それにしても、過ぎ去った日々を漠然と思い出していては、「時間」がなくなってしまうので、教師が手助けとして、「資料」を作成し、それを手懸りとして、「45行」の「叙事詩」に構成し、「われら、この一年」という「題」にまとめてみよう、ということになった。

そこで生徒会の各専門部会から代表者を選んで、この作業をすることになった。

代表委員として11人が選ばれた。

1・坂元　2・上戸よ　3・福田　4・松島　5・原　6・松永　7・横田　8・小畑　9・土井　10・長龍寺　11・本田ゆ

次に、資料のどの部分を誰が分担するか話し合いをし、受け持ちを決めていった。

資料一枚目　坂田・第1行目から16行目まで
上戸よ・第17行目から23行目まで
福田・第24行目から32行目まで

資料二枚目　松島・第1行目から17行目まで
松永・第18行目から28行目まで

横田・第29行目から36行目まで
資料三枚目　小畑・第1行目から14行目まで
土井・第15行目から25行目まで
長龍寺・第28行目から38行目まで
資料四枚目　本田ゆ・第1行目から8行目まで

三、構成叙事詩『われら、この一年』

作・演出　「学級紹介」実行委員会（坂本・上戸よ・福田・松島・原・松永・横田・小畑・土井・長龍寺・本田ゆ）
出　演　一年五組　生徒全員
音　楽　NHK・「みんなのうた」より　武藤たずる作詞・いずみたく作曲「十二の誕生日」日本の子どものうた・羽仁協子編・わらべうた「おいのこさんをいわいましょう」

1、われわれにとって、中学校生活のスタートとなったのは、
2、何だったろうか。
3、やはり、あの「入学式」であったに違いなかろう。
4、だけど、すべては用意された生活として
5、その第一歩が印象づけられていったようだ。
6、しかし自分たちが一番最初にしたことといえば、

7、初めての教室での「自己紹介」だ。
8、いまそれは「一番はじめの発言集」と題して
9、学級文集第一号となって手元に残った。
10、それは「宛名のない手紙」という題の附録つきでだ。
11、それに加えて、出発を形づくったものに、
12、「誕生日の子の紹介」というのがある。
13、いつも帰りの学活だったけど、
14、誕生日を迎えた人が前に出て短い感想を一口言う
15、ただそれだけのことだけど、たまらないうれしさだ。
16、みんなから、メッセージをもらい
17、その月ごとの「感想とメッセージ」で文集ができた。
18、四月生まれは、仲良く男女ひとりずつ
19、おもはゆくもお兄しゃま、お姉しゃんと呼ばれたりして……

〈指揮・土井三絵　前に進み出　指揮と共に　音楽、スタート〉

〈テープ係・横田カオル〉

・歌「十二の誕生日」

（Ⅱ）

1、さて、この一年を振り返るとき、

〈第三学期〉

2、個人的出来事は山ほどあるが、
3、学級の取り組みを語るしかない。
4、その一つは、体育的行事の想い出だ。
5、校内マラソン大会、球技大会、水泳大会と、
6、時間を逆にたどれば、その第一に
7、体育大会への参加と反省にいきつく。
8、成績はいまだ定かではないが、その成果は偉大だった。
9、よりお互いは理解し合い、
10、明日へ向かって友と合えるたのしみができたことだ。
11、そして、体育大会は（速さ×時間＝距離）の問題だという。
12、競走は、時間とのたたかいだから、
13、時間を表す式にかえると（時間＝距離÷速さ）になる。
14、最小時間で走るには、だから課題が二つある。
15、自分なりに、
16、じっくり計算してみてほしい。
17、と、言うから面白いじゃないか？

（Ⅲ）

1、次は文化的行事への取り組みから

2、ぜひ、二つのことを話したい。

3、その一つは、

4、反核・世界平和を願って、四十年前の八月九日を中心にした

5、現代の歴史に学んだことです。

6、平和壁新聞「千羽鶴」を編集して

7、平和新聞コンクールに参加しました。

8、その後、人権週間にむけたとりくみで、

9、「戦争と平和」に関する作文を書いた七人が中心になって

10、十二月八日、十二月十日のことを「続・千羽鶴」として

11、再び、平和新聞を編集した。

12、申しおくれたけど、八月九日の登校日には

13、超大国の大統領・書記長・首相に

14、反核・平和のハガキ作戦にも、個々にとりくんだのです。

15、もう一つのことは、

16、これもやはり歴史に学ぶということですが、

17、郷土の歴史にとりくんだことです。

18、文化祭「東長崎の歴史」展は、

19、おかげで、とても好評でした。

20、歴史を調べていくことで明らかになっていったものは

21、みなさん、なんだったと思いますか。
22、ここ、東長崎には
23、祖父母たちのすばらしい働く共同体がいくつもいくつもあったのです。
24、たとえば、塩田。
25、塩は、今もくらしに欠かせない食糧品です。
26、それを昔は自分で生産し、くらしに直接役立てていた。
27、ところが今は、お金でそれを買い、使うようになった
28、そうした生活のあり方のみえない変化
29、それがわかるということ、これが最大の収穫だ。
30、われわれは、その収穫のお礼としてではないが
31、お世話になった町の人たちに、ハガキを出した。
32、それはまた、郷土に根ざすことであり、
33、とてもよろこばれることだったのです。

(Ⅳ)

1、学級の文化的とりくみとしてまだこの他に、
2、「ペンネーム」を作ったことや「読んだ本」のアンケート
3、賢治の「紙芝居」、絵本のこと、「一房のぶどう」の物語のことなど、
4、省略して、まとめを急ぎたい

5、ところで三学期は、「新年の抱負と三学期の決意」という作文で始まった。
6、それを読まれた先生から、
7、「生き方を探しはじめた君たちへ」
8、という「返事」がかえって来た。
9、「何が基本的なことで、何が基礎的なことか」
10、それぞれの教科に当たって調べることが開始された。
11、学習の「前さばき」のうまそうな人に、
12、各教科の基本学習となる課題をだしてもらうことになった。
13、そこにまた、惜しみない努力が発揮された
14、七人の賢者があらわれて
15、チャンスメーカーの役割をはたしてくれました。
16、これまでにない友情のしるしだと、われわれは感じた。
17、学年末テストへの取りくみもそれまでだった。
18、ここで、全然別の忘れられない出来事も報告しておきたい。
19、それは十一組の将人君の仲間入りのこと。
20、もう四月のはじめから共同生活、共同学習をしてきたのです。
21、一人ぼっちの事情をきき、
22、なんとか仲間になってやって欲しいという先生の話を
23、きき入るだけで了解することもなく始まった生活でした。

24、でもいまは、「なべさん、なべさん」と「さん」づけられて、
25、給食はもちろん、休み時間もおしみなく五組へ行って遊び
26、たくさんの「友の名」を言うようになった。
27、これでよかったのか！？
28、しかし、今となってはもはや、やり直すということもできない。
29、そうだ、今が最終段階というのだろう。
30、それはひょっとすると、一年のまっただ中にいるのかもしれない。
31、瞬間的には、いちばんおくまってきたところといえるのに。
32、われわれの学級には、A君がいた。
33、九月中旬のある土曜日に、
34、彼は、突然、転校していってしまった。行き先もはっきり告げないで。
35、その後だった、A君をめぐる「いじめ」の問題が起こったのは。
36、だが、どうあがいてもA君の本当の「叫び」はもうきけない。
37、それでは、問題をとこうにも話は進展はしない。
38、まもなくわれわれは学級とも仲間とも別れる事になるだろう。
39、だからわれわれはいまのうち、
40、これまでに出合った自分の隣にいる一人ひとりに
41、きびしく問うことをしなければならない。
42、君と出合ったのは、そして自分は君にとって何だったのか、と。

43、そういう問いをほり起こささないでは、人は別れられないのだ。
44、人はこの期に及んで、自分や他人を問うことなしに
45、すれーっと生きられるものか。

〈指揮・横田カオル　前に進み出　指揮と共に音楽スタート〉
〈テープ係・圡井三絵〉
・わらべうた「おいのこさんをいわいましょう」

1、これで、学級紹介を終わります。
2、音楽指揮・圡井三絵、横田カオル
3、監督・田﨑英昭先生　助監督・長岡穂積先生　以上です。

第14章　「一人っ子」の行方　「邊さんがいた」！

四月初めの、歓迎遠足の日のこと。まだ、みんなと馴染めないせいか、みんなの列に入っていけない。男子の一番後ろについていっしょに目的地へと登っていった。

昼食は、田﨑先生と三人で食べることになった。「握り飯」をほうばりながら、よく水筒のお茶を飲んでいた。暑かったので、のども渇いているのだろう。

新学期も、すぐに給食が始まる。もう、その頃になると、新しい仲間ができて、一緒になって「給食」を食べている。それぞれのメ

ンバーは、みんな「ピンポン仲間」だった。

休み時間に、学級を開放して、ピンポン台を使って「ゲーム」をして遊んでいる仲間だ。みんなが呼ぶ「三点ゲーム」。三点早く得点したものが勝ち残って、ゲームを続けるのである。博之や浩、それに敏之、満司たちの仲間だ。彼は、中学校に来て、ピンポンが「ゲーム」としてできるようになっていたのが、ここに「幸」いしたということだ。（「芸は身を助く」、ということか）

二学期は、「学校行事」や「学年行事」が次々に組まれていく。

「水泳大会」では、二五米プールを「ビート板」で進む種目に、彼は出ていた。プールサイドのコースだった。何回も何回もプールの底に足を着いて、立っては腕を伸ばして「ビート板」を先に進めたのだが、すぐにからだの腰から下が沈むのか、立ち上がるのだった。遅々としていたが、とうとうみんなの応援に応えるかのようにやり通すのだった。

それから、「球技大会」の日のこと。

大会は三種目で行われた。バレーボール、バスケットボールとソフトボールである。各学級から各一チームを作って参加する「学級対抗戦」である。各試合会場を見て廻っているときのことであった。

彼は「ソフト」の「Bパート」にいた。

チーム監督の淳君にきいてみた。「邊さん」は自分が誘ったのだという。丁度、彼が「ピンチランナー」に起用されて、一塁ベースに出た。裕介が彼の「コーチ」を、そして「走れよ！」「まだまだ！」なんて言われている。

淳君のこのチームがこの「Bパート」での「コート優勝」という快挙をなしたのであった。一躍、淳君は注目される存在になっていった。やっぱり「チームワーク」の良さが勝利に貢献したのだと、みんな感じたようだ。

その後、彼はソフト仲間と別れ、誠や満司と仲良くなっていった。「三点ゲーム」のとき、ようくこの二人のどちらかにくっついて待っているのを見掛けるようになった。

文化祭の取り組みでは、やはり、誠と満司のグループ「古賀炭鉱の謎調べ」の中にいた。

二人のうち、どちらかというと、誠と気が合うのか、「マ・コ・ちゃん」「なべさん」と呼び合うのがよく聞かれるのだった。この文化祭の時の、このグループ写真をみると、彼は、表情といい、姿勢といい、ほかの二人と比べ、遜色のない笑顔である。

三学期には、彼にとっては思い出になる一つの「出来事」がおこった。

美術の時間に、木口版画にとり組んだ後のことだった。小さな「蔵書印」の「デザイン彫り」をしたのだ。その彫り上がった者から「印影」を写し取る授業の後だった。

美術の時間は、午後から二時限続きだったので、次は清掃・学活と続く。

帰るの学活に入ったときのことだった。ふと、彼の顔が赤くなって、目に涙を浮かべていることに気がついた。

どうしたのかを周りの者たちにきくと、誠とあばれたのだと言うのであった。

朱肉をつけた版木を紙に押し当てているうちに、互いに「手のひら」に強く押して、それを反対の「手の甲」に写し撮っていたのだという。それが興じて、誠が彼に自分の手のひらに「版の朱肉」を強く押しつけさせておいて、自分の手の甲に押すふりをしながら、彼の頬に押しつけたから、もうたまらなくなった彼が、誠にいどんだということだった。

もう、そうなったらどちらかの「ギブアップ」までいくのだと、周りの子どもたちが言う。

彼の学生服の上衣の「金ボタン」が、下から二つ目まで「止め具」をのこしてなくなっているのではないか。

「これはすごいことです。二人が本気になって取っ組み合ったという何よりの「証拠」です。うれしいことだ」と、みんなに向かって言うと、みんな一瞬にして笑みを浮かべるのだった。

すぐさま、「保健室」と「賣店」まで急ぎ「アルコール綿」と「替えボタン」を準備して教室へ戻り、きれいさっぱりにして整えることにした。その頃になって、彼はいつもの表情へと戻り、帰りの「学活」の人となっていった。

四月の一番最初に十三歳の誕生日を迎えた一番年長の誠と、十五歳の彼が、やっぱり一番近くにいたのだ、とみんなに向かって静かに問いかけたのだった。

そして最後は、在校生に送られて別れを告げる卒業の日のこと。

彼は「三年八組」の「名簿」順の中にいた。「名前（渡邊秀将）」と呼ばれ、壇上に登っていった。みんなの眼が注目される中、起立して、「卒業証書」を受けとった。

父と並んで、その後に母を従えるようにして、校門を去っていった。

入学式の日、職員室の前で、父親にまとわりついて覗き込むようにしていた彼の情景がふと、想い出されてくる瞬間であった。

田﨑先生と一緒に、彼らの後姿を見送りながらの感慨であった。

第15章　別れの言葉にかえて—もう一つの思い出として—

どうしてもやらないではおれないということが教師としてのぼくにあった。それは、みんなとの取り組みの過程ですばらしいと感じ、これが本物だと感じとった感動を、まずみんなに伝えることだ。そしてその感動の基礎となった事実をリアルに見てとれる目が育つこと、そういう目で事実に即した表現が育つことを願うからである。

それというのも、君たちみんなと出合ったことのそれはうれしさであり、よろこびなんだ。どんなにたくさんのことをぼくは君たちから学ぶことが出来たか、それは量り知れないほどだ。印刷し、発行した数々のプリントがその証だ。いや、それだけではない。口頭だけで終わったものもある。印刷したが、遂に発行しなかったプリントさえ、数々ある。その機を逃がし、再び日の目をみることのできなかったものだ。しかし、そのこと及びその時の感動はしっかりと記憶に残っているわけだ。だから、きっと今後に生かすことができることと思っている。

それにくらべて、君たちが僕から何を学ぶことができたであろうかと思うと心細い限りだ。

この一年の生活の取り組みについては、さきにまとめていったわけだが、そういうなかにあって年間を通した取り組みがあと二つ取り残されている。ここでは、その一つを是非、とり上げたいと思う。（もう一つについてはいまなお関連する問題が未解決の状態におかれたまゝになっているために、全体的な問題としてとり上げられないので、保留しないわけにいかない。）

その一つは、生活部の「一週間の生活、出来事の記録」である。遂に、有終の美をかざるに及んだわけだ。なんとしても、「係」のみんなの協力があったこそだ！ご苦労さん！

とりわけ、学校生活における学級の出来事は、印刷し保管できるようにしてきたので、ことのほか今後ますますその価値を高めていくことであろうと思う。しかし、ずい分と苦にしていた頃もあったようだ。

ところで、今日の社会における自動車文明の様相は異常な程の成長をみせているが、そこにおける最高の価値が「安全性」におかれているのはみんなの知るとおりだ。それは、途中のあらゆる障害物と危険地帯を、次から次にすり抜けて、無事に目的地に着くことを良しとするもののことであろう。

一週間の「出来事の記録」は、まさにそれとは対照的な、生活過程の途中における出来事への「こだわり」にほかならないわけだ。それは、流行に反する感性ともいえるであろうに、なぜ「こだわる」のかということだ。

それは、第一に、われわれの生活が瞬間瞬間ごとの感覚の自己満足のようなものであってよいわけはないのではないかという反問する意識があるからだ。

第二に、すでに入学したてのあの時期の「自己紹介」で「私は歴史の勉強が一番好きです」といった人がいたということ。いや、そういう人が一人しかいなかったということに対する「こだわり」が、「出来事の記録」への「こだわり」を生んだのかもしれない。

「歴史」は、とりも直さず、人間の記憶のうちによみがえったものの「記録」といえるわけだから、生活のバラバラな感覚が記憶によって経験としてまとめられることで、自分が自分であることのたしかめができる。また記録していくことのなかで感じ考えれば、さらに新しい未経験の世界を生きる手がかりも得られるのではないか。（経験と経験をまとめるなかから□□□を感じ、考える。）は、共同経験を分類・整理しながら、未経験の世界に対する予測や予定をたしかにしていくという意味あいがあったわけだ。それは次のこととかかわってくる。

「──過去に目を閉ざす者は現在に盲目となる」（西ドイツ大統領・R・ヴァイツゼッカーさん「四〇年目の五月八日──」）「想起するということは、ある出来事が自らの内面の一部となるよう、これを誠実かつ純粋に思い浮かべることであります。」、と。

この想起するということによって内面化しなければならないことに、いま「友情」とは何かという問題があると思います。いや、それは「信頼」の問題といってもいいです。

「人の痛みのよくわかる頭の働きに支えられた優しさ」こそ「相手の立場に立って考える」態度と実践にほかならないわけです。「だれだれが休み」といったぶっきらぼうな表現がどこまでも続くようでは、その頭の働きが疑われるわけだ。少なくともその「理由」、休んだ「原因」があるはずなし、「登校した」らそのことをきいて「かく」だけの実践的態度こそが、「人の痛みのよくわかる頭の働きに支えられた優しさ」というものだろう。

ところで、その「原因」「理由」の意識をもってたずね、表現してこそその書かれたものの「意味」がわかるというものだ。だから、そうした「問」の意識をもってする頭の働きこそ、「かしこさ」というものでしょう。それは、「因果関係」の意識と実践からなっているともいえる。このような「相手の立場に立って考える」態度の形成には、このほかに、「量の関係」、「位置・空間の関係」、「時間の関係」といたものの「関係概念」の把握がその背景にあるといわれている。まさに、「かしこさ」としての思考判断の中味の把握こそ「やさしさ」前提条件であるというわけです。

これはそのほんの一例にすぎないわけだけれど、知的能力をいかに豊かにするかということが人間としての生きる道に通じることかがうかがわれるであろう。だから、われわれは二学期々末テストの取り組みを経て、学年末テストへの新たな取り組みも「友情」の証としてとり組んでいったのだった。初めてのこととはいえ、十分な展開とまではいかなかったけれど、取り組みの「形」はできたわけだ。

そこには、驚きがあり、怒りがあり、矛盾があり。葛藤が湧き起こったし、無関心もよそおわれた。そして、真剣な取り組みも展開されたわけだ。

とりわけ、「基本」とは、「基礎」とは何かを問うことで、学習へのといかけのいくつかは生まれたわけだ。けれども、どこにそれが持続する意志として生かされていくか。その保障はない。

しかし、ひるがえってみると、それぞれの教科の中に、とりもなおさず国語教科書の中には、自立し、自主的に行動する主人公たちの生き方に感動したのではなかったか。いやいや、そんな話の中にではなく、毎日の学級の生活の中に級友の中に、すばらしい生き方を見い出したものも数多くいたのではなかったか。もっともっと、自分の身近なところに、自分の興味・関心をひくものが、実はあるのかも知れない。

それをみつけるほんのちょっとした手がかりが、実は、「疑う」ということかも知れない。

「どうして?」「どうなった?」

そしていつも「その証拠」を探すことを忘れないことだ。

なぜなら、「その証拠」こそは「信頼」の「証」だからだ。新しい証拠は、旧い証拠にとって変わるだけでなく、逆転に導くことだってあるのだ。そうなったときの証拠さがしの「だいごみ」は、「探したもの」にしかわかるまい。

かくれて、こそこそやるなんて、そんなみみっちいことはよせ!時をむだにすることだ。せっかく人間として生まれたからには「だいごみ」をあじわうにこしたことはない。そのためには、人の言うことをただ証拠もなく信じて生きるより、新しい証拠をめざしたたのしみを生きる方をえらぶしかないのではないのか。前途ある者は。

御奮闘を祈る。(’86・3・21)

※三月二十二日、発行後・紙芝居・『ハーメルンの笛ふき』を上演する。

あとがき―「交流学級」を体験して―

ある一人の「おくれた子ども」の学校における「仲間」をどう保障していったらいいのか、ということで始まった「交流学級」であった。具体的な「すすめ方」として、一年生と「交流」することは承認されたけど、どの「クラス」の、誰の「担任」にするかは、「学年の問題」であった。

新しい一年生の「担任」は、昨年三年生の担任が受け持つことになっていた。その新しい一年生の担任の中に、田﨑先生が居られた。田﨑先生は、昨年一年間「特殊学級」の「美術」の「二時間続き」の時間を担当されていた。そして今年度、「一年五組」の「学級担任」ということであった。

「一年五組」の「教室」が、幸い「特殊学級」の「教室」のすぐ右隣りで、左隣りが、「三年八組」という教室並びであった。ことのほか、昨年度、一週二時間の「美術」の時間に子どもたちと接して来られたということが何よりの強みで、心安さもあって「交流学級」を受け入れて貰ったわけであった。

田﨑先生は、一年間、「和紙」を使った子どもたちとの作品作りに主に取り組まれ、数々の作品を教室に展示されていた。どの作品も、それぞれの子どもの個性が現された作品で、指導された先生の、物静かで穏やかな物言いと、物事を見つめさせる誠実さが、作品に現れているように思われていたのだった。

それだけに、田﨑先生に「交流学級」の受け入れのご承託を得たことはほんとうに心強いものを感じ、「副担任」として出来るだけの援助を惜しまないという静かな決意をしたのであった。学級の子どもたちのために、精一杯の努力をしよう、と。

一年生は、新学期「オリエンテーション」の最後に、最初の「学級活動」の時間が設定されていた。そのとき、みんなと引き合わせることで、「交流学級」が始まった。

１９８５年度という一年間が僕にとって忘れ難いものであるのは、普通児と障害児とがそれぞれ分断・収容されたままの教育がいまなお行われているということと深くかかわっているからだと思う。僕にとって、その一年間は、直接両者の交流実践の場として体験されたものでしたから、そのときの余韻がまだ、熾き火のように燃え残った白い灰の中に、ほてっているようにいまもって感じられるのである。

—いま、当時の書き記した原稿や資料の箱の蓋をあけながら思う。それでも僕は一体、「交流教育」として何をしたのだろうか。ほんとうに「交流教育」といわれるどんな特別な教育があったのだろうか。自分は今なおそれを疑問に思い、そのような「特別な」教育を否定して、「　　」のない教育を求めて自分の想いを明確な言葉で語り続けてきたように思う。その想いというのは、それでは一体何だと言えばよいだろうか。その答えが、まさにこの一年間の歩みだと言うことであろうと思う。としても、それを何と呼ぶべきだろうか。—子どもに寄り添いながらも、着かず離れず、今を生きることを共に学ぶといえばいいだろうか。では、何をもって「共に学ぶ」のかと言われるかもしれない。

この一年間の歩みをふり返るとき、それはまさに「誠実を胸に刻む」に似たりと言えるのではないかと思う。

一人一人のこどもの「誠実さ」が、お互いの間に「信頼」の情をかもし出し、「連帯」する「知」となることを互いに学び合うことができていったのではなかったろうか。いま、１９８５年度という一年間を思い返そうとするとき、みんなから「邊さん、邊さん」と呼ばれた一人の男の子が、たった一人「特殊学級」の中に残ることになってしまったことから、思いがけない展開となっていったのだったが……。

人は『人と人の間で育つ』と、人は言う。また、『人の振り見て、わが振り直せ』とも。人と人を結ぶもの、あるいは媒介するものとは、学校においては、「学習活動」であり、「学級活動」における「問題解決」のための諸活動であるわけだが、目的と手段の統合としての方法的精神による共同活動の具現化、共有化であろう。特に「交流学級」においては、学級の日常生活を有意に送るための、よりよい生活をめざしての想像的実践活動を通して、諸々の人間性を実現していくことができるのではないか。

例えば、協力し合って物事を実現していくということや、相手を思いやって親切にするとか。物事を処理するためには、そのための手順と方法を考えて事に当たるとか。目的実現のために根気よく努力するとか。目的意識を持って、持続する志を大切にするとか。これらの事柄は、「教えて理解できる」というものではなく、生きていく上では、とても大切な、大事なことではないだろうか。なぜならば、このような活動を通して、人は他者の気心を理解し、信頼し合って、お互いに赦し合う関係も生まれてくるのだと、思うからだ。よりよい日常生活をめざすことは、日常を非日常化することであり、活性化することになる。それによって、学級における学習の場としての人的環境が整えられていくことを意味する。と、同時に、そこに学級としての固有の生活文化が生まれていくのであった。

従って、「人と人の間にあるもの」とは、子どもたち自身が学級生活の中で、創造的に実現していく学級の「生活文化」であり、相互の「交流」を媒介する要素であるといえるのではないかと考えるのである。

この子を大切に思うことは大事であることに変わりはないが、この子を受け入れてくれるだろう子どもたちと。それに連なる子どもたちのことも、優るとも劣らない大事なことである。これはとてつもなく大変なことではないか。でも、もう後には引けない。そう考えたとき、自分の都合など考えてなんかいられるわけがない。もう、ただ一筋にすべての子どものために、何を用意してやれるのかに賭けるのだという思いが、あった。しかも久しぶりに普通学級の子どもたちの前に立つのだ、という思いと。今は予想もつかないこと。とにかく逢ってからのことだ。たったそれだけの決意で始めたのだったことを今思い出す。が、子どもは子どもの間で育つ。

その第一のチャンスが、中学校に入学してから初めて聞かれた「学級活動」＝「学級開き」での「自己紹介」だったのだった。

二〇一六年　晩夏

長岡　穂積・記

〈参考文献一覧〉

1・教室経営基本文

『子どもの自分くずしと自分つくり』　―竹内栄一　著

『子どもの自分くずし　その後』　―竹内栄一　著

『人間発達の哲学―いまある自分をのりこえるために―』　―山科三郎　著

2・朗読した物語

『山のせいくらべ』　―木下順二　作

『一房の葡萄』　―有馬武郎　作

絵本『すてきな三にんぐみ』　―トミー・アンゲラー　作・いまえよしとも　訳

絵本『さかなはさかな』　―レオ・レオニ　作・谷川俊太郎　訳

『子供』　―スタジオ・アヌー　編・晶文社

3・朗読した詩・歌

『道程』　―髙村光太郎　作

『鹿』　―三好達治　作

『初恋』　―島崎藤村　作

『夕焼け』　―吉野　弘　作

『コスモス』　―金井　直　作
『僕であること』　―A・A・ミルン　作・『母と子の詩集』　周郷博　著より
『階段を半分降りたところ』　――同前
『たった一日のこと』　―ロバート・フロスト　作・『母と子の詩集』　周郷博　著より
『かそかなる心ほのめき粧へる』　――斎藤史　全歌集より

4・上演した紙芝居

『雪わたり』　―宮沢賢治　原作・川崎大治　脚色・若山憲　絵
『ハーメルンの笛吹き』　―稲庭桂子　作・箕田源二郎　絵・原作
（『ハーメルンの笛吹き男』　―阿部護世　著）参考文献

5・学級平和新聞『千羽鶴』作成に当って

『毎日グラフ別冊・日本の戦歴』　'65・8・1号
『毎日グラフ臨時増刊・続日本の戦歴』　'66・11・25号
『アサヒグラフ特集・「原爆の記録」』　'70・7・10号
『戦争と人間のいのち』　―来栖良夫　著
『戦争中の暮しの記録』　―暮しの手帖　編・'69・8・15発行
『原爆被害の実相―長崎レポート・'77』　―編集　NGO被爆問題国際シンポジューム長崎準備委員会・長崎報告作成専門委員会

『広島・長崎原爆災害』 ―広島市長崎市原爆災害誌編集委員会 編・'81・7・30刊
『原子爆弾の記録―ヒロシマ・ナガサキ』―子どもたちに世界に！ 原爆の記録を贈る会 編・'80・8・5発行

6・文化祭『東長崎歴史館』展示作品作成のための基本資料として

『東長崎町誌』 ―発行者 東長崎町長 松永繁一・'63（昭和38）・3 刊（松永太君から借りる）

7．ペンネーム作りで

『ペンネームの由来辞典』 ―紀田順一郎 著

8・音楽

『十二の誕生日』 ―NHK みんなのうた・武藤たづる 作詞・いずみたく 作曲
『おいのこさんをいわいましょう』 ―『日本の子どものうた』―羽仁協子 編

9・その他

（1）「雪話三題」
『雪』 ―中谷 宇吉郎 著
『天声人語』 ―朝日新聞・'86・1・9号
『折々のうた』 ―朝日新聞・大岡信 編
『北越雪譜』 ―鈴木牧之 著

（2）「いい日旅立ちを願って」、「歩き方を探しはじめた君たちへ」
『21世紀を生きる君たちへ』　—小山内美江子　著
『歩き方を探す』　—林光　著

（3）「もといた場所」
『人間とからだ』　—沖中重雄監修学習図鑑

10・本書をまとめるに当って

『「生活」とは何か』　—徳永俊明　著
『子どもと出合う』　—吉田章宏　著

編著者プロフィール

長岡　穂積（ながおか・ほずみ）

１９３２年生まれ

長崎県出身・在住

１９５２年〜１９９０年、長崎県内公立中学校教員

（既刊書）『三拍子への誘い』／「三拍子への誘い」を出版する会／２０１５年刊

１３歳を生きる

—連帯する知・共通文化・生活知の探求—
教育実践記録「交流学級」の日々—1985

2023年1月13日発行

著　者　**長岡穂積**
発行者　**向田翔一**

発行所　株式会社22世紀アート
〒103-0007
東京都中央区日本橋浜町3-23-1-5F
電話　03-5941-9774
Email: info@22art.net　ホームページ：www.22art.net

発売元　株式会社日興企画
〒104-0032
東京都中央区八丁堀4-11-10 第2SSビル 6F
電話　03-6262-8127
Email: support@nikko-kikaku.com
ホームページ：https://nikko-kikaku.com/

印刷
製本　株式会社PUBFUN

ISBN：978-4-88877-141-2